国际贸易实务

（第2版）

李静玉　刘薇　主编
梁艳智　米岩　副主编

清華大學出版社
北 京

内 容 简 介

本书根据国际贸易发展的新特点,围绕《国际贸易术语解释通则 2020》,结合进出口业务操作规程,具体介绍国际贸易业务流程、货物分类、数量品质、货物包装运输、进出口报价、支付结算、保险、检验、索赔、报关和单证制作等国际贸易知识,并通过实训加强应用技能和能力培养。

本书具有知识系统、案例翔实、观点科学、通俗易懂、强化社会实践和实际应用等特点。

本书可以作为高职高专院校及应用型大学国际贸易、工商管理、电子商务等专业学生国际贸易核心课程教材,也可以用于外贸企业人员的在职培训,并为广大中小微国际商务企业、大学生创业提供有益的学习指导。

图书在版编目(CIP)数据

国际贸易实务/李静玉,刘薇主编. —2 版. —北京:清华大学出版社,2022.5
ISBN 978-7-302-60796-0

Ⅰ.①国…　Ⅱ.①李…②刘…　Ⅲ.①国际贸易-贸易实务-高等学校-教材　Ⅳ.①F740.4

中国版本图书馆 CIP 数据核字(2022)第 075817 号

责任编辑:张　弛
封面设计:何凤霞
责任校对:刘　静
责任印制:曹婉颖

出版发行:清华大学出版社
　　　　网　　　址:http://www.tup.com.cn,http://www.wqbook.com
　　　　地　　　址:北京清华大学学研大厦 A 座　　　　　　邮　　编:100084
　　　　社 总 机:010-83470000　　　　　　　　　　　　　　邮　　购:010-62786544
　　　　投稿与读者服务:010-62776969,c-service@tup.tsinghua.edu.cn
　　　　质量反馈:010-62772015,zhiliang@tup.tsinghua.edu.cn
　　　　课件下载:http://www.tup.com.cn,010-83470410
印 装 者:三河市铭诚印务有限公司
经　　销:全国新华书店
开　　本:185mm×260mm　　　　印　　张:16.5　　　　字　　数:420 千字
版　　次:2017 年 3 月第 1 版　　2022 年 7 月第 2 版　　印　　次:2022 年 7 月第 1 次印刷
定　　价:59.00 元

产品编号:093323-01

编 委 会

序　言

随着我国改革开放的不断深入和扩大,我国经济已经连续 40 多年保持着持续中高速稳定增长的态势,我国经济生活进入了一个最具活力的发展时期。2015 年 3 月,经国务院授权,国家发展改革委、外交部、商务部共同发布《推动共建丝绸之路经济带和 21 世纪海上丝绸之路的愿景与行动》。随着我国改革开放和社会主义市场经济的加速推进,国家"一带一路、互联互通"积极推动和有效落实,我国经济正在迅速融入全球经济一体化的发展进程,我国市场国际化的特征越发凸显。

目前,我国正处于经济快速发展与社会变革的重要时期,随着经济转型、产业结构调整、传统企业改造,涌现了大批电子商务、文化创意、绿色生态及循环经济等新型产业;面对国际化市场的激烈竞争、面对新一轮的人才争夺,我国企业既要加快管理体制与运营模式的整改,也要注重加强经营理念与管理方法的不断创新,更加注重企业发展的本土化策略,抓紧网罗培养具有创新意识和掌握新专业知识的技能型人才,这既是企业立于不败之地的根基,也是企业可持续长远发展的重要战略选择。

需求促进专业建设,市场驱动人才培养。为适应市场对经济管理专业人才多层次、多样化的需求,保证合理的人才结构,有必要开展多层次的经济管理技能培训与教育:一是加强学历教育,二是重视继续教育,三是开展有针对性的员工培训。

针对我国高等职业教育经济管理专业知识老化、教材陈旧、重理论轻实践、缺乏实用操作技能训练的问题,为了适应我国经济发展对"有思路、掌握技能、会操作、能应用"人才的需要,全面贯彻国家教育部关于"加强职业教育"的精神和"强化实践实训、突出技能培养"的要求,根据企业用人与就业岗位的实际需要,结合高职高专院校经济管理专业教学计划及课程设置与调整,我们组织北方工业大学、北京科技大学、吉林工程技术师范学院、北京财贸职业学院、黑龙江商务学院、北京联合大学、首钢工学院、北京城市学院、北京朝阳职工大学、北京西城经济科学大学、北京石景山社区学院、北京宣武红旗大学、黑龙江工商职业技术学院、海南职业技术学院等 30 多所本科和高职高专院校的专家教授和北京西单商场等多家工商与流通企业的业务经理,在多次研讨和深入企业实际调查的基础上,共同编写了这套适用于高职高专经济管理类专业教学的经济管理系列教材,旨在更好地服务于国家经济建设。

教材建设是我国高等职业教育教学改革重要的组成部分,也是体现职业技能培养特色的关键。本系列教材的编写,遵循科学发展观,根据学科发展、教学改革、专业建设和课程改造需要,尤其是市场对人才专业技能与能力素质的需要,结合国家教育部教育教学改革精神,结合国家正在启动的大学生就业工程,面向社会、面向市场、面向经济建设、面向用人单位的具体工作岗位,不仅凝聚了一大批专家教授多年教学实践总结和最新科研成果及企业家丰富的实战经验,也反映了企业用工岗位的真实需求。

本系列教材作为高等教育本科经济管理专业的特色教材,包括《经济学基础》《市场营销》

《企业战略管理》《国际贸易实务》《商务礼仪》等10余本书。

由于本套教材紧密结合我国企业改革与经济发展，注重前瞻性，具有理论前沿性和实践操作性，注重实际应用和操作技能训练与培养，适应国家经济发展新常态的需要，对帮助学生尽快熟悉操作规程与业务管理、毕业后能够顺利走上社会就业具有特殊意义，因此本套教材既可以作为应用型大学本科及高职院校经济管理专业教学的首选教材，也可以用于工商、通流、财贸等企业在职员工培训。

丛书编委会

2022 年 3 月

前　言

国际贸易既是国家经济发展的重要支撑,也是我国现代经济国际化发展的非常重要的标志。国际贸易惠及众多企业和千家万户,涉及各个经济领域,并在促进生产、开拓国际市场、拉动就业、赈灾救灾、支持中小微企业发展、推动国家经济可持续发展、改善民生、构建和谐社会等各方面发挥着越来越重要的作用。因此,越来越受到我国各级政府主管部门和外贸企业的高度重视。

近年来我国跨境电商进出口规模持续快速增长,跨境电子商务的出现对传统国际贸易的转型升级产生巨大影响,具体表现在缩短国际贸易链条,节省成本,推动国内中小微企业开拓国际市场,促进外贸产品品牌化等方面。跨境电商作为"互联网＋外贸"孕育出的贸易新模式,将持续推动优质企业和优势产品走向全球,激发传统外贸的生机与活力,助力外贸转型和传统产业升级。

随着我国外向型经济快速发展、产业结构调整、急速开拓国际市场,众多企业迈出国门、参与国际贸易市场竞争;当前加速我国外贸产业体制改革、加快国际贸易管理机制与运营模式的整改,加紧为国际贸易、服务贸易企业培养大批急需的知识技能型人才,已成为当前亟待解决的问题。

国际贸易是应用型大学本科及高职高专院校国际贸易、工商管理专业非常重要的核心课程,也是就业、创业、从业所必须掌握的关键知识;学好国际贸易有助于学生开拓国际视野、熟悉业务环节、积累工作经验,并为就业创业做好专业素质与能力准备。

本书作为应用型大学的特色教材,坚持学科发展观,严格按照国家教育部"加强职业教育、突出实践技能培养"的教育教学要求,针对应用型大学和高等职业教育人才培养目标,既注重系统理论知识介绍,又突出实际训练和提高执行能力,力求做到"课堂讲练结合、重在掌握,课后学以致用、注重实效"。本书的出版对帮助学生尽快熟悉国际贸易操作规程、掌握职业岗位技能,毕业后能够顺利就业具有特殊意义。

全书共10章,以学习者应用能力培养为主线,根据国际贸易发展的新特点,结合进出口业务操作规程,具体介绍国际贸易业务流程,货物的品名、品质、数量和包装,进出口报价、支付结算、保险、检验、索赔、报关和单证制作等国际贸易知识,并通过项目实训加强应用能力和应用技能培养。

由于本书融入了国际贸易的最新实践教学理念、力求严谨、注重与时俱进,具有知识系统、理论适中、案例经典、观点科学,注重应知应会与实践应用能力培养等特点,因此本书既可以作为应用型大学国际贸易等专业学生的必修教材,同时兼顾高职高专、成人高等教育工商管理专业的教学,也可以用于外贸企事业从业者的在职教育岗位培训,并为广大中小微国际商务企业、大学生创业提供有益的学习指导。

本书由李大军筹划并具体组织,李静玉和刘薇担任主编,李静玉统改稿,梁艳智、米岩担任副主编,由王晓芳教授审定。作者编写分工：牟惟仲(序言),刘薇(第一章、第六章),梁艳智(第二～第四章),李静玉(第五章、第十章),袁婷(第七章),米岩(第八章、第九章),李晓新(文字版式修改、制作课件)。

在本书再版过程中,我们参阅了大量国际贸易实务的最新书刊、网站资料、国家近年颁布实施的国际贸易政策法规与管理制度,收集了具有实用价值的典型案例,并得到业界有关专家教授的具体指导,在此一并致谢。为配合教学,本书提供课件,读者可以从清华大学出版社网站(www.tup.com.cn)免费下载使用。因编者水平有限,书中难免存在疏漏和不足,恳请专家、同行和广大读者批评、指正。

编　者

2022 年 3 月

教学课件

习题答案

目　录

第一章

国际贸易导论

学习目的与要求

1. 了解国际贸易的发展历史。
2. 熟悉国际贸易的基本概念。
3. 掌握国际贸易的种类。
4. 了解国际贸易相关的惯例和法规。

引导案例

世界经济贸易总体形势分析

2020年以来,世界经济形势急剧变化。突如其来的新冠肺炎疫情在全球扩散蔓延,引发全球公共卫生危机,对社会秩序和经济活动造成巨大冲击,冲击程度将超过国际金融危机,预计世界经济衰退风险将大幅上升。

一、当前世界经济贸易总体形势

1. 世界经济衰退风险大幅上升

2019年,受全球贸易紧张局势等影响,世界经济下行压力持续加大,全年世界经济增长2.9%,是10年来最低水平。2020年1月,中美签署第一阶段经贸协议提振了全球市场信心。但2月以来,新冠肺炎疫情在全球快速扩散蔓延,扰乱了正常社会经济秩序。为遏制新冠肺炎疫情蔓延,多数经济体采取了隔离、封锁及社交疏离等措施,经济活动遭遇停摆,并通过贸易和产业链扩散到贸易伙伴乃至全球。突发的新冠肺炎疫情造成国际金融市场巨幅振荡,其影响范围和程度远超以往。新冠肺炎疫情大流行给供给端和需求端都造成显著冲击,阻断了全球供应链,限制了民众消费、企业投资,全球生产、贸易和跨境投资都在大幅收缩。

各国延缓新冠肺炎疫情传播的必要防控措施,给服务业尤其是涉及实体互动的行业如零售贸易、休闲娱乐、餐饮住宿、旅游业和交通运输服务等带来重大冲击。新冠肺炎疫情对全球劳动力市场影响巨大。国际劳工组织报告显示,新冠肺炎疫情将使2020年第二季度全球劳动人口总工时缩减6.7%,相当于1.95亿名全职雇员失业。国际货币基金组织(IMF)预计,这次新冠肺炎疫情将造成2020年和2021年全球GDP累计损失约9万亿美元;2020年将有超过170个国家人均收入下降。

2. 全球贸易受到严重冲击

2019年,受全球贸易紧张局势和经济增长放缓影响,全球货物贸易量下降0.1%,为国际金融危机以来的首次下跌。全球货物贸易额18.89万亿美元,下降3%。全球商业服务出口额6.03万亿美元,增长2%,与2018年9%的增幅相比,增速明显放缓。

进入2020年,随着新冠肺炎疫情快速蔓延,大量行业停摆、工厂停产,货物运输不畅,各国为应对新冠肺炎疫情陆续采取了贸易限制性措施,服务贸易需求受损,全球贸易往来的活跃度大幅下降。新冠肺炎疫情让原本就已低迷的世界贸易雪上加霜。2020年4月8日世界贸易组织(WTO)发布预测,2020年全球货物贸易将下跌13%至32%,萎缩幅度可能超过国际金融危机。WTO认为,2020年基本上全球所有地区的贸易量都将出现两位数下降,北美和亚洲地区出口受损尤甚,全球电子产业、汽车制造产业和服务贸易受到的打击更为严重。

2021年全球贸易有可能实现复苏,但存在着不确定性,最终表现在很大程度上取决于新冠肺炎疫情持续时间和各国抗疫政策的有效性。2021年5月20日,WTO的全球贸易晴雨表显示,2020年第二季度,全球货物贸易实时趋势指数为87.6,为有记录以来最低值。4月,美国货物和服务出口额同比下降20.5%,进口额下降13.7%;日本货物出口同比下降21.9%,进口下降7.2%。3月德国货物出口同比下降7.9%,进口下降4.5%。

3. 全球对外直接投资急剧下降

近年全球外国直接投资持续下降。联合国贸发会议(UNCTAD)发布的《投资趋势监测报告》显示,2019年外国直接投资(FDI)总额较上年下降1%至1.39万亿美元。2020年的新冠肺炎疫情对全球对外直接投资的负面影响极其严重,实际资本支出、绿地投资以及包括并购在内的扩张性投资都受到阻碍。预计发达国家跨国公司平均盈利下降35%,发展中国家跨国公司下降20%。

2020年第一季度,全球范围内的跨境并购公告数量下降了70%。随着新冠肺炎疫情影响升级,UNCTAD不断下调2020年预测值,最新预测认为全球外国直接投资将下降40%,远超2008年和2009年的21%和17%。长远来看,新冠肺炎疫情对全球外国直接投资前景造成的最大隐忧是全球供应链受到冲击。UNCTAD认为,新冠肺炎疫情将对全球价值链造成长期损害。

二、世界经济贸易发展中需要关注的问题

1. 各国刺激政策可能产生负面效果

随着新冠肺炎疫情的持续蔓延,主要大国相继推出各种超常规政策措施。这些措施包括大规模的货币、财政刺激举措和其他支持措施,总额大大超过国际金融危机时的刺激规模。此外,全球范围内的政策协调合作正在进行,G20领导人召开应对新冠肺炎疫情特别峰会,宣布将启动总价值5万亿美元的经济计划,以应对新冠肺炎疫情对全球社会、经济和金融带来的负面影响,支持各国中央银行采取措施促进金融稳定和增强全球市场流动性,并确定一系列应对新冠肺炎疫情紧急行动计划。但是要看到,在货币政策方面,美欧日等发达国家已经进入零利率或负利率时代,在财政政策方面,过度财政扩张容易引发严重的债务问题,传统政策的空间十分狭窄。美国债台高筑,2009年至今债务规模已经增长两倍多,政府债务总额高达23.8万亿美元。近年来,欧洲刚从债务危机中缓解,财政基础不稳,大规模财政刺激措施可能导致欧洲债务危机再次暴发。

由于新冠肺炎疫情发展的不确定,世界经济恢复前景不明,目前各国的经济重启如履薄冰,未来的经济恢复轨迹存在多种可能。有经济学家警告,在经济出现快速复苏之前,全球经济可能经历一段低谷期。即使新冠肺炎疫情好转,其影响将延续一段时间。目前多国正在尝试放松封锁,重启经济,但新冠肺炎疫情是否会重新暴发尚不明朗。若新冠肺炎疫情长期存在,封锁措施延长,可能带来长期失业和经济滞涨。

2. 警惕疫情大流行引发全球粮食危机

2020年初,非洲暴发25年来最严重蝗灾,对受灾地区农业生产和经济发展带来严重影响。受疫情影响,俄罗斯、印度、越南、埃及在内的多个国家和地区限制粮食出口。同时,市场

恐慌、劳动力短缺和物流障碍可能会造成粮食生产不足、价格上涨和政府层面的粮食保护主义。据路透社统计，由于进口商争相囤货，而出口商限制出货，3月底亚洲主食大米价格涨至2013年4月以来的最高水平。北美洲和欧洲面临春季耕种劳动力短缺和供给线中断问题，可能影响未来收获。由于非洲地区缺粮问题严重，如新冠肺炎疫情在非洲和拉美地区大规模蔓延，将加重粮食安全保障难度。联合国粮农组织（FAO）、世界卫生组织（WHO）和世贸组织（WTO）已发表联合声明，新冠肺炎疫情大范围传播有可能会对粮食供应、全球贸易和粮食安全造成极大风险，引发粮食危机，呼吁各方在采取措施遏制新冠肺炎疫情的同时，努力促进粮食贸易的自由流通，最大限度减少新冠肺炎疫情对粮食供应链的冲击，确保新冠肺炎疫情下的全球粮食安全。

3. 国际油价可能大幅波动

世界经济下行抑制了全球对石油的需求。2020年2月，由于沙特和俄罗斯未就原油减产达成一致，国际原油市场发生剧烈动荡，与1月的高位相比，国际油价一度下跌接近70%。新冠肺炎疫情的暴发更使全球石油消费急剧萎缩。4月15日，国际能源机构预计2020年全球石油需求较上年减少930万桶/日。随着4月12日欧佩克与俄罗斯等非欧佩克产油国达成为期两年的原油减产协议，原油价格战结束。减产协议旨在稳定全球石油市场，并从整体上确保世界能源的可持续性。但是，减产协议无法完全抵消新冠肺炎疫情导致的需求损失，需求大减致存量激增，美国原油库存处于历史高位。4月20日美国轻质原油5月交货的期货价格暴跌至—37美元/桶，为历史上首次跌至负值，6月交货的期货价格为20美元/桶。5月以来，沙特和俄罗斯发表联合声明将致力于恢复平衡油市，沙特宣布实施额外自愿减产，受此提振，国际油价回升。但从未来前景看，新冠肺炎疫情的不确定性持续打压石油需求，未来油价可能在低位大幅波动。

原油属于基础能源类产品，价格变动不仅影响商品期货市场走势，还会从供需两方面深刻影响经济的运行。对于原油生产国，原油出口是主要经济来源。油价波动加大，甚至跌破产油国的盈亏平衡点，将对其经济带来严重冲击，并通过债务市场、金融市场、汇率市场等产生全球外溢效应。对于原油消费国，油价大幅下跌短期内有利于缓解成本压力，刺激经济恢复，促进工业生产。但是原油价格持续处于低位，全球性通货紧缩风险可能加剧，将使世界经济的复苏之路更加艰难。

三、主要国家和地区经济展望

1. 美国

2019年美国经济增长2.1%，为三年来最低水平，且逐季放缓，主要受到商业投资低迷的拖累。2020年年初美国遭遇流感，紧接着受到新冠肺炎疫情重创，目前美国是全球新冠肺炎确诊病例最多的国家，对美国整体经济产生重大负面影响。受新冠肺炎疫情影响，美国资本市场出现巨幅震荡，股市呈现断崖式下跌并多次触发"熔断"机制。因实施封锁措施，停工范围扩大，美国失业金申领人数暴增，呈现短期大规模就业崩溃态势，4月、5月失业率分别达到14.7%、13.3%。消费者信心不断下降，消费者削减支出，对经济带来进一步打击。3月美国密歇根大学消费者信心指数为89.1，是2016年10月以来最低。4月美国个人消费支出环比下降13.6%，创1959年有可比数据以来的最大降幅。4月摩根大通和IHSMarkit联合发布的制造业采购经理人指数（PMI）为36.1，5月略提升至39.8，但仍处于极低水平。新订单指数低迷，反映出生产经营活动受到大量中断从而影响需求。5月美国服务业PMI为37.5，4月为26.7，表明服务业受到新冠肺炎疫情冲击更为严重，餐饮、酒店、旅游等行业首当其冲。2020年一季度，美国国内生产总值按年率计算下滑5.0%，是国际金融危机以来最差水平。为稳定经济，美国出台了史无前例的一揽子财政货币政策,缓解市场流动性压力,降低经济衰退风险。美联储动用了几乎所有货币政策工具,通过两次紧急降息将联邦储备利率从1.50%~1.75%降至0~0.25%,开启无限量量化宽松(QE)模式。财政政策方面,美国已经启动三轮大规模紧急经济救助计划,其中第三轮经济刺激总额高达2.2万亿美元,鉴于经济可能陷入长期衰退,美国正在酝酿第四轮经济刺激政策。

5月20日,美国国会预算办公室预测,第二季度美国GDP将同比下滑38%,失业率将在第三季度达到15.8%的顶峰。美联储主席鲍威尔5月17日接受媒体采访时表示,受新冠肺炎疫情影响,美国第二季度经济很可能萎缩20%~30%,美国经济实现复苏或至2021年年底。IMF预测,2020年美国经济将萎缩5.9%。许多经济学家警告,美国经济有陷入持续衰退的风险。

2. 欧洲

受美欧贸易冲突、汽车产业危机、英国脱欧等因素影响,2019年欧元区经济显露疲态。根据欧盟统计局数据,2019年欧元区GDP增长1.2%,为2013年欧债危机以来最低水平。其中,德国增长0.6%,法国增长1.2%。2020年以来,新冠肺炎疫情给欧元区经济带来重大冲击,欧洲经济触及历史低点并日益恶化,多国经济已陷入衰退。欧盟委员会5月的预测显示,2020年欧洲经济将出现"历史性衰退",欧盟经济将萎缩7.5%,欧元区经济将萎缩7.8%。欧元区采取措施挽救经济,欧洲央行宣布1200亿欧元的购买额外债券和7500亿欧元的紧急资产购买计划。意大利出台史上最大规模的经济干预措施,甚至低债务容忍度的德国也宣布规模高达7500亿欧元的一揽子救助计划,暂时突破法律规定的"债务红线"。但对于是否使用联合财政政策挽救经济,欧元区国家内部出现分歧。法国、意大利等9个欧元区国家领导人联合致信欧洲理事会主席,呼吁发行"新冠债券",但遭到德国反对。欧元集团表示建议正式采用欧洲稳定机制(ESM)来帮助各国应对危机。

3. 日本

2019年日本经济增速放缓,全年仅增长0.7%,主要是由于上调消费税使四季度消费大幅下降,第四季度日本经济按年率下降6.3%。2020年,在新冠肺炎疫情影响和延期举办奥运会双重打击下,日本经济更是不容乐观。2月下旬以来,日本政府实行停办大型活动、关闭娱乐设施以及中小学停课等管控措施。4月8日宣布进入紧急状态,部分制造业企业停工,出口减缓,消费趋冷。日本旅游业受到沉重打击,4月日本入境游客数量同比下降99.9%,访日游客人数仅2900人,借助"樱花季"拉动旅游消费已无法兑现。2020年日本东京奥运会已经确定延期至2021年举行。机构估算显示,奥运会推迟给日本带来的经济损失为6000亿~7000亿日元。日本内阁府6月8日发布的数据显示,2020年一季度日本经济下滑2.2%,连续两个季度下降,为5年来首次陷入衰退。随着新冠肺炎疫情好转,5月25日日本宣布全国解除紧急状态,对经济的提振作用有待观察。为防控新冠肺炎疫情和维持就业,日本内阁会议4月7日通过史上最大规模经济刺激计划,总额达108万亿日元(约合人民币7万亿元)。日本政府3月经济报告将国内经济景气判断下调为"经济状况大幅下降,形势严峻",而2月的判断还为"缓慢恢复"。这意味着日本2013年7月以来的经济景气扩大周期已经结束,即将进入经济衰退。IMF预测,2020年日本经济将萎缩5.2%。

4. 新兴经济体和发展中国家

在新冠肺炎疫情冲击下,新兴经济体和发展中国家经济脆弱性凸显,部分国家遭遇资本外流、出口减少等困境。IMF表示,自新冠肺炎疫情暴发以来,投资者已经从新兴经济体和发展中国家撤资近900亿美元,这是有史以来最大的资本外流。新兴经济体货币兑美元汇率普遍下跌,而大宗商品价格下跌给大宗商品出口国经济带来冲击。发展中国家公共卫生体系和社会保障能力较弱,财力有限而无法采取类似欧美的大规模经济救助措施,同时降息等经济刺激措施可能导致资本外流更加严重,因此疫情对发展中国家造成的经济冲击将更加严重,可能出现大规模企业破产和民众失业潮。据联合国开发计划署测算,发展中国家遭受的收入损失预计将超过 2 200 亿美元,非洲将失去近一半的工作机会。未来两年,发展中国家将面临 2 万亿到 3 万亿美元的融资缺口。国际组织已对发展中国家给予政策支持,4 月 16 日,G20 财长和央行行长会议倡议世界最贫困国家从 5 月 1 日起至年底可暂停偿还债务,呼吁私人债权人也加入该倡议。联合国贸发会议呼吁为遭受新冠肺炎疫情影响的发展中国家提供 2.5 万亿美元援助。

资料来源:国家商务部. 2020 年世界经济贸易总体形势分析[EB/OL]. https://s.askci.com/news/hongguan/20200702/1711371162968.shtml,2020-07-02[2021-02-28].

分析:世界经济形势仍然复杂严峻,主要经济体将延续宽松政策取向,全球范围内新冠肺炎疫苗接种覆盖率将持续提升,世界经济有望出现恢复性增长,但新冠肺炎疫情走势仍具有较强不确定性,新冠肺炎疫情冲击导致的各类衍生风险不容忽视,债务水平大幅攀升、宏观政策空间受限、结构性体制性矛盾进一步凸显,世界经济复苏仍不稳定不平衡,中长期增长仍面临较强风险挑战。

第一节 国际贸易的产生和发展

一、国际贸易的产生

国际贸易的产生必须具备三个基本条件:一是社会生产力的发展产生了可供交换的剩余产品;二是商人的出现;三是国家的形成。在人类原始社会末期,由于社会生产力的发展,出现了以畜牧部落从其他部落分离出来为标志的人类社会的第一次大分工,产生了部落与部落之间的产品交换,也就是两个或两个以上政治经济实体进行的物物相互交换,人们将此称为初级对外贸易。

人类的第二次社会大分工是手工业从农业中分离出来,第三次社会大分工发生在奴隶社会末期的人类社会。随着商品流通规模扩大到奴隶社会初期已形成的国家的界限以外时,就产生了国际贸易。

二、国际贸易的发展

(一)古代的"地区间贸易"

最早的国际贸易,更确切地说是"地区间贸易",公元 11 世纪到 13 世纪,十字军通过多次东征夺得了地中海,从而使地中海再一次成为欧亚大陆贸易的海上通道。到了 14 世纪,整个欧洲已形成了几个主要的贸易区,与此同时,以中国、朝鲜和日本为主的东亚贸易区与以印度为主的南亚贸易区在亚洲形成。在 15 世纪前,国际贸易只是当时经济生活的一个补充,且处于不连续不稳定的状态。

(二)地理大发现与殖民贸易

1492 年,哥伦布发现美洲新大陆,1497 年达·伽马绕过好望角到达南亚西海岸,打通了通往欧洲的新航路,1519年,麦哲伦到达菲律宾群岛。"地理大发现"对欧洲经济乃至世界贸易发展具有重要的影响。一方面,它使欧洲的经济发生了巨大的变化,出现了商业革命,商业性质、经商技术以及商业组织方面发生了巨大变革。另一方面,地理大发现引发了长达两个世纪的殖民扩张和殖民贸易,推动了洲与洲之间的贸易。

欧洲向美洲输出制造品,输入黄金、白银以及烟草、棉花、粮食等,从亚洲及东方各国进口香料、丝织品、茶、咖啡等,初步形成了以西欧为中心的世界市场。同时,欧洲人从事的奴隶贸易,不仅牟取了巨额利润,而且为在美洲生产商品和原料提供了大量的廉价劳动力。这段时期的国际贸易流向仍然主要受自然资源和生产技能的影响。

(三) 工业革命与世界贸易格局

从18世纪60年代开始,欧美国家逐渐形成了资本主义的生产关系,并先后发生了工业革命。从此,国际贸易的发展速度大大加快,制成品贸易、农产品贸易的比重都大大增加。世界日益成为一个经济整体,并形成了一个由西欧、北美国家生产和出口制成品,其余国家生产和出口初级产品并进口欧美制成品的国际分工和世界贸易格局。国际贸易的基础已不仅仅是各国的天然资源,决定贸易模式的因素越来越偏向技术。

(四) 战后世界贸易的迅速发展

第一次世界大战和第二次世界大战导致世界经济萧条和贸易规模倒退。第二次世界大战后(以下简称战后)的国际贸易取得了迅速的发展,但在不同的阶段里,国际贸易的发展速度并不一致。战后国际贸易的发展大体可以分为三个大阶段。

1. 国际贸易迅速发展阶段(1973年以前)

1950—1973年的24年间,国际贸易从600亿美元增加到5 740亿美元,增长了8.5倍,年平均增长率为10.3%,这一增长速度超过了国际贸易历史上增长最迅速时期的水平。20世纪50年代到90年代的三次科技革命和较长时期的和平环境以及国际经济秩序的改善,为战后世界贸易的迅速发展奠定了良好的政治经济基础。战后世界经济的迅速发展是国际贸易迅速增长的基本原因。

在第三次科技革命的推动下,国际贸易得到了更大程度的发展,如表1-1所示。

表1-1　第二次世界大战后各阶段世界生产和贸易量年均增长率　　　　　单位:%

	第一阶段	第二阶段	第三阶段	第三阶段
	1950—1973年	1974—1982年	1985—1990年	1990—1995年
世界生产年均增长率	5.0	2.7	3	1.5
世界货物出口量平均增长率	9.1	2.4	6	6

资料来源:

T. M. Rybczynski. Structural Changes in the World Economy and Business[M]. Kiel University, 1983.

WTO. International Trade 1995[R]. 25.

WTO. Annual Report 1996[R]. Vol. IP. 13. 转引自李琮. 世界经济学新编[M]. 北京:经济科学出版社,2000:222.

从表1-1中可以看出,除个别时期国际贸易的增长速度略慢于世界生产的平均增长速度外,其他大部分时期前者都要大大快于后者。这就充分说明了国际贸易对经济增长所起的推动作用。

2. 国际贸易缓慢发展阶段（1973—1990 年）

1973 年以后，国际贸易的增长速度明显减缓。其中 1974—1979 年世界贸易年平均增长率为 18.9％，世界贸易出口年平均增长率仅为 4％，远低于 20 世纪六七十年代的水平，进入 80 年代后期，国际贸易增长逐步恢复，整个 80 年代世界贸易出口量年均达到 5％。这个时期的特征是，新兴工业国家和地区出现，特别是西欧和日本崛起，资本主义世界三大经济中心形成（美国、西欧、日本），"亚洲四小龙"迅速发展，在国际贸易中占很大比重；科学技术成为第一生产力，各国越来越重视科技的力量；资本主义国家从以商品劳务输出转变为以资本输出为主；这主要是当时的高通货膨胀率所致。

3. 1990 年以后国际贸易发生了许多新变化

（1）国际贸易的地理方向发生了明显的变化。总的变化趋势是，发达资本主义国家在国际贸易中所占的比重不断上升，发展中国家所占比重不断下降，社会主义国家所占的比重不大，基本保持在一定的水平。从个别国家来看，20 世纪 80 年代中期以前，美国始终是占世界第一位的进出口国家但在世界贸易中所占的比重呈明显的下降趋势。

（2）跨国公司的快速发展推动了国际贸易的快速增长。跨国公司经营规模迅速扩张，国际市场高度一体化、信息化加快了经济全球化的进程，企业跨国经营规模的扩张变得更加容易和有效，跨国公司的发展出现了新的飞跃。

（3）多边贸易体制面临新挑战，区域经济合作势头高涨。三大经济区域集团是在 20 世纪 80 年代以来世界经济多极化日趋发展、国际经济竞争日益加剧、国际政治形势走向缓和的背景下产生的，世界经济已形成以欧盟、北美自由贸易区和亚太经济合作组织三大经济板块为中心的格局。

21 世纪国际贸易发展趋势：国际贸易蓬勃发展，区域发展仍不平衡，以发达国家为中心的格局不改变，中国成为贸易增长的新生力量；经济全球化和区域一体化协调发展，跨国公司所起主力军作用日益增强；商品贸易结构高级化，服务贸易和技术贸易发展迅速；贸易摩擦不断，保护主义和自由贸易斗争剧烈化；国际贸易步入新一轮增长期，各国经济增长的拉动作用愈加凸显。同时，世界国际贸易的发展还存在很多问题，特别是战争、贸易保护主义、大国独裁政策等不合理的国际政策，还需要诸多的发展和完善。

三、中国对外贸易发展的历史回顾

（一）"丝绸之路"与中国古代对外贸易发展

西汉时，中国同西亚和欧洲的通商关系开始发展，中国的丝和丝织品，经"丝绸之路"运到西亚。唐朝时期，长安是亚洲的主要经济文化中心，对外贸易经陆路和海路与亚洲、欧洲各国往来。南宋造船业进步，罗盘针应用于航海，对外贸易大大发展，东达日本、朝鲜，西至非洲一些国家。元朝疆域辽阔，国力强盛，对外贸易更加繁荣。明朝初期，郑和下西洋，到达非洲东海岸和红海沿岸，促进了明朝海上贸易的发展。明朝中后期至清朝实行闭关政策，古代对外贸易开始进入萧条时期。

（二）闭关自守与"朝贡贸易"

所谓朝贡贸易，就是通过两国官方使节的往返，以礼物赠答进行交换的贸易方式。在中国古代，每一次官方使节的往返都伴随礼物的"交易"。在这一贸易体系中，政治动机大于经济目的，奢侈消费的需求大于对商业利润的追求。朱元璋颁行"海禁令"，禁止中国人私自渡航到海外，也禁止外国朝贡使节团以外的任何船只到中国来。这一朝贡与贸易分开的做法，在明初即演变为政府的垄断事业，而民间贸易的渠道，也因为朝贡贸易制度而完全封死。

（三）"鸦片贸易"与列强迫使下的对外开放

18世纪末期，英国等资本主义国家先后完成了工业革命，加速向全球扩张，以建立资本主义的世界市场。当时，中国仍然是一个闭关锁国的封建国家，自给自足的自然经济占主导地位。1840年后中国的贸易政策基本上被控制在西方列强手中。在列强的不断侵略下，清王朝、北洋军阀政府和国民党政府先后对外签订了许多丧权辱国的不平等条约。中国的主权与领土完整遭到严重破坏，中国对外经济贸易也丧失了独立自主的权力，完全被帝国主义和官僚买办资产阶级所控制和垄断，帝国主义在中国大肆掠夺资源，倾销产品，通过不等价交换，对中国人民进行残酷的压榨和剥削。

（四）1949年后的中国对外贸易发展

中华人民共和国建立以来，我国对外经济贸易经历了两次巨大的历史性变化。一是中华人民共和国成立后，确立了社会主义独立自主的对外经济贸易，结束了旧中国不平等、受剥削的对外经济贸易历史；二是改革开放以来，对外经济贸易作为对外开放基本国策的重要内容，取得了举世瞩目的巨大成就。

🍁**课堂讨论**

中国改革开放以来外贸体制都发生了哪些变化？

第二节　国际贸易的基本概念和特点

一、国际贸易的基本概念

1. 对外贸易与国际贸易

对外贸易是指一个国家或地区与其他国家或地区进行的商品和劳务的交换活动。国际贸易是由各国的对外贸易组成的，它是世界各国对外贸易的总和。国际贸易与对外贸易同属一类活动，只是从全世界范围看时，称其为国际贸易，而从一个国家或地区的角度看时，则称其为对外贸易。

2. 出口与进口

一个国家向其他国家输出本国的商品和服务的活动称为出口（Export）。反之，一个国家从其他国家购进商品和服务的活动称为进口（Import）。出口与进口是一个国家对外贸易的两个组成部分。一国在同类产品上通常既有出口又有进口，在一定时期内（通常为一年），如果出口量大于进口量，则为净出口（Net Export）；如果出口量小于进口量，则为净进口（Net Import）。

3. 贸易顺差与贸易逆差

一个国家通常既有进口也有出口。在一定时期内（通常为一年），一个国家的出口总值与进口总值之间的差额,称为贸易差额(Balance of Trade)。如果出口总值大于进口总值,就是贸易顺差(Favorable Balance of Trade);反之,若是进口总值大于出口总值,称为贸易逆差(Unfavorable Balance of Trade)即贸易赤字。

❧ 课堂讨论

一国是贸易顺差好,还是逆差好?

4. 国际贸易值与国际贸易量

国际贸易值(Value of Trade)是用货币来表示的一定时期内各国的对外贸易总值,它能反映出某一时期内的贸易总金额。国际贸易额通常都用美元来表示,这是因为美元是当代国际贸易中的主要结算货币,也是国际储备货币。同时,以美元为单位也有利于在世界范围内归总和进行国际比较。当要计算全世界的国际贸易总值即世界贸易值时,不能简单地加总各国对外贸易总值,而是加总一定时期内各国出口值之和。

因为进出口商品价格是经常变动的,所以国际贸易值往往不能准确地反映国际贸易的实际规模及其变化趋势。为了反映国际贸易的实际规模,只能以一定时期的不变价格为标准来计算各个时期的国际贸易量(Quantum of Trade)。这样修正后的国际贸易金额就可以剔除价格因素的影响,比较准确地反映不同时期国际贸易规模的实际变动幅度。由此可见,国际贸易量就是以不变价格计算的国际贸易值。其计算公式如下:

$$国际贸易量＝(国际贸易额/物价指数)\times100$$

5. 国际贸易商品结构与对外贸易商品结构

国际贸易商品结构(International Trade by Commodities),指各类商品在国际贸易中所处的地位,通常以它们在世界出口总额中的比重来表示。

对某一个国家来说,对外贸易商品结构(Foreign Trade by Commodities),是指一定时期内进出口贸易中各类商品的构成情况,通常以各种商品在进口总额或出口总额中所占的比重来表示。一国的对外贸易商品结构可以反映该国的经济和科技发展水平以及资源禀赋状况。

6. 国际贸易地理方向与对外贸易地理方向

国际贸易地理方向又称国际贸易地区分布(International Trade by Regions),用来表明世界各个地区或各个国家在国际贸易中所占的地位,通常是用它们的出口贸易额或进口贸易额占世界出口贸易总额或进出口贸易总额的比重来表示。

国际贸易地理方向相对于某一个国家或地区来说就是对外贸易地理方向(Direction of Foreign Trade),它表明一个国家或地区进口商品的来源和出口商品的去向,从而反映出该国与其他国家或地区之间的经济贸易联系程度。

7. 贸易条件

贸易条件是指一国在一定时期内的出口商品价格与进口商品价格之间的比率。由于一个国家的进出口商品种类繁多,难以直接用价格比较,因此通常用价格指数进行计算。当这一比值大于1时,表明贸易条件得到改善;若这一比值小于1,则视为贸易条件恶化。其计算公式如下:

$$贸易条件(N)＝出口价格指数(P_x)/进口价格指数(P_m)$$

贸易条件改善,是指进出口时期与基期比较而言,交换比价上升,即同等数量的出口商品能换回比基期更多的进口商品;反之则称为贸易条件恶化。

例题 1-1

假定某国净贸易条件以 2020 年为基期是 100，2022 年时出口价格指数下降 5%，进口价格指数上升 10%，试计算这个国家 2022 年的净贸易条件。

解：

$$N = \left(\frac{95}{110}\right) \times 100 = 86.36$$

说明 2022 年与 2020 年相比，净贸易条件恶化了 13.64。

8. 对外贸易依存度

对外贸易依存度也称对外贸易系数，指一国在一定时期内的对外贸易总额在该国国民生产总值中所占的比重，分为出口贸易依存度和进口贸易依存度。出口贸易依存度是指一个国家或地区的出口额占国民生产总值的比率；进口贸易依存度是指一个国家或地区的进口额占国民生产总值的比率。对外贸易依存度能够反映一个国家或地区参与国际分工的程度，也是衡量一国或地区对世界经济变动敏感性的指标。

二、国际贸易的特点

1. 国际贸易与国内贸易的关系

（1）国际贸易是国内贸易发展到一定程度、市场范围超越国家边界的结果。国内贸易和国际贸易的基本内容都是商品和劳务的交换，国际贸易从事着国家间的商品和劳务的交换，国内贸易是国内进行的商品和劳务的交换。

（2）货物都是从生产者向消费者转移。国内贸易和国际贸易虽然活动范围有所不同，但商品流通运动的方式完全一样。无论是国际贸易还是国内贸易，都是类似的商业活动，处于社会再生产过程中的中介地位。

（3）进行交易的技术过程大同小异。国际贸易与国内贸易的基本职能一样，都是媒介商品的交换。国际贸易与国内贸易都包括交易准备、交易磋商、合同签订、合同履行等主要环节，只是国际贸易比国内贸易在具体程序和细节上更为复杂。

（4）国际贸易与国内贸易的经营目标均是通过交换取得更多的经营利润或经济利益。贸易或者流通具有资源配置的功能，但在正常情形下，通过贸易配置资源必须以利润或利益为基础。

2. 国际贸易的特点

（1）国际交易条件更加困难。从事国际贸易必须随时掌握世界市场动态，了解贸易对象的资信状况，熟悉目标市场的法律制度和相关规则，收集和分析这些资料困难较多。而国内贸易则是在同一经济法律制度下一国内部的商品交换，语言、风俗习惯的差异较小，在同一市场上了解各方面的资讯都容易得多。

（2）国际交易过程更为复杂。各国各地市场商业习惯不同，对国际贸易中的规则与条例理解也可能不一致，这些都需要交易双方进行沟通，求得一致，避免产生贸易纠纷；世界各国都设有海关，对于货物进出口都有许多规定，货物的进出口要履行报关手续，而且出口货物的种类、品质、规格、包装和商标也要符合相关国家的各种相关规定；跨国货物运输和保险、国际结算与汇兑也增加了国际贸易的复杂性。

（3）各国的经济政策差异较大。各个国家的经济政策主要是为本国经济发展起作用的，但又会在一定程度上影响到国际贸易的开展,且很多政策也会因不同的经济形势、不同的执政者而变化。这里有金融政策、产业政策、进出口管理政策、关税政策等,从事国际商品交换活动必须研究这些政策。国际贸易要受到本国和外国的经济政策的影响,而国内贸易主要受本国经济政策影响。

（4）各国的货币制度不同。各国货币制度的差异,增加了交易的复杂性。在国际贸易中,贷款的清偿多以外汇支付。由于汇率波动大,计价货币的选择会影响交易者的利益,给交易定价带来复杂性。国际贸易的交易结算涉及多国的银行,还与各国外汇管理制度、汇率制度有关,增加了国际汇兑的复杂性,国际贸易比国内贸易的交易结算复杂得多。

（5）各国商品和生产要素的流动性差异。商品和生产要素国际移动相对不自由,国际竞争不完全性相对较大;而国内则移动相对自由,竞争的不完全性相对较小。同时,国际贸易受到的管制较多,各国往往采取关税壁垒与非关税壁垒来限制外国商品的进口,对国际贸易造成了许多障碍,而国内贸易障碍相对少。

（6）国际交易风险较大。在信用风险方面,买卖双方分处不同国家,不容易了解对方的经营和资信状况,同时,交易期间买卖双方的财务状况可能发生变化,因此对双方都存在信用风险;在商业风险方面,国际贸易中,因货样不符、交货期晚、单证不符等,进口商往往拒收货物,从而给出口商造成了商业风险,国际市场的价格波动,也会造成其中一方的商业损失;在汇兑风险方面,国际贸易中,交易双方至少有一方要以外币计价,从签约到结算时间较长,期间如果外汇汇率出现较大的变化,就会出现汇兑风险;在运输风险方面,国际贸易货物运输里程一般超过国内贸易,有时需要经过两种以上的运输方式,货物在运输过程中遭受损失的可能性比较大;在政治风险方面,一些国家由于政治变动,导致贸易政策法令的不断修改,常常使从事贸易的厂商承担很多由政治变动带来的风险。

第三节　国际贸易的分类

一、按货物移动方向划分

1. 出口贸易

出口贸易（Export Trade）是一个国家向其他国家输出本国商品和服务的活动。

2. 进口贸易

进口贸易（Import Trade）是一个国家从其他国家购进商品和服务的活动。

3. 过境贸易

某些国家由于特殊的地理位置,或者为了节约运输费用和时间,在从商品生产国购货之后,需要通过第三国的境界才能进入本国市场。对于第三国来说,这就是过境贸易（Transit Trade）。过境贸易又可分为两种:一种是间接的过境贸易,即外国商品进入国境之后,先暂时存放在海关仓库内,然后提出运走;另一种是直接的过境贸易,即运输外国商品的船只、火车、飞机等,在进入本国的境界后并不卸货,而在海关等部门的监督之下继续输往国外。

二、按国境与关境划分

1. 总贸易

凡是进入该国境界的商品一律列为进口,称为总进口（General Import）;凡是离开该国境界的商品均列为出口，称为总出口（General Export）。总进口额加上总出口额就是一国的总贸易额（General Trade）。英国、加拿大、日本、澳大利亚、美国等约 90 多个国家和地区采用这个统计标准。

2. 专门贸易

关境是一个国家海关法规全部生效的领域。当今世界上关境与国境不一致是相当普遍的现象，按这个标准，外国商品进入关境之后才列为进口，称为专门进口（Special Import）。如外国商品虽已进入国境，但仍暂放于海关的保税仓库内，或只是在免税的自由经济区流通，则不被统计为进口。另外，凡是离开关境的商品要列为出口，称为专门出口（Special Export）。但从关境外国境内输往他国的商品，则不被统计为出口。专门出口额加上专门进口额，即是一个国家的专门贸易额（Special Trade）。德国、意大利、瑞士等 80 多个国家和地区采用这种划分办法。

三、接贸易对象的性质划分

1. 国际货物贸易

国际货物贸易是指物质商品的进出口。因为物质商品是看得见、摸得着的，因此货物贸易又常常被称作有形贸易（Visible Trade）。国际贸易中的有形贸易商品种类繁多，联合国把有形商品分为 10 大类、63 章、233 组、786 个分组和 1924 个基本项目。有形贸易的进出口要经过海关手续，并表现在海关贸易统计上，是国际收支的主要组成部分。

2. 国际服务贸易

国际服务贸易是指国家之间出售或购买服务的交易，它以提供活劳动的形式满足他人需要并获取外汇报酬。国际服务贸易分为要素服务贸易（Factor Service Trade）和非要素服务贸易（Non-Factor Service Trade）。

要素服务贸易是一国向他国提供劳动、资本、技术及土地等生产要素的服务，而从国外得到报酬的活动。它包括对外直接投资和间接投资的收益、侨民汇款及技术贸易的收入。非要素服务贸易是狭义的服务贸易，它指提供严格符合"服务"定义的服务而获取外汇收入的交易，如国际运输、旅游、教育、卫星发射、咨询、会计等，与有形贸易相对应，包括上述两类服务的服务贸易也被称作无形贸易（Invisible Trade）。

四、按贸易关系划分

1. 直接贸易

在国际贸易中，商品的生产国一般是直接到商品的消费国去销售商品，后者也乐于从前者购买，这种交易称为直接贸易（Direct Trade）。此时出口国即是生产国，进口国就是消费国。

2. 间接贸易

由于政治、地理等方面的原因，商品的生产国和消费国不能直接进行交易，只能通过第三国间接地进行买卖，这种形式称作间接贸易（Indirect Trade）。

3. 转口贸易

从商品的生产国进口商品，但不是为了本国生产或消费，而是再向第三国出口，这种形式的贸易称为转口贸易（Entrepot Trade）。

如上述间接贸易中的第三国所从事的就是转口贸易。转口贸易的经营方式大体上又可以分为两种：一种是把商品从生产国输入进来，然后由该国商人销往商品的消费国；另一种是直接转口，转口商人仅参与商品的交易过程，但商品还是从生产地直接运往消费地。

从事转口贸易的大多是运输便利的国家（或地区）的港口城市，如伦敦、鹿特丹、新加坡等，由于它们地理位置优越，便于货物集散，因而转口贸易相当发达。

🍁 课堂讨论

过境贸易与转口贸易的主要区别是什么？

五、按国际收支中清偿工具的不同划分

1. 现汇贸易

在国际贸易中，凡以货币作为清偿手段的，称为自由结汇贸易，或叫作现汇结算（Cash Settlement）贸易。在这里作为支付手段的货币必须能在国际金融市场上自由兑换，现阶段能作为清偿货币的主要是西方发达国家的货币，如美元、欧元、英镑、日元等。

2. 易货贸易

在国际贸易中，凡以货物经过计价作为清偿工具的，称为易货贸易（Barter Trade）。这种方式也称为换货贸易、对销贸易，它起因于贸易参与国双方的货币不能自由兑换，而且缺乏外汇储备，于是双方把进口和出口直接联系起来，互通有无。

六、按贸易方式的不同划分

（一）商品贸易

1. 经销

经销（Distribution）是国际贸易中常见的一种出口贸易方式，是指出口商（即供货方）与进口商（即经销方）之间让"款、货两清"的买断形式完成的一种商品买卖活动。

依据经销商权限的不同，可以将经销贸易方式分为总经销、独家经销和一般经销三种类型。总经销和独家经销方式需要出口生产企业通过签订特许经销协议或发放授予证书的方式授予经销商指定商品的专营权。

2. 代理

代理（Agency）是国际贸易活动中的常见做法，是指出口商（即委托人）授权进口商（即代理人）代表委托人向其他中间商或用户销售其产品的一种贸易方式。代理人以委托人支付的佣金为代理业务的报酬，不享有所代理的商品的所有权，不用对委托人支付所代理商品的货款，不承担经营中的风险，不承担履行合同的责任，也不能擅自改变委托人规定的交易条件。

在具体运用代理方式时，可根据出口供货商对代理人授予的经营权限，将代理人分为总代理、独家代理和一般代理3种类型。

3. 寄售

寄售（Consignment）是指出口人（即寄售人）根据事先与国外客户（即代销人）签订的寄售协议，先将货物运交国外代销人，委托代销人按寄售协议规定的条件和办法，以代销人自己的名义在当地市场代销，然后将所得货款扣除佣金和各种费用后汇交寄售人的一种贸易方式。

4. 拍卖

拍卖（Auction）是一种现场实物交易，是由专营拍卖业务的拍卖行在规定的时间和地点，按照一定的规章，通过公开叫价或密封出价的方法，将货物逐件、逐批地卖给出价最高的买主的一种交易方式。它适用于规格复杂、不能根据标准品级或样品进行交易的商品，如皮毛、羊毛、烟草、香料、茶叶、花卉、水果、地毯、古玩、艺术品等。

5. 招投标

招标（Invitation to Tender）是指招标人（可以是买方，也可以是卖方）发出招标通告，提出拟购或拟销商品的具体交易条件，邀请投标人（交易的另一方）在规定的时间、地点，按照一定的程序进行投标，然后招标人择优选出中标人，与其达成商品交易的一种方式。

投标（Submission of Tender）是指投标人应招标人的邀请，根据招标的要求和条件，在规定的时间内向招标人发盘，争取中标并与其签约的行为。

6. 展卖

展卖（Fairs and Sales），是利用展览会和博览会及其他交易会形式，对商品实行展销结合的一种贸易方式。

（二）加工贸易

对外加工装配业务是指由国外厂商提供原材料或零部件、元器件，委托国内企业按一定的技术、质量标准加工成成品交还对方，并对国内企业支付工缴费的贸易方式。

在这种方式下，整个交易过程中不发生货物所有权的转移，来料、来件及成品的所有权自始至终都属于国外厂商，加工企业只对国外厂商提供劳务，并从中赚取工缴费。因此，对外加工装配业务实际上是以商品为载体的劳务出口。

🍁 **课堂讨论**

来料加工和进料加工有什么区别？

（三）补偿贸易

补偿贸易（Compensation Trade）与国际上产品回购（Product Buyback）的贸易方式很相似，是指买方在信贷的基础上进口机器设备或技术，然后用返销产品或劳务的价款分期偿还进口价款的本金和利息。

（四）租赁贸易

租赁贸易（Renting Trade）也称"租赁信贷"，是由租赁公司以租赁方式，将商品交付给承租人使用，按期收取租金的一种贸易方式。出租商品一般是机电设备、运输设备、建筑机械、医疗器械、飞机、船舶、各种大型成套设备和设施等价格昂贵的商品。

第四节　国际贸易相关的法律规范

为保证国际贸易能够顺利进行，使国际贸易得到法律的承认与保护，国际贸易业务必须符合法律规范。但由于国际贸易的当事人一般身处不同的国家或地区，具有不同的法律和制度，因此,国际贸易所适用的法律法规有较大的不同。概括起来,国际贸易所适用的法律法规主要有国际条约、国际贸易惯例、国内法等。

一、国际贸易相关的国际条约

在国际货物买卖中,还必须遵守国家对外缔结或参加的有关国际贸易、国际运输、商标、专利、工业产权与仲裁等方面的条约和协定。

1. 关于国际货物买卖的公约

(1)《国际货物买卖统一法公约》

《国际货物买卖统一法公约》(Convention on Uniform Law for the International Sale of Goods),简称《海牙第一公约》。国际统一私法协会于 1930 年组织了一个"国际货物买卖统一法公约起草委员会",着手公约的草拟工作。经过 30 多年的努力,1964 年 4 月 25 日在海牙召开的有 28 个国家参加的外交会议上通过了《国际货物买卖统一法公约》及其附件《国际货物买卖统一法》,同年 7 月 1 日开始签字,1972 年 8 月 18 日起生效。1964 年海牙会议同时通过的还有《国际货物买卖合同成立统一法公约》(简称《第二海牙公约》)。

《海牙第一公约》是统一各国有关货物买卖的实体法的国际公约,旨在解决各国在货物买卖法方面存在的分歧,减少和避免法律冲突。全文共 101 条,内容包括总则、卖方的义务、买方的义务、关于买卖双方义务的共同规定、风险转移。参加或批准该公约的国家有比利时、冈比亚、德国、以色列、意大利、荷兰、圣马力若、英国和卢森堡。

(2)《联合国国际货物买卖合同公约》

《联合国国际货物销售合同公约》是由联合国国际贸易法委员会主持制定的,1980 年在维也纳举行的外交会议上获得通过。该公约于 1988 年 1 月 1 日正式生效。截至 2015 年 12 月 29 日,核准和参加该公约的共有 84 个国家。该公约本着建立新的国际经济秩序的各项目标,考虑到在平等互利基础上发展国际贸易是促进各国间友好关系的一个重要因素,认为采用照顾到不同的社会、经济和法律制度的国际货物销售合同统一规则,将有助于减少国际贸易的法律障碍,促进国际贸易的发展。

2. 关于国际货物运输的公约

(1)《联合国海上货物运输公约》

《联合国海上货物运输公约》又称"汉堡规则",于 1978 年 3 月 6 日至 31 日在德国汉堡举行的联合国海上货物运输会议上通过,于 1992 年 11 月 1 日生效。公约共 7 章 34 条和 1 个共同谅解条款,适用于有下述任何一项情形的国际海上货物运输合同:装货港、卸货港,或者作为备选卸货港之一的实际卸货港在一个缔约国境内,提单及证明运输合同的其他单证在一缔约国签发,或者前述单证中规定运输合同受公约的各项规定或者使其生效的任何国家立法管辖的。如果运输合同或者提单等运输单证中的任何条款背离本公约的无效。公约确立了不同于"海牙规则"所建立的船货风险分配制度。

其主要内容如下。

① 规定承运人的责任期间为承运人接管货物时起至交付货物时止在其掌管之下的整个期间。

② 规定"承运人应当证明,其本人及其雇佣人员和代理人已为避免事故的发生及其后果而采取一切所能合理要求的措施",否则应当对于货物的灭失、损坏以及延迟交付所造成的损

失负赔偿责任，即采用"推定过错责任制"，同时规定了承运人对火灾、活动物、舱面货等少数特殊情况下的免责，但废除了承运人的航行过失和管船过失免责等权利。

③ 规定了较高的赔偿责任限额。

④ 首次确立了实际承运人的赔偿责任。

本公约所有的规定适用于实际承运人。此外，公约还对托运人的责任和义务、提单的功能、签发、内容和效力以及其他运输单证、索赔和诉讼时效、仲裁、共同海损等内容做出了规定。中国没有加入该公约。

（2）《统一国际航空运输某些规则公约》

《统一国际航空运输某些规则公约》通称"华沙公约"，是有关国际航空运输凭证和承运人责任的国际公约。公约于 1929 年在华沙签订，1933 年生效，共 5 章 41 条，对运输凭证（客票、货运单）的格式、适用范围以及承运人的责任及联运等内容做了明确规定。

公约对事故责任采用过失责任制，即在事故中除非承运者能举出他没有责任的证明以外，承运人都有责任，应该对旅客和货物的损失进行赔偿，但赔偿是有限度的，并对最高赔偿金额做了限定，对每一旅客的最高赔偿额为 12.5 万金法郎，对行李和货物的最高赔偿额为 250 金法郎/千克等。这个规定充分考虑了旅客、托运人和承运人的责任和权利，它的基本原则今天还在使用，有 120 多个国家签署加入。中国已于 1958 年签字加入。由于世界政治经济形势的变化，公约中规定的赔偿限额已不适用，参加各国对此多有意见。1955 年签订的《海牙议定书》对赔偿的限额及计算单位做了修改。

（3）《国际铁路货物运输公约》

《国际铁路货物运输公约》（Convention Concerning International Carriage of Goods by Rail，CIM）是关于铁路货物运输的国际公约，是在 1890 年制定的伯尔尼公约基础上发展而来的，1961 年由奥地利、法国、比利时、德国等国家在瑞士伯尔尼签订，于 1970 年 2 月 7 日修订，修订后的《国际货约》于 1975 年 1 月 1 日生效。国际铁路运输中央事务部总部设在伯尔尼。

该公约的主要内容有各缔约国的货物仅凭一张不可转让的提单或托运单，就可以在该地区间由发货地直接运达目的地，避免了转运中海关的重复检查和货物多次装卸的麻烦。此外，凡认可该公约内容的航运公司，在此间转运的海运货物，同样也可享受此种方便。开始参加签署该公约的国家包括欧洲和地中海地区的共达 29 个。到 1974 年年底仅欧洲就有 30 个国家批准了该公约。公约对跨越两个以上的缔约国，不仅在国际铁路联盟（UIC）登记的铁路运输中适用，在发行联运提单的情况下也适用。此外，本公约在 1980 年已被包括国际铁路客运和行李托运协定在内的《国际铁路运输公约》所取代。《国际铁路运输公约》（Convention Concerning International Carriage of Goods by Rail）从 1985 年起生效，生效前曾进行了若干修正。

（4）《联合国国际货物多式联运公约》

《联合国国际货物多式联运公约》是 1980 年 5 月 24 日在日内瓦举行的联合国国际联运会议第二次会议上，经与会的 84 个贸发会议成员国一致通过的。《联合国国际货物多式联运公约》全文共 40 条和一个附件。该公约在结构上分为总则、单据、联运人的赔偿责任、发货人的赔偿责任、索赔和诉讼、补充规定、海关事项和最后条款等 8 个部分。

3. 关于国际支付的公约

（1）《统一汇票本票法公约》

《统一汇票本票法公约》（Convention on the Unification of the Law Relating to Bills of Ex-change and Promissory Notes）又称为《1930 年关于统一汇票和本票的日内瓦公约》，是关

于统一各国汇票和本票的国际公约。1930 年 6 月 7 日由国际联盟在日内瓦召集的第一次票据法统一会议上通过,1934 年 1 月 1 日生效。

《统一汇票本票法公约》共 2 编、12 章、78 条。该公约主要内容有汇票的开立和格式,背书,承兑,担保,到期日,付款,拒绝承兑或拒绝付款的追索权,为维护信誉而参加,成套汇票和副本,更改,诉讼时效,一般规定。例如,汇票应包含下列内容:票据主文中列有"汇票"一词,并以开立票据所使用的文字说明之;无条件支付一定金额的命令;付款人(受票人)的姓名;付款日期的记载;付款地的记载;受款人或其指定人的姓名;开立汇票的日期和地点的记载;开立汇票的人(出票人)的签名。该公约对本票也做了详细的规定。

(2)《统一支票法公约》

《统一支票法公约》(Convention Providing a Uniform Law of Cheques)又称为《1931 年关于统一支票法的日内瓦公约》,是关于统一支票法的国际公约。该公约于 1931 年 3 月 19 日国际联盟在日内瓦召开的第二次票据法统一会议上制定,1934 年 1 月 1 日生效。

(3)《联合国国际汇票与国际本票公约》

《联合国国际汇票和国际本票公约》(Convention on International Bill of Exchange and International Promissory Note of the United Nations),简称《国际汇票本票公约》,1988 年 12 月 9 日在纽约联合国第 43 次大会上通过,并开放供签署。按该公约的有关规定,该公约须经至少 10 个国家批准或加入后,方能生效。该公约目前尚未生效。

二、国际贸易相关的惯例

此外,公认的国际贸易惯例是在国际贸易长期实践的基础上逐渐形成和发展起来的,是人们从事国际货物买卖活动的行为规范和应当遵守的准则,也是国际贸易法律的重要渊源之一。目前,在国际贸易领域常见的国际贸易惯例如下。

1. 国际贸易术语方面

(1) 国际商会制定的《国际贸易术语解释通则》(International Rules for the Interpretation of Trade Terms,INCOTERMS)。该通则是国际贸易的基础性国际通行规则。为适应国际贸易实践发展的需要,国际商会先后于 1953 年、1967 年、1976 年、1980 年、1990 年、2010 年、2020 年进行多次修订和补充。

(2) 国际法协会制定的《1932 年华沙—牛津规则》。

(3) 美国全国对外贸易协会制定的《美国对外贸易定义修正本》。

2. 国际货款的收付方面

(1) 国际商会制定的《跟单信用证统一惯例》(Uniform Customs and Practice for Documentary Credits)。该惯例是旨在统一各国对跟单信用证条款的解释而供银行界自愿采用的条例,1930 年 5 月 15 日公布,先后于 1951 年、1962 年、1967 年、1974 年、1983 年和 1993 年 6 次修改。该惯例由总则与定义、信用证的形式与通知、责任与义务、单据、杂项规定、可转让信用证和款项让渡七部分组成,共 49 条。《跟单信用证统一惯例(1993 年修订本)》第 500 号出版物使用十余年后,从 2007 年 7 月起,被《跟单信用证统一惯例(2007 年修订本)》第 600 号出版物所代替,简称 UCP600。

该惯例仅为国际商会推荐给国际银行界采用的业务惯例,不具有普遍的法律约束力,不采用的银行也不受其约束。但它已被许多国家和地区的银行界所采用,在国际上具有很大的影响力。中国尚未正式承认该惯例,但在具体业务中亦参照该惯例来处理信用证中的问题及当事人之间发生的纠纷。

(2)国际商会制定的《托收统一规则》1995年修订本(国际商会第522号出版物)。国际商会为统一托收业务的做法,减少托收业务各有关当事人可能产生的矛盾和纠纷,曾于1958年草拟《商业单据托收统一规则》(The Uniform Rules for Collection,ICC Publication No.322);1995年再次修订,称为《托收统一规则》国际商会第522号出版物(简称URC522),1996年1月1日实施。

《托收统一规则》自公布实施以来,被各国银行所采用,已成为托收业务的国际惯例。需要注意的是,该规则本身不是法律,因而对一般当事人没有约束力。只有在有关当事人事先约定的条件下,才受该惯例的约束。

3. 国际运输与保险方面

(1)英国伦敦保险协会制定的《伦敦保险协会货物保险条款》

在国际海运保险业务中,英国是一个具有悠久历史和比较发达的国家。它所制定的保险规章制度,特别是保险单和保险条款对世界各国影响很大。世界上大多数国家在海上保险业务中直接采用英国伦敦保险协会所制定的"协会货物条款"(Institute Cargo Clause,I.C.C.)。

(2)中国人民保险公司制定的《国际货物运输保险条款》

在我国,进出口货物运输最常用的保险条款是中国保险条款(China Insurance Clause,CIC),该条款是由中国人民财产保险股份有限公司制定,中国人民银行及中国保险监督委员会审批颁布。C.I.C.保险条款按运输方式来分,有海洋、陆上、航空和邮包运输保险条款四大类;对某些特殊商品,还配备有海运冷藏货物、陆运冷藏货物、海运散装桐油及活牲畜、家禽的海陆空运输保险条款。以上8种条款,投保人可按需选择投保。

(3)国际海事委员会制定的《约克—安特卫普规则》

《约克—安特卫普规则》又译《约克—安特卫普共同海损规则》。是国际上广泛使用的共同海损理算规则。该规则的主要内容是,明确规定关于共同海损的理算原则、补偿范围以及对所发生的灭失、损害或费用等的具体估算办法及分摊标准等。该规则最初是由英国、法国、荷兰、比利时等国家的轮船业、保险业、理算人公会的代表为了统一在英国格拉斯制定的理算规则——"格拉斯决议"的做法而制定的。

2016年5月6日,国际海事委员会在纽约举行的第41届大会上通过了2016年《约克—安特卫普规则》(YAR2016)。这一民间规则虽然不具有强制约束力,但由于当事人普遍采用,成为海商法领域典型的国际航运惯例。自1877年产生以来,经历了1890年、1924年、1950年、1974年、1990年、1994年、2004年修改,目前使用最多的是1994年版本。

4. 国际仲裁方面

联合国国际贸易法委员会制定的《联合国国际贸易法委员会仲裁规则》提供了一套全面的程序规则,当事方可约定按照这些规则进行因其商业关系而产生的仲裁程序,这些规则广泛用于临时仲裁和常设机构仲裁。该规则涵盖仲裁过程的所有方面,提供了示范仲裁条款,对任命仲裁员和进行仲裁程序规定了程序规则,还对裁决的形式、效力和解释等问题确立了规则。目前,该规则有以下三个不同版本:1976年版、2010年修订版及纳入《贸易法委员会投资人与国家间基于条约仲裁透明度规则》的2013年版。

三、国内涉及国际贸易的主要法律

在国际货物买卖中,交易双方所处国家不同,他们都要遵守各自所在国的国内法。由于各国法律制度不同,对同一问题各国往往有不同的规定,为了解决这种"法律冲突",一般在国内法中规定冲突解决的办法。我国《合同法》第126条规定:"涉外合同的当事人可以选择处理合同争议所适用的法律,但法律另有规定者除外。涉外合同的当事人没有选择的,适用与合同有密切联系的国家的法律。"

1. 适用于国际货物买卖方面

《中华人民共和国合同法》是为了保护合同当事人的合法权益,维护社会经济秩序,促进社会主义现代化建设制定的,由中华人民共和国第九届全国人民代表大会第二次会议于1999年3月15日通过,于1999年10月1日起施行,共计23章428条。2020年5月28日,十三届全国人大三次会议表决通过了《中华人民共和国民法典》,自2021年1月1日起施行。《中华人民共和国合同法》同时废止。

2. 适用于跨境电子商务方面

《中华人民共和国电子商务法》是以数据电文为交易手段,通过信息网络所产生的,政府调整企业和个人因交易形式所引起的各种商事交易关系,以及与这种商事交易关系密切相关的社会关系、政府管理关系的法律规范的总称。

2013年12月27号,全国人大常委会正式启动了《中华人民共和国电子商务法》的立法进程。2018年8月31日,十三届全国人大常委会第五次会议表决通过《电子商务法》,自2019年1月1日起施行。立法涉及的面很广,涉及电子商务经营主体、经营行为、合同、快递物流、电子支付等以及电子商务发展中比较典型的问题,都做了比较明确具体的规定,将微商、社交电商、直播电商等新业态的经营方式纳入监管范围,其两大核心是持证经营、合规纳税。

3. 适用于国际货物运输与保险方面

《中华人民共和国海商法》由中华人民共和国第七届全国人民代表大会常务委员会第二十八次会议于1992年11月7日通过,自1993年7月1日起施行。它是调整海上运输关系、船舶关系的基本准则,是人民法院审理海事海商案件的法律依据。它的制定和实施,对于加强社会主义海商法律制度建设,规范当事人的权利、义务,维护有关各方的合法权益,促进我国海上运输事业和经济贸易事业的发展,具有重要意义。

4. 适用于国际货款收付方面

《中华人民共和国票据法》自1996年1月1日起施行。为有效保障票据的使用和流通,保护票据关系当事人合法利益,促进经济发展,国家制定票据法专门调整票据关系。票据法是调整票据关系的法律规范的总括性称谓。

5. 适用于对外贸易管理方面

《中华人民共和国对外贸易法》是为了扩大对外开放,发展对外贸易,维护对外贸易秩序,保护对外贸易经营者的合法权益,促进社会主义市场经济的健康发展而制定的法律。由中华人民共和国第八届全国人民代表大会常务委员会第七次会议于1994年5月12日通过,自1994年7月1日起施行。最新修正是根据2016年11月7日第十二届全国人民代表大会常务委员会第二十四次会议修正,自公布之日起施行。

《中华人民共和国海关法》是为维护国家的主权和利益,加强海关监督管理,促进对外经济贸易和科技文化交往,保障社会主义现代化建设而制定的法律。由第六届全国人民代表大会常务委员会第十九次会议于1987年1月22日修订通过,自1987年7月1日起施行。最新修正是根据2017年11月4日第十二届全国人民代表大会常务委员会第三十次会议第五次修正。

《中华人民共和国进出口商品检验法》是为了加强进出口商品检验工作,规范进出口商品检验行为,维护社会公共利益和进出口贸易有关各方的合法权益,促进对外经济贸易关系的顺利发展而制定。1989年2月21日第七届全国人民代表大会常务委员会第六次会议通过,最新修正是根据2021年4月29日第十三届全国人民代表大会常务委员会第二十八次会议修正。

6. 适用于国际商事仲裁方面

《中华人民共和国仲裁法》是为保证公正、及时地仲裁经济纠纷,保护当事人的合法权益,保障社会主义市场经济健康发展而制定的法律。于1994年8月31日第八届全国人民代表大会常务委员会第九次会议通过,自1995年9月1日起施行。最近修正是根据2017年9月1日第十二届全国人民代表大会常务委员会第二十九次会议第二次修正。

四、国际条约、国内法及国际惯例的适用

国际条约、国际惯例和国内立法的关系,不同法律制度有不同的规定。一般地,在许多国家,国际条约有自动生效和非自动生效之分。自动生效的国际条约,一经该国批准,自动产生效力,当事人可直接援引。对于非自动生效的国际条约,即使该国批准,也不对其居民产生直接约束力,只有经该国立法机关制定了有关实施该条约的法律后,才对其居民具有约束力。

国际惯例具有民间的非官方性质,因此不需要国家立法机关的批准。国际惯例多与当事人约定有关,而不与国内法或国际条约相关。在当事人的约定与其采用的国际惯例矛盾时,法院将根据当事人的意图予以解决。当买卖合同中做了与国际贸易惯例相抵触的规定,本着法律优先于惯例的原则,在履行合同和处理争议时,应以买卖合同的规定为准。国际贸易惯例本身虽不是法律,它对合同当事人不具有强制性,但买卖双方如在合同中约定采用某种惯例,则该项惯例就具有强制性,买卖双方都应受其约束。

 **基础训练**

一、不定项选择题

1. 在国际贸易中,出口商品和进口商品价格之间的比率叫作（ ）。

    A. 贸易结构   B. 贸易条件   C. 贸易差额   D. 贸易量

2. 国际贸易是指世界各国（地区）之间的（ ）。

    A. 货物和服务的交换   B. 货物的交换

    C. 服务的交换   D. 汽车与农产品的交换

3. 货物生产国与货物消费国通过第三国进行的贸易,对第三国而言是（ ）。

    A. 过境贸易   B. 转口贸易   C. 直接贸易   D. 多边贸易

4. 从一国对外贸易角度来说,（ ）是指一国对外贸易额的地区和国别分布的状况。

    A. 贸易的商品结构   B. 贸易条件

C. 贸易的地理方向　　　　　　　　　D. 贸易差额

5. 当进口总额超过出口总额时,可称为(　　)。

A. 贸易顺差　　　　B. 贸易逆差　　　　C. 贸易赤字　　　　D. 出超

E. 入超

6. 国际贸易按商品流向划分,可分为(　　)。

A. 出口贸易　　　　B. 进口贸易　　　　C. 转口贸易　　　　D. 过境贸易

7. 下面是无形贸易的是(　　)。

A. 技术转让　　　　B. 保险　　　　C. 运输　　　　D. 商品加工、装卸

8. 反映国际贸易地理方向的指标有(　　)。

A. 各国的出口额占世界出口总额的比重

B. 各国的进口额占世界进口总额的比重

C. 各国的制成品出口额占世界出口总额的比重

D. 各国的制成品进口额占世界进口总额的比重

E. 各国的进出口总量占世界进出口总量的比重

9. 下列关于补偿贸易的特征,错误的说法是(　　)。

A. 在信贷基础上进行

B. 设备供应方必须承诺回购产品或劳务

C. 设备供应方是直接投资方

D. 当事人双方存在买卖关系

10. 下列商品中,适合采用寄售方式的是(　　)。

A. 粮食　　　　B. 电视机　　　　C. 书籍　　　　D. 汽车配件

二、简答题

1. 国际贸易相对于国内贸易而言有哪些特点?

2. 简述总贸易与专门贸易的异同点。

三、实训题

2021年中国进出口形势分析与预测

在全球新冠肺炎疫情得到一定的控制、世界经济缓慢复苏、中国经济稳定增长的基准情景下,预计2021年中国进出口总额约为4.9万亿美元,同比增长约5.7%;其中,出口总额约为2.7万亿美元,同比增长约6.2%,进口总额约为2.2万亿美元,同比增长约4.9%;贸易顺差约为5766亿美元。在乐观情景下,2021年中国出口和进口增速较基准情景分别上升3.0和3.3个百分点;在悲观情景下,2021年中国出口和进口增速较基准情景分别下降2.9和3.2个百分点。

2020年受益于有效的新冠肺炎疫情防控措施,中国对外贸易先抑后扬,同比增速逐季提高,1—11月出口额实现了2.5%的正增长。2021年,中国进出口增长仍面临巨大的不确定性。一方面,疫苗的应用有助于全球经济复苏,新出口订单指数有望得到提升,《区域全面经济伙伴关系协定》(RCEP)的签订将加快中国与周边国家贸易的一体化;另一方面,发达国家贸易保护主义浪潮不减,海外新冠肺炎疫情持续发酵,可能给中国贸易增长带来负面影响。

1. 2021年中国进出口形势分析与预测

由于中国进出口受国内外新冠肺炎疫情发展、全球经济状况与国内经济增长态势等因素

的影响,本报告分3种情景讨论2021年中国进出口预测。

(1) 基准情景下,2021年中国进出口总额将较2020年有所增长。

该情景假设2021年中国国内生产总值(GDP)增速在8.5%左右,世界经济缓慢复苏,中美经贸摩擦维持现状,发达国家新冠肺炎疫情在2022年第一季度末得到有效控制。在该情景下,预计2021年中国进出口总额约为4.90万亿美元,同比增长约5.65%。其中,出口总额约为2.74万亿美元,同比增长约6.22%;进口总额约为2.16万亿美元,同比增长约4.94%;贸易顺差约为5 766亿美元。

(2) 乐观情景下,2021年中国出口增速为9.17%,进口增速将达到8.21%。

该情景假设2021年中国GDP增速不低于10%,世界经济复苏较为强劲,中美经贸摩擦有所缓和,发达国家新冠肺炎疫情在2021年二季度末得到有效控制。在该情景下,预计2021年中国进出口总额约为5.05万亿美元,同比增长8.74%。其中,出口总额约为2.82万亿美元,进口总额约为2.23万亿美元,出口总额和进口总额增速较基准情景下分别上升2.95和3.27个百分点;贸易顺差约为5853亿美元。

(3) 悲观情景下,2021年中国出口增速约为3.34%,进口增速约为1.72%。

该情景假设2021年中国GDP增速在7%左右,世界经济增速继续下滑,中美经贸摩擦加剧,中国新冠肺炎疫情有所反复,海外新冠肺炎疫情维持现状。在该情景下,预计2021年中国进出口总额约为4.76万亿美元,同比上升2.62%。其中,出口总额约为2.67万亿美元,进口总额约为2.10万亿美元,出口总额和进口总额增速较基准情景下分别下降2.88和3.22个百分点;贸易顺差约为5 688亿美元。

2. 2021年中国对外贸易的主要影响因素分析

首先,2020年下半年中国新出口订单指数持续上升;展望2021年,全球经济复苏,中国出口或将延续增长趋势。根据2020年10月国际货币基金组织(IMF)发布的《世界经济展望》,预计2021年世界经济增速约5.2%;其中,发达经济体增速约3.9%,新兴市场和发展中经济体经济增长6.0%。最新经济数据表明,许多经济体在走出"大封锁"后,经济复苏的步伐快于预期。2020年11月,美国制造业采购经理指数(PMI)、日本制造业PMI和欧元区制造业PMI分别为57.5、49.0和53.8,均保持增长态势。虽然新冠肺炎疫情持续反复,但全球需求继续恢复在方向上较为明确。同时,中国PMI新出口订单指数自2020年5月以来持续上升,于2020年11月达到51.5,这也预示着中国出口或将延续增长趋势。

其次,海外新冠肺炎疫情的防控进度增加了中国出口的不确定性。北半球进入秋冬季节,病毒的活性随着气候调整、气温和气压条件的改变而有所增强,加之病毒变异,新冠肺炎疫情传染风险明显加大,增加了中国出口增长的不确定性。一方面,新冠肺炎疫情加重直接冲击外部需求。欧美新冠肺炎疫情二次暴发,一些欧洲国家和美国医疗资源出现紧张局面,政府采取的隔离政策,从需求端冲击欧美经济并增加衰退风险,影响中国外部需求;但一定程度上促进了中国防疫物资出口回落速度放缓,甚至或将出现小幅反弹。另一方面,疫情控制时点存在不确定性。目前,多个国家新冠肺炎疫苗的研究已取得重要进展,但是海外疫苗投产以及海外新冠肺炎疫能够得到基本控制的时间并不确定。一旦海外新冠肺炎疫情得到控制,外需将逐步平稳,中国出口增速受高基数影响或将出现一定回落,但仍会保持在较高水平。此外,海外国家或将进入补库阶段,有望成为支撑中国出口的下一个增长点。

3. 2020年1—11月中国进出口形势回顾与分析

2020年1—11月,按美元计价,中国进出口总额为41 734.1亿美元,同比上升0.6%。其中,出口总额为 23 166.5 亿美元,同比上升 2.5%,较 2019 年同期增幅扩大 2.7 个百分点;进口总额为 18 567.5 亿美元,同比下降 1.6%,较 2019 年同期降幅缩小 2.7 个百分点;贸易顺差 4 599.0 亿美元,较 2019 年同期扩大 861.7 亿美元。

2020 年 1—11 月,按人民币计价,中国进出口总额为 290 441.0 亿元,同比上升 1.8%。其中,出口总额为 161 291.0 亿元,同比上升 3.7%,较 2019 年同期增幅下降 0.9 个百分点;进口总额为 129 150.0 亿元,同比下降 0.5%,较 2019 年同期降幅扩大 0.8 个百分点;贸易顺差 32 141.0 亿元,较 2019 年同期扩大 6 346.0 亿元。

(1) 2020 年前三季度中国出口先抑后扬,同比增速逐季提高。

年初,受新冠肺炎疫情冲击,中国出口总额大幅下滑。自 2020 年 3 月以来,中国疫情得到了有效控制,大批外贸企业复工复产,积压的出口订单集中释放。2020 年 3 月,中国出口总额同比降幅收窄至 −6.6%。随着中国的疫情防控转向常态化,而海外疫情持续发酵,海外生产停摆后造成需求被动向中国转移和集中,防疫物资类出口大幅上升。2020 年 4 月,中国出口总额同比增长 3.4%,环比增长 8.1%。自 2020 年下半年开始,随着海外第一波疫情得到控制并进入常态化阶段,海外需求逐步回升,工业生产也相应重启,第三季度中国出口总额同比增长 8.8%。

(2) 出口的超预期增长与中国对其他国家的出口替代有关。

2020 年 4—11 月,中国出口总额为 18 387.4 亿美元,同比增长 7.6%。中国对美国、欧盟出口份额的提升主要是对日本和韩国的出口替代;对东盟出口份额提升主要是对日本的出口替代;对越南、韩国等亚洲新兴经济体出口的替代效应不明显,更多是与当地经济发展和产业链的转移重组有关。分商品来看,中国机电类产品、家具、杂项制品、贱金属及其制品在国际贸易中有较强的比较优势,有望在疫情后保持出口替代;而塑料及橡胶制品、化工品、光学及医疗等仪器、运输设备等产品或将是暂时性的出口替代。例如,受日本、欧盟在疫情期间汽车工业生产受阻的影响,中国汽车零部件出口呈现暂时性的替代作用。

(3) 受中国产业结构调整及发达国家制造业回流等因素影响,加工贸易进出口占中国外贸比重逐年下降,一般贸易进出口占比则持续增加。

2020 年 1—11 月,中国一般贸易进出口总额为 24 968.2 亿美元,同比增长 1.8%。其中,一般贸易出口额为 13 713.1 亿美元,同比上升 4.6%;一般贸易进口额为 11 255.1 亿美元,同比下降 1.5%。同期,中国加工贸易进出口总额为 9 910.7 亿美元,同比下降 5.7%。其中,加工贸易出口额为 6 291.5 亿美元,同比下降 6.1%;加工贸易进口额为 3 619.2 亿美元,同比下降 5.2%。2018 年、2019 年和 2020 年 1—11 月,中国加工贸易进出口同比增速分别为 6.5%、−9.1% 和 −5.7%。同期,中国一般贸易进出口同比增速分别为 15.7%、1.0% 和 1.8%,其增速均显著高于加工贸易进出口增速。2020 年 1—11 月,中国加工贸易进出口占外贸比重已下降到 23.8%,一般贸易进出口占比上升到 59.8%。

(4) 高新技术产品与机电产品累计出口实现正增长,纺织品出口大幅增长。

2020 年 1—11 月,中国服装和纺织品出口额分别为 1 235.7 亿美元和 1 416.5 亿美元,同比增速分别为 −10.2% 和 29.6%;机电产品和高新技术产品出口额分别为 13 748.4 亿美元和 6 942.2 亿美元,同比增速分别为 4.1% 和 4.7%。

(5) 东盟成为中国第一大贸易伙伴,中国与东盟之间的贸易进入一个新的阶段。

2020 年 1—11 月,中国前四大贸易伙伴分别是东盟、欧盟、美国和日本。自中国—东盟自贸协定"升级版"于 2019 年初开始全面实施后,中国与东盟国家之间的贸易稳步上升。至

2020 年年初，东盟已超过欧盟，成为中国第一大贸易伙伴。

2020 年 1—11 月，中国与东盟的进出口总额达到 6 095.8 亿美元，占中国进出口总额的比例为 14.6%。其中，对东盟出口为 3 406.2 亿美元，占中国出口额的比例为 14.7%；从东盟进口为 2 689.6 亿美元，占中国进口额的比例为 14.5%；中国贸易顺差为 716.6 亿美元，占中国总顺差的比例为 15.6%。分月度看，同比增长稳步提高，表明中国对东盟的贸易增长非常坚实。2020 年 11 月 15 日，RCEP 的签订标志着中国与日本、韩国、澳大利亚、新西兰，尤其是东盟之间的贸易将进入一个新的阶段。RCEP 协定实施后，区域内货物贸易零关税产品数量整体上将达到 90%，并将推出大量贸易便利化措施，客观上将推动中国与东盟之间贸易的进一步增长，这将是 2021 年中国贸易增长的主要动力之一。值得关注的是，中美经贸摩擦和低端劳动密集型产业的向外转移也是中国与东盟贸易快速增长的推动力。

资料来源：魏云捷,张珣,孙玉莹,等. 2021 年中国进出口形势分析与预测[J].中国科学院院刊,2021,36(1),DOI 10.16418/j.issn.1000-3045.20210105002.

要求：基于中国外贸发展的现状,给出其未来发展的政策建议。

第二章

国际贸易业务流程

学习目的与要求

1. 了解国际贸易交易前的准备工作。
2. 掌握国际贸易磋商的主要环节。
3. 熟悉国际贸易合同生效的要件及合同形式。

引导案例

无单放货案件提单约定管辖权争议

A 公司依据编号为 A×××、B××× 提单，以其委托上海 B 公司、厦门 C 公司托运 2 个集装箱液晶电视机散件货物从深圳发往西班牙。上海 B 公司、厦门 C 公司在没有收回正本提单的情况下，将涉案货物交付给了收货人。A 公司以侵犯其作为提单持有人的权利，应赔偿损失为由，向广州海事法院提起诉讼，请求判令上海 B 公司、厦门 C 公司赔偿货款损失及利息等费用。

上海 B 公司、厦门 C 公司提交的涉案提单背面第 19 条管辖及适用法律约定，所适用的上述条件、行为和合同均适用香港特别行政区法律，因该条件、行为和合同所产生的纠纷均应提交香港特别行政区法院解决为由提起了管辖权异议。

上海 B 公司和厦门 C 公司认为：提单本身即是海上货物运输合同的证明，提单的背面条款包括管辖权条款在内，是运输合同的条款和条件的具体体现，因此，提单存在这一事实本身即足以证明货方与承运人或有关船方之间就提单的管辖权条款已达成了合意。同时，A 公司自称为涉案货物的托运人，其在接受提单时，已经了解涉案管辖权条款的内容，也并未对此提出任何异议，这充分表明已经同意并接受了涉案提单的管辖权条款。

最高人民法院裁定认为，涉案格式提单正面记载："在接受本提单时，货方同意接受本提单正面和背面的所有条款和条件，但任何当地豁免条款和惯例除外。"根据《最高人民法院关于内地与香港特别行政区法院相互认可和执行当事人协议管辖的民商事案件判决的安排》，该约定应当视为作为提单上记载的托运人与提单签发人之间关于管辖问题的约定。本案是海上货物运输合同纠纷，无论是当事人，还是运输合同的履行，均与香港无实际联系，管辖权异议理由不成立。大连海事法院作为涉案提单签发地、运输合同起运港所在地的海事法院，对本案具有管辖权。

资料来源：杨杰. 无单放货案件提单约定管辖权之争议[EB/OL]. https://www.sohu.com/a/381296143_100200845,2020-03-19[2021-05-07].

分析：《中华人民共和国民事诉讼法》第三十四条规定："合同或者其他财产权益纠纷的当事人可以书面协议选择被告住所地、合同履行地、合同签订地、原告住所地、标的物所在地等与争议有实际联系的地点的人民法院管辖,但不得违反本法对级别管辖和专属管辖的规定。"
第244条规定:"涉外合同或者涉外财产权益纠纷的当事人,可以书面协议选择与争议有实际
联系的地点的法院管辖。即当事人协议管辖应当约定与案件具有实际联系的地点的法院。"从
上述的法院判决中可以总结出,在提单约定管辖权,若非与案件实际联系的地点的法院,一般
不会被予以支持。

在进出口贸易中,由于交易方式和成交条件不同,其业务环节也不尽相同。但是,无论进
口或出口交易,一般都包括交易的准备、合同的磋商和合同的签订三个阶段。

第一节　国际贸易交易的准备

交易准备是一项烦琐、细致的工作,在交易磋商前的准备工作好坏直接影响着整个交易的
成败。

一、国际市场行情调研

行情调研的目的是获得与贸易有关的各种信息,通过对收集到的各方面信息的分析,得出
国际市场行情特点,判定贸易的可行性并进而据此制订贸易计划。

(一)国际市场营销环境分析

1. 国际市场营销的经济环境分析

通常包括世界经济格局及发展趋势、国际贸易构成和国际金融体系等方面的分析以及了
解一个国家或地区的自然条件、总体经济状况、生产力发展水平、产业结构特点、国家的宏观经
济政策、货币制度、经济法律和条约、价值观念、商业习惯、消费水平和基本特点等。

2. 国际市场营销的文化环境分析

企业要想在国际营销中满足异国顾客的需求,必须根据各国文化的差异性判断顾客需求
的差异性。从各国企业的国际营销实践来看,重视文化分析者成功,忽略文化分析者失败,这
已成为国际商界的一条定律。

3. 国际市场营销的政治和法律环境分析

国际营销企业不仅要注意了解和分析目标国家政治和法律环境的特征,遵守当地的法律
法规,而且也要采取措施避免或减少可能的政治风险,维护自己的合法权益。

(二)国际市场调研

国际市场调研主要是针对某一具体选定的商品,除了调查其市场需求情况,还要了解国内
市场的供应情况、国内企业的生产能力,要了解生产的技术水平和成本、产品性能、特点、消费
阶层和高潮消费期、产品在其市场生命周期中所处的阶段、该产品市场的竞争和垄断程度等内
容。目的在于确定该商品贸易是否具有可行性、获益性。

(三)目标客户调研

目标客户调研在于了解欲与之建立贸易关系的国外厂商的基本情况,包括它的历史、资金
规模、经营范围、组织情况、信誉等级等其自身总体状况。

小贴士

目标客户调研普遍采用以下 5 种方法。

（1）通过国内的咨询机构调查。我国境内已建立一批咨询调查机构，可随时接受客户的委托，提供全球范围内外商资信调查报告。

（2）通过国内往来银行向对外的往来银行调查。中国银行在世界上许多国家和地区设有分行、办事处等机构，与当地的银行之间可进行业务往来、信息沟通，企业向其发出资信调查函，可得到其帮助。

（3）利用国际工商名录进行调查。国际工商名录通常是由各国商会编纂，收录各国著名的贸易公司、商号、电传、电话、公司地址、主要经营项目及主要经营情况。

（4）通过国外咨询机构或调查公司调查。国外著名的咨询机构、资信调查公司提供的调查报告详细准确。这些资料的取得通常是需要交费的，而且只能是有资格的机构才能获得资料。

（5）委托律师参与资信调查。可由律师或以委托人的名义，到被调查人所在地工商登记机构调取其企业登记材料，到房地产管理部门调查房产情况等。律师可按委托人的要求，为被调查对象出具资信调查法律意见书。

资料来源：找法网. 对外商如何进行资信调查［EB/OL］. https://china.findlaw.cn/gongsifalv/zixindiaocha/zxdccx/41848.html，2019-04-21［2021-05-07］.

案例 2-1

新冠肺炎疫情背景下进出口结算风险防范

中国 A 企业与某国 B 企业签署买卖合同，合同约定信用证结算。2020 年 2 月，中国企业收到买方所在国银行开来的信用证，通过中国某银行通知 A 企业。信用证第 31D 项有效期为2020330，有效地点为 B 国开证行 SWIFT 代码。由于买方急需货物，双方选择陆运。A 企业发运后，前去通知行"交单"，被告知因证行所在国国内快递瘫痪，单据无法寄至开证行，信用证即将到期。中国企业联系买方修改信用证，因为陆运运输单据不同于海运提单，不具有物权凭证效力，买方无须单据就提走了货物，之后再没有了回应，卖方钱货两空。

资料来源：马祯. 疫情背景下我国进出口结算风险防范［J］. 对外经贸实务，2020（6）：66-68.

分析：国际贸易中，我方应慎重考察国外进口商身份的真实性，查清对方的资信情况。本案中中国企业钱货两空的原因虽然有疫情的因素，但其根本在于外商资信欠佳，利用疫情和陆运单据不具有物权凭证的性质，直接提走了货物。

实务中，交易前我方应通过银行、海外机构、商务参赞处、进出口商会等合法途径了解和核实外商的经营活动、货物情况、注册资本、法定地点等信息，考察对方资产信用的真实性和履约能力，也可以主动向国外商人索要营业执照、公司网站等证明资料，多方位、多渠道了解客户的资信情况，避免风险。

二、寻找贸易机会

要做成生意，首先要寻找贸易机会，寻找客户。寻找国外客户是进出口企业日常工作中，尤其是进出口企业成立初期最重要的一项工作，也是外贸业务工作的重点。

（一）利用网络平台

在互联网高度发展的当代，利用网络平台寻找贸易机会，开发新客户成为方便、快捷有效的途径。

1. B2B 网站

B2B 是指 Business to Business。B2B 网站是指提供企业对企业间电子商务活动平台的网站。B2B 模式是当前电子商务模式中份额最大、最具操作性的模式。在电子商务飞速发展的当代，利用 B2B 网站发布企业信息，寻找新客户已成为国际贸易中常用的方法。

2. 网络黄页

网络黄页就是纸上黄页在互联网上的延伸和发展。在信息化大背景下，电子商务日渐普及，使人们上网查阅企业信息已经相当便利，这构成了网络黄页强大的市场基础。

网络黄页提供包括企业邮箱、产品动态、买卖信息、企业简介等信息，企业可以通过即时留言、短信互动、电话、电子邮件等多种方式与目标客户进行沟通，也可以通过网站页面上的行业地区的划分进行在线查找，或是输入所需要搜索的企业关键字代码进行查询。

加入网络黄页目录一般是免费的。外贸企业可通过搜索引擎寻找英文版的中国黄页、亚洲黄页、世界黄页，在这些网站上进行公司登记，让更多的客户了解自己，从而达到客户主动联系企业的目的。

小贴士

部分国家和地区的黄页如表 2-1 所示。

表 2-1　部分国家和地区的黄页

名　　称	网　　址
中国黄页	http://www.chinapages.com
美国黄页	http://www.yellowpages.com
澳大利亚黄页	http://www.yellowpages.com.au
加拿大黄页	http://www.yellowpages.ca
英国黄页	http://www.yell.com
德国名录	http://www.branchenbuch.com
欧洲黄页	http://www.europages.com
日本黄页	http://www.yellowpages.co.jp
马来西亚黄页	http://www.yellowpages.com.my
以色列黄页	http://www.yellowpages.co.il
伊朗黄页	http://www.iranianyellowpages.com
非洲黄页	http://www.africayellowpages.com

资料来源：李佩玲.国际贸易实务[M].北京：清华大学出版社，2020：11.

3. 搜索引擎

搜索引擎指自动从因特网收集信息,经过一定整理以后,提供给用户进行查询的系统。学会运用搜索引擎,可以帮助企业进行品牌推广、信息发布、开发客户等。常用的搜索引擎有Google、Yahoo、Baidu 等,这些搜索引擎涵盖了全世界大部分的资源,通过高级搜索,选择国家、语言,对客户进行区域定位。常用的搜索办法有以下两种。

(1) 关键词搜索。搜索时可以输入产品名称＋Importers/Distributor/其他客户类型(buyer、company、wholesaler、retailer、supplier、vendor 等)或 Price＋产品名称、Buy＋产品名称,还可以在这基础上加入国家名称限制,这样可以搜到不少国外客户。

(2) 类目搜索。搜索时选择相应的行业类目,搜索类目下的产品信息。

4. 行业网站

每个行业几乎都有行业网站。可以登录行业网站,利用关键词搜索产品或企业信息。行业网站专注于某一领域,在资讯上更为专业、权威,在网站上一般会有会员列表,也会有很多相关的链接。在开发新客户时,可以先确定产品所在的行业,再搜索这个行业的行业网站,有的放矢,效果会更好。

(二) 通过交易会和展销会

随着会展经济的快速发展,国内外各类交易会和展销会层出不穷,参加交易会和展销会是推销自己、寻找客户的很好的方法。目前我国规模较大的进出口交易会有以下几个。

1. 中国进出口商品交易会

中国进出口商品交易会又称"广交会",创办于 1957 年春季,每年春秋两季在广州举办,迄今已有六十余年历史,已发展成为我国规模最大、商品种类最全、采购商最多、效果最好的综合性国际贸易盛会,对支持我国企业特别是中小企业开拓国际市场,培育外向型企业人才,促进对外贸易发展发挥了重要作用。

2. 中国华东进出口商品交易会

中国华东进出口商品交易会简称"华交会",是由中华人民共和国商务部支持,上海市、江苏省、浙江省、安徽省、福建省、江西省、山东省、南京市、宁波市 9 省市联合主办,每年 3 月 1—5 日在上海举行。华交会是中国规模最大、客商最多、辐射面最广、成交额最高的区域性国际经贸盛会。

3. 中国(上海)国际技术进出口交易会

中国(上海)国际技术进出口交易会简称"上交会",是由商务部、科技部、国家知识产权局和上海市人民政府共同主办,上海市国际技术进出口促进中心承办的国家级的国内外先进技术展示、交流、交易的盛会。首届上交会于 2013 年 5 月 8—11 日在上海国际展览中心和上海世贸商城隆重举办,构建了国际技术展示交易平台、国际高新技术推广应用平台、企业获得国际技术支持平台和发明创造技术转化平台四大平台。目前已成功举办 8 届。

4. 中国昆明进出口商品交易会

中国昆明进出口商品交易会简称"昆交会",是由中华人民共和国商务部、云南、四川、重庆、贵州、广西、西藏 6 省(区、市)及成都市人民政府联合主办,海内外多家机构参与协办的区域性国际商品交易会。展洽内容包括商品进出口、技术进出口、边境贸易、国内外招商引资及经济技术合作项目洽谈等,展出规模在 2 000 个标准展位以上,其中东盟、南亚国家参展展位300 多个。

5. 中国大连进出口商品交易会

1987 年,经对外经济贸易合作部批准,"中国东北地区暨内蒙古出口商品交易会"在大连举行,这是中国改革开放初期,国家支持举办的极具影响力的区域性交易会,多年来,在有关部委和国内外商协会组织的大力支持下,"大连交易会"对中国东北地区的改革开放和经济建设起到了十分重要的作用。

（三）其他方法

（1）由驻外分支机构开发新顾客。各大公司在国外设立分公司,其主要目的就是开发新的顾客,为公司争取更多的贸易机会。

（2）充分利用来华的各种外国代表团。每年来我国的外国经济访问团、市场调查团、参加国际展览会的国外团组很多,可以利用这些机会选择贸易对象。

（3）利用新闻工具获得新顾客,可在有国际影响力的报纸杂志上刊登广告,吸引顾客。

（4）通过商会、领事馆及对外贸易协会的介绍认识新的顾客。

（5）其他一些特殊渠道,如联合国采购、跨国采购等平台和方式;国内或驻外机构（如贸易中心）常年开设的展厅,进行商品展览等。

三、赢取客户并建立业务关系

（一）接触客户

1. 掌握接触客户的技巧

外贸业务人员要知道接触客户应该注意的问题,掌握销售信函的写作技巧,更要掌握必要的商务礼仪,形成自然的商务礼仪素养,企业也应该对业务人员进行必要的业务指导和培训。

2. 获取客户信任

在出口营销中,企业可以通过自己建立的网站、给客户的电子邮件、传真等内容的专业程度以及邮寄给客户的样本、资料和样品的专业程度等来获取客户的信任。

此外,无论是国内销售还是国际销售,客户对企业的信任和认识主要来自和业务员的每一次沟通、和企业的每一次接触、每一次在媒体上获得的关于企业的信息、对企业售前的感受以及成为客户后产品使用和服务的经历等。

（二）与客户沟通并建立业务关系

1. 谈判沟通

成功的商业交易主要依赖于谈判的艺术,尤其是在展览会、交易会等买卖双方需要面谈的时候,谈判艺术和谈判技巧显得尤为重要。

2. 有效管理客户询盘

做好询盘管理通常包括以下几个方面：对询盘进行分类,不同的询盘应采取不同的处理方式;具有判断"真""假"买家和客户的能力;要能做好买家询盘的回复和跟踪;掌握处理买家询盘的方法和技巧。

3. 样品沟通

在与客户初步接触以后,外贸企业应向供应商索取样品或要求新产品打样,并尽快给客户寄样。样品不仅代表企业商品品质,反映生产企业的生产能力和技术水平,而且决定交易的价格。如果交易达成,样品又是验货和日后索赔的依据。

4. 争取客户订单,建立业务联系

随着与客户沟通的进一步深入,争取客户签下订单并从此建立良好的业务关系,这是与客户洽谈的最后一个环节,也是最重要的基础性工作。

第二节 国际贸易合同的磋商

由于国际贸易交易双方分属不同的国家或地区,彼此有着不同的社会制度、政治制度、经济体制、法律体系和贸易习惯以及不同的文化背景、价值观念、信仰等,所以交易磋商是进行国际贸易时的一项极其复杂的工作。

一、询盘

询盘(Inquiry)也被称作询价,指准备购买或出售商品的人向潜在的供货人或买主探询该商品的成交条件或交易的可能性的行为。简单地说,就是交易一方向交易另一方表达购买或销售商品的意愿。

(一)买方询盘

询盘可由买方发出,也称为"邀请发盘"。

如下为买方询盘:

Please quote us lowest price CIF Los Angeles inclusive of our 5% commission, stating the earliest date of shipment.请报包括我方5%佣金在内的CIF洛杉矶最低价,并告知最早的装船日期。

(二)卖方询盘

询盘由卖方发出,也称为"邀请递盘"。

如下为卖方询盘:

Can supply 100000 YDS of Printed Shirting 60×60 133×72 120″ Please reply by Fax or E-mail. 可供10万码全棉印花布60×60 133×72 120″。传真或电子邮件尽速告知。询盘通常用下列词句:

"请告"(please)、"请电告"(please cable advice)、"对……有兴趣,请"(interest in … please)、"请报价"(please quote)、"请发盘"(please offer)等。

🎙️ **小贴士**

外贸人员如何询盘回复

询盘回复的好坏直接影响外贸人员的成单率,有效提升询盘回复的方法也是外贸人员的必修课之一。询盘回复顾名思义就是外贸人员在收到潜在客户发出的咨询产品价格等的相关问题邮件中,进行报价等问题回复。外贸企业和工作人员掌握以下询盘回复技巧是非常有必要的。

第一,要通过客户发来的询盘了解客户的情况,俗话说知己知彼才能百战不殆。外贸人员需要先通过客户询盘确定客户是处于哪个水平的,这样对接下来的询盘回复百利而无一害。

第二,不要着急回复,明确买家的需求,在询盘回复过程中,虽然回复需要快速,但是也不一定意味着要降低质量,如果这样只会适得其反,搞砸询盘。外贸人员在回复询盘时,一定要明确客户需求,针对客户需求来有效回复,千万不要再重复询问买家已经回复过的问题,以免造成买家的反感,同时也会让买家觉得你不够专业。

第三,认真剖析客户问题,不急不躁,认真解读客户问题,做出相应解答,如果在询盘中涉及报价这一方面,外贸人员可以将报价以一个表格的形式发出,这样客户可以一目了然,增加了客户查看的概率。

第四,着手开始回复客户,只有以上的准备工作做到了位,才可以在询盘回复的过程中如鱼得水、信手拈来。

资料来源:Alan. 在外贸企业中,外贸人员如何询盘回复[EB/OL]. https://www.52by.com/article/51494,2021-03-26[2021-05-07].

二、发盘

(一)发盘的含义

发盘(Offer)又称报盘、发价。发盘既是商业行为,又是法律行为。它是指交易的一方向另一方提出购买或出售某种商品的各项交易条件,并愿意按照这些条件达成交易,签订合同的一种表示。国际贸易中,发盘通常是由卖方收到买方询盘后提出,有时,也有买方向卖方发盘,习惯上称为"递盘"(Bid)。发盘一经受盘人的接受,交易即达成,合同即告成立。发盘对发盘人具有法律约束力。

 小贴士

如何识别实盘和虚盘

发盘可以分成两类:实盘(Firm Offer)和虚盘(Non-firm Offer)。实盘是有约束力的发盘,表明发盘人有肯定订立合同的意图。虚盘是发盘人所做的不肯定交易的表示,仅表示交易意向,不具有法律效力。

行文中出现下列语句的都为虚盘。

- Subject to prior sale. 有权先售。
- Subject to our final confirmation. 以我方确认为准。
- Without engagement. 不负责任。

(二)构成发盘的条件

1. 发盘应向一个或一个以上特定的人提出

向特定的人提出是指向有名有姓的公司或个人提出。提出此项要求的目的在于,把发盘同普通商业广告及向广大公众散发的商业价目单等行为区别开来。对广大公众发出的商业广告是否构成发盘的问题,各国法律规定不一,需慎重使用。

2. 发盘内容必须十分确定

《国际货物销售合同公约》认为:"一个建议如果写明货物并且明示或暗示地规定了货物的数量和价格或规定如何确定数量和价格的办法,即为十分确定。"

根据《国际货物销售合同公约》规定,发盘至少应包括三个要素:表明货物的名称与质量;明示或默示地规定货物的数量和规定数量的方法;明示或默示地规定货物的价格或规定价格的方法。

小贴士

发盘的注意事项:构成一项发盘应包括的内容,各国法律规定不尽相同。《国际货物销售合同公约》的规定只是构成发盘的基本要求。在实际业务中,如果发盘的交易条件太少或过于简单,会给合同的履行带来困难,甚至引起争议。因此,发盘中最好将品名、品质、数量、包装、价格、交货时间、地点和支付办法等主要交易条件一一列明。

3. 必须表明发盘人对其发盘一旦被接受即受约束的意思

发盘是订立合同的建议,这个意思应当体现在发盘中,因此,发盘价一旦被接受,合同即告成立,发盘人即受到约束;否则不能认为是一项发盘。

4. 发盘必须送达受盘人

发盘于送达受盘人时生效。在此之前,即使该受盘人已通过其他途径知道了发盘的内容,也不能主动对发盘表示接受。所谓"送达"对方,是指将发盘的内容通知对方或送交对方来人、其营业地或通信地址。

(三) 发盘生效的时间

在通常情况下,发盘都具体规定一个有效期,作为对方表示接受的时间限制,超过发盘规定的时限,发盘人即不受约束。采用口头发盘形式时,规定自对方了解发盘内容时生效。如采取书面发盘,则《国际货物销售合同公约》规定,发盘送达受盘人时生效。

(四) 发盘的撤回和撤销

1. 发盘的撤回(Withdrawal)

根据《国际货物销售合同公约》的规定,一项发盘(包括注明不可撤销的发盘),在其尚未生效以前,都是可以修改或撤回的,所以,如果发盘人想改变发盘内容,可以用更迅速的通信方法,将发盘的撤回或更改通知赶在受盘人收到该发盘之前或同时送达受盘人,发盘即可撤回或修改。

2. 发盘的撤销(Revocation)

发盘的撤销是指发盘人在发盘生效前有效地撤销发盘的行为。撤销不同于撤回,撤销是发盘生效后,发盘人再取消发盘,消除其效力的行为。对于发盘生效后能否撤销的问题,各国合同法的规定有很大分歧。《国际货物销售合同公约》采取了折中的规定:"在发盘已送达受盘人,即发盘已生效,但受盘人尚未表示接受之前这一段时间内,只要发盘人及时将撤销通知送达受盘人,就可以将发盘撤销。"

例题 2-1

我国某公司向美国某贸易商出口工艺品一批,我方于周一上午 10 点,通过电子邮件向美商发盘,公司原定价为 500 美元 CIF 纽约,但由于我方工作人员疏忽而误报为每单位 500 元人民币 CIF 纽约。

请问:在下述三种情况下应如何处理较为妥当?

(1) 如果是在当天上午 10 点半发现问题,可否撤回发盘?

(2) 如果是在第二天上午 9 点发现,客户尚未接受,应如何处理?

(3) 如果是在第二天上午 9 点发现,客户已经接受,应如何处理?

分析:(1) 根据《国际货物销售合同公约》的规定,发盘送达受盘人时生效。本案例中,我方采用电子邮件的方式发盘,当天上午 10 点半时,该发盘在进入美商指定的电子邮箱时已经生效,所以无法撤回。

(2) 如果是第二天上午 9 点发现,客户尚未接受,则可以撤销发盘,并将撤销通知于受盘人发出接受通知以前送达受盘人。该项发盘可以撤销。

(3) 如果是第二天上午 9 点发现,客户已经接受,则等于交易已经成立,双方都要承担法律责任。但双方在合同正式签署前,我方可与外商协商允许我方更正错误。如对方拒绝我方的请求,则我方只能接受该笔交易或承担违约后果。

(五) 发盘效力的终止

发盘效力的终止是指发盘法律效力消失,发盘人不再受发盘的约束。发盘效力终止的原因有以下几种。

(1) 被受盘人拒绝或还盘。

(2) 发盘人依法撤销该发盘。

(3) 发盘中规定的有效期届满。

(4) 不可抗力事故造成发盘失效。

(5) 发盘人死亡、破产等特殊情况。

三、还盘

还盘(Counter-Offer)又称还价,法律上称为反要约。还盘,当然不是只针对价格提出修改,还可以对发盘中的其他交易条件进行修改。还盘是指受盘人不同意或不完全同意发盘人在发盘中提出的条件而提出自己的修改意见或条件的表示。还盘是对原发盘的拒绝,原发盘即失去效力,发盘人不再受其约束,并构成一个新发盘。

还盘示例:

Your Fax 25th counter offer USD 80.00 per dozen CIF New York.你方 25 日电悉,还盘每打 80 美元 CIF 纽约。

例题 2-2

我国某公司与国外洽谈一笔丝绸产品的交易,经过双方对交易条件的磋商之后,已就价格、数量、交货期等达成协议，我方公司于是在 7 月 8 日致电对方："确认售与你方丝绸产品数量为××，请先电汇 5％的货款。"对方于 7 月 11 日复电："确认你方电报，条件按你方电报规定，已汇交你方银行××万美元，该款在交货前由银行代你方保管。"请问这笔合同是否成立？并简述理由。

分析：这笔合同不成立。根据《国际货物销售合同公约》规定，有关合同付款的添加或不同条件，均视为在实质上变更发价条件。对方最后复电改变了付款条件，我方要求对方电汇 5％的货款，但外商将该笔货款修改为保证金，即为实质性地变更了发盘条件，应视为还盘。

四、接受

（一）接受的含义

接受（Acceptance）在法律上称为承诺，指受盘人接到发盘或还盘后，在规定的有效期内或及时地以声明或行为表示同意对方提出的各项条件。接受产生的重要法律后果是交易达成、合同成立，双方应分别履行其所承担的合同义务。

接受示例：

Your E-mail Aug. 10 accepted.你方 8 月 10 日电邮，我方接受。

（二）构成接受的要件

根据《国际货物销售合同公约》的解释和规定，构成有效的接受要具备以下四个条件。

1. 接受必须由受盘人做出

这一条件与构成发盘的第一条件是相呼应的。发盘必须向特定的人提出，即表示发盘人愿意按发盘的条件与受盘人达成交易并签订合同，但并不表示他愿意按这些条件与其他任何人达成交易，订立合同。因此，接受也只能由受盘人做出，才具有法律效力。任何第三者对发盘的接受对发盘人均无约束力。

2. 接受必须表示出来

受盘人做出接受，要采用声明或做出其他行为的方式表示。所谓声明，是指以口头或书面的形式向发盘人明确表示接受；所谓做出其他行为，是指用行为表示接受。

3. 接受必须与发盘相符

接受的内容应与发盘的内容一致，这样才表明交易双方就有关的交易条件达成了一致意见，即所谓"合意"。在实际业务中，常有受盘人在答复中虽然使用了"接受"这个词，但又对发盘内容做了增加、限制或修改的情况。如果增加、限制或修改的内容在实质上并不变更原发盘的条件，除发盘人在不过分迟延的期间内以口头或书面通知反对其间的差异外，仍构成接受，合同条件以原发盘条件以及接受通知内所载的更改为准。

4. 接受必须在发盘的有效期内做出

发盘中通常都规定有效期。如果发盘中明确规定了有效期，受盘人只有在有效期内做出接受才有效；如果发盘中未明确规定有效期，按照国际贸易习惯，应在合理时间内做出接受才有效。

（三）接受的生效

各国法律对接受生效的时间有不同的解释。英美法系采用"投邮生效"的原则，即接受通知一经投递，则接受立即生效；大陆法系采用"到达生效"的原则，即接受通知必须送达发盘人时才能生效。《国际货物销售合同公约》采用了"到达生效"的原则，明确规定"接受送达发盘人时生效"。

（四）逾期接受

在国际贸易中，由于种种原因，导致受盘人的接受通知超过发盘的有效期才送达到发盘人，这在法律上称为"逾期接受"（Late Acceptance）。逾期接受在一般情况下不能视为有效的接受，不具有法律效力，因而，发盘人不受其约束。但在某些条件下，逾期接受仍然具有接受的效力，其是否有效取决于受盘人。

（五）接受的撤回与修改

在接受的撤回或修改问题上，《国际货物销售合同公约》第二十二条规定："接受得予撤回，如果撤回通知于接受原应生效之前或同时送达发盘人。"由于接受在送达发盘人时才产生法律效力，故撤回或修改接受的通知，只要先于原接受通知或与原发盘接受通知同时送达发盘人，则接受可以撤回或修改。如接受已经送达发盘人，即接受一旦生效，合同即告成立，就不得撤回接受或修改其内容，因为这样做无异于撤销或修改合同。

需要指出的是，当前通信设备非常发达和各国普遍采用现代化通信的条件下，当发现接受中存在问题而想撤回或修改时，往往已经来不及了。为了防止出现差错和避免发生不必要的损失，在实际业务中，应当审慎行事。

例题 2-3

甲公司于 7 月 16 日收到国外乙公司发盘："可锻铸铁 500 吨，每吨 545 美元 CFR 中国口岸，8 月装运，即期信用证支付，20 日复到有效。"甲于 17 日复电："若价格降至 500 美元，可以接受。履约中如有争议，在中国仲裁。"乙当日回电："市价坚挺，价格不能减。仲裁条件可以接受，速复。"以后，甲也发现可锻铸铁价格趋涨，即于 19 日复电："接受你 16 日发盘，信用证已由中国银行开出，请确认。"但乙未确认，并退回信用证。试析：合同是否成立？为什么？如果你是甲应该怎么做？

分析： 合同没有成立。因为我方接受的是 7 月 16 日的发盘，此发盘经还盘已经失效，接受已失效的发盘，合同是不能成立的。我方应接受 7 月 17 日对方的发盘，这样就能达成合同。

第三节　国际贸易合同的签订

在国际贸易中，交易双方通过反复磋商就各项交易条件取得一致协议后，交易即告达成。一般来说，接下来就可以正式签订书面合同。交易磋商是合同的根据，合同是交易磋商的结果。由于每笔交易所买卖的货物的品种不同、贸易条件不同、适用的贸易惯例不同，每份合同所规定的具体责任与义务各不相同，正确、合理地订立书面合同是买卖双方履行各自义务的前提和依据。

一、合同成立的时间

在国际贸易中,合同成立的时间是一个十分重要的问题。根据《国际货物销售合同公约》的规定,合同成立的时间为接受生效的时间,而接受生效的时间,又以接受通知到达报盘人或按交易习惯及报盘要求做出接受的行为为准。由此可见,合同成立的时间有以下两个判断标准。

(1) 有效接受的通知到达报盘人时,合同成立。

(2) 受盘人做出接受行为时,合同成立。

此外,在实际业务中,有时双方当事人在洽商交易时约定,合同成立的时间以订约时合同上所写明的日期为准,或以收到对方确认合同的日期为准。在现实经济生活中,有些合同成立的时间有特殊规定。如我国《民法典》第四百九十条规定:"当事人采用合同书形式订立合同的,自当事人均签名、盖章或者按指印时合同成立。在签名、盖章或者按指印之前,当事人一方已经履行主要义务,对方接受时,该合同成立。法律、行政法规或者当事人约定合同应当采用书面形式订立,当事人未采用书面形式但是一方已经履行主要义务,对方接受时,合同成立。"签名、盖章或者按指印不在同一时间的,最后签名、盖章或者按指印时合同成立。

二、合同生效的要件

买卖双方就各项交易条件达成协议后,并不意味着此项合同一定有效。根据各国合同法规定,一项合同,除买卖双方就交易条件通过报盘和接受达成协议后,还需具备以下要件,才是一项有效的合同,才能得到法律上的保护。

1. 合同当事人必须具有签约能力

签订买卖合同的当事人主要为自然人或法人。按各国法律的一般规定,自然人签订合同的行为能力,是指精神正常的成年人才能订立合同;未成年人、精神病人、禁治产人订立合同必须受到限制。关于法人签订合同的行为能力,各国法律一般认为,法人必须通过其代理人,在法人的经营范围内签订合同,即越权的合同不能发生法律效力。根据我国《民法典》第143条规定:"民事法律行为有效的条件之一是行为人具有相应的民事行为能力。"由此可见,在订立合同时,注意当事人的缔约能力和主体资格问题是十分重要的。

2. 合同必须有对价或约因

英美法认为,对价是指当事人为了取得合同利益所付出的代价。例如,在货物买卖合同中,卖方交货是为了取得买方支付的货款,而买方支付货款是为了得到卖方提供的货物,这种买方支付货款和卖方提交货物就是双方的"相互给付",即买卖合同中的"对价"。大陆法认为,约因是指当事人签订合同所追求的直接目的。

按照英美法和大陆法的规定,合同只有在有对价或约因时,才是法律上有效的合同,无对价或无约因的合同,是得不到法律保障的。

3. 合同的内容必须合法

许多国家往往从广义上解释"合同内容必须合法",其中包括不得违反法律,不得违反公共秩序或公共政策以及不得违反善良风俗或道德三个方面。

根据我国《民法典》第 8 条规定："民事主体从事民事活动,不得违反法律,不得违背公序良俗。"

4. 合同必须符合法律规定的形式

对于世界上大多数国家来说,只对少数合同才要求必须按法律规定的特定形式订立,而对大多数合同,一般不从法律上规定应当采取的形式。我国《民法典》第 469 条规定："当事人订立合同,可以采用书面形式、口头形式或者其他形式。"

5. 合同当事人的意思表示必须真实

各国法律都认为,合同当事人的意思表示必须是真实的才能成为一项有约束力的合同,否则这种合同无效。

为了使签订的合同能得到法律上的保护,我们必须了解上述合同生效的各项要件,并依法行事。此外,我们还应了解造成合同无效的其他几种情况。

根据我国《民法典》的 147 条至 151 条规定:有下列情形之一的,民事法律行为无效:

(1) 基于重大误解实施的民事法律行为;

(2) 一方以欺诈手段,使对方在违背真实意思的情况下实施的民事法律行为;

(3) 第三人实施欺诈行为,使一方在违背真实意思的情况下实施的民事法律行为,对方知道或者应当知道该欺诈行为的;

(4) 一方或者第三人以胁迫手段,使对方在违背真实意思的情况下实施的民事法律行为;

(5) 一方利用对方处于危困状态、缺乏判断能力等情形,致使民事法律行为成立时显失公平的。

案例 2-2

Claxton 是一家英国公司,TXM 是一家匈牙利公司。某年 4 月,Claxton 在从未见过 TXM 公司合同条款的前提下向 TXM 公司提供了一定数量的石油钻井设备并且在报价中未提出任何关于适用法律以及争议解决的事项。上述合同也未发生争议。之后,Claxton 继续向 TXM 出售了一定数量的上述设备。

按照惯常做法,Claxton 对商品进行报价,TXM 通过电子邮件的方式指示其尽快开始生产,Claxton 回复进行确认。之后,TXM 通过电子邮件给 Claxton 发送了订单,这些订单采用了 TXM 的格式条款,其中包括匈牙利仲裁条款。Claxton 在回信中对 TXM 的格式条款做了若干修改,其中包括以英国管辖条款代替匈牙利仲裁条款,但是 TXM 并未做出回应。由于 TXM 拖欠货款,Claxton 向英国法院提起诉讼,要求 TXM 支付货款、利息及迟延支付违约金。

TXM 对英国法院的管辖权提出了异议,称在其发送给 Claxton 的合同中包含了在匈牙利仲裁的条款。Claxton 称,双方对合同做出了修改,其中包括删除仲裁条款,并以英国管辖条款取而代之,因此,本案争议应由英国法院管辖。

资料来源:中国海事仲裁委员会.格式合同中的仲裁条款经单方通过电子邮件修改后能否约束另一方当事人?[EB/OL]. http://www.cmac.org.cn/download-material/cases/4659.html,2018-06-29[2021-05-12].

分析:法院认为,在 Claxton 和 TXM 之间所存在的有效合同应认定为 TXM 所发出的指示 Claxton 进行设备生产的电子邮件,其后通过电子邮件发出的订单不应该构成合同的一部分。并且,Claxton 在其发出的邮件中已经明确表示其对 TXM 的一部分条款是有异议的,其中包括在匈牙利仲裁的条款及关于法律适用的条款,并且对该条款做了修改。根据传统的"要约和承诺"来进行分析,Claxton 发出了要约,而 TXM 应对 Claxton 对条款所做的修订进行回复使该条款更加清晰。TXM 虽未进行回复,但之后履行合同的行为可视作其接受了 Claxton 提出的由英国法院管辖的条款。

三、书面合同的形式

根据国际贸易习惯,如果交易双方通过口头或函电磋商,就主要交易条件达成协议之后,就要签订合同或成交确认书,以书面形式把双方的权利和义务固定下来,作为约束双方的法律文件。

书面合同的形式主要有以下几种。

1. 合同

合同(Contract)也称正式合同,一般适用于大宗商品或成交金额大的交易,其内容比较全面详细,除了包括交易的主要条件如品名、规格、数量、包装、价格、装运、支付、保险外,还包括商检、异议索赔、仲裁和不可抗力等条款。这种合同可分为销售合同(Sales Contract)和购货合同(Purchase Contract)两种。合同中使用第三人称的语气。

2. 成交确认书

成交确认书(Confirmation)是合同的简化形式,一般适用于成交金额不大、批数较多的轻工产品或土特产品交易,或者已订有代理、包销等长期协议的交易。成交确认书也可分为售货确认书(Sales Confirmation)和购货确认书(Purchase Confirmation)两种。

合同和成交确认书在法律上具有同等的效力。

四、合同的基本内容

出口交易达成后,业务人员根据书信函电往来或口头磋商的结果,将各项内容填入合同文本中。合同通常一式三份,经出口商签署后,面交或航空邮寄或传真两份给对方要求会签。进口商收到合同经审核无误签署后保留一份,并将另一份退还给出口商归档。

对于出口交易合同的格式,国际上并无特别限制。其内容一般包括以下三个方面。

(一)合同的首部

合同的首部包括开头和序言、合同名称、编号、缔约日期、缔约地点、当事人的名称和地址等。在规定这部分内容时应注意两点:第一,要把当事人双方的全称和法定详细地址列明,有些国家法律规定这些是合同正式成立的条件。第二,要认真规定好缔约地点,因为合同中如对合同适用的法律未做出规定,根据有些国家的法律规定和贸易习惯的解释,可适用合同缔约地国的法律。

(二)合同的主干部分

这部分规定了双方的权利和义务,包括合同的各项条款,如货物名称、品质规格、数量、包装、单价和总值、交货期、装运港和目的港、支付方式、保险条款、检验条款、异议索赔条款、仲裁条款和不可抗力等以及根据不同货物和不同交易情况加列其他条款,如保值条款、溢短装条款、品质公差条款以及合同适用的法律等。

（三）合同的结尾部分

合同的结尾部分包括合同的份数、使用文字和效力以及双方的签字。

此外，有的合同有附件部分，附在合同之后，作为合同不可分割的一部分。

 小贴士

销 售 合 同

SALES CONTRACT

编号：No.：

日期：Date ：

签约地点：Signed at：

卖方：Sellers：

地址：Address： 邮政编码：Postal Code：

电话：Tel： 传真：Fax：

买方：Buyers：

地址：Address： 邮政编码：Postal Code：

电话：Tel： 传真：Fax：

买卖双方同意按下列条款由卖方出售，买方购进下列货物：

The seller agrees to sell and the buyer agrees to buy the undermentioned goods on the terms and conditions stated below.

1. 货号 Article No.	2. 品名及规格 Description & Specification	3. 数量 Quantity	4. 单价 Unit Price	5. 金额 Amount

6. 总值：Total Amount：

数量及总值均有_____％的增减，由卖方决定。

With _____％ more or less both in amount and quantity allowed at the sellers option.

7. 生产国和制造厂家：Country of Origin and Manufacturer：

8. 包装：Packing：

9. 唛头：Shipping Marks：

10. 装运期限：Time of Shipment：

11. 装运口岸：Port of Loading：

12. 目的口岸：Port of Destination：

13. 保险：由卖方按发票全额 110％投保至_____为止的_____险。

Insurance：To be covered by the seller for 110％ of full invoice value covering _____ up to _____ only.

14. 付款条件：

买方须于_____年____月____日将保兑的、不可撤销的、可转让可分割的即期信用证开到卖方。信用证议付有效期延至上列装运期后 15 天在中国到期，该信用证中必须注明允许分运及转运。

Payment：

By confirmed，irrevocable，transferable and divisible L/C to be available by sight draft to reach the sellers before ____/____/_____ and to remain valid for ingotiation in China until 15 days after the aforesaid time of shipment. The L/C must specify that transhipment and partial shipments are allowed.

15. 单据：Documents：

16. 装运条件：Terms of Shipment：

17. 品质与数量、重量的异义与索赔：Quality/Quantity Discrepancy and Claim：

18. 人力不可抗拒因素：

由于水灾、火灾、地震、干旱、战争或协议一方无法预见、控制、避免和克服的其他事件导致不能或暂时不能全部或部分履行本协议，该方不负责任。但是，受不可抗力事件影响的一方须尽快将发生的事件通知另一方，并在不可抗力事件发生 15 天内将有关机构出具的不可抗力事件的证明寄交对方。

Force Majeure：

Either party shall not be held responsible for failure or delay to perform all or any part of this agreement due to flood，fire，earthquake，draught，war or any other events which could not be predicted，controlled，avoided or overcome by the relative party. However，the party affected by the event of Force Majeure shall inform the other party of its occurrence in writing as soon as possible and thereafter send a certificate of the event issued by the relevant authorities to the other party within 15 days after its occurrence.

19. 仲裁：

在履行协议过程中，如产生争议，双方应友好协商解决。若通过友好协商未能达成协议，则提交中国国际贸易促进委员会对外贸易仲裁委员会，根据该会仲裁程序暂行规定进行仲裁。该委员会决定是终局的，对双方均有约束力。仲裁费用，除另有规定外，由败诉一方负担。

Arbitration：

All disputes arising from the execution of this agreement shall be settled through friendly consultations. In case no settlement can be reached，the case in dispute shall then be submitted to the Foreign Trade Arbitration Commission of the China Council for the Promotion of International Trade for Arbitration in accordance with its Provisional Rules of Procedure. The decision made by this commission shall be regarded as final and binding upon both parties. Arbitration fees shall be borne by the losing party，unless otherwise awarded.

20. 备注：Remark：

　　卖方：Sellers：　　　　　　　　　　　　买方：Buyers：

　　签字：Signature：　　　　　　　　　　　签字：Signature：

 **基础训练**

一、单项选择题

1. 根据《国际货物销售合同公约》规定，接受于（　　　）生效。

　　A. 向发盘人发出时　　　　　　　　　B. 送达发盘人时

　　C. 发盘人确认后　　　　　　　　　　D. 合理时间内

2. 根据《国际货物销售合同公约》规定，发盘于（　　　）生效。

　　A. 向受盘人发出时　　　　　　　　　B. 受盘人确认后

　　C. 合理时间内　　　　　　　　　　　D. 送达受盘人时

3. 通常，对于电子邮件的发盘，（　　　）。

　　A. 可以撤回　　　　　　　　　　　　B. 既可以撤回也可以撤销

　　C. 在受盘人接受前可以撤销　　　　　D. 能不能撤回取决于受盘人

4. 关于还盘，下列说法错误的是（　　　）。

　　A. 还盘是一项新发盘　　　　　　　　B. 还盘是对原发盘的拒绝

　　C. 还盘一经做出，原发盘即失去效力　D. 还盘类似询盘，不具有法律效力

5. 我出口企业于9月1日用传真向美商发盘销售某商品，限9月7日复到。9月2日收到美商发来电子邮件称"如价格减3％可接受"。我方未对美商邮件做出答复，由于该商品国际价格上涨，美商又于9月4日发来邮件表示"无条件接受你方9月1日发盘"。根据《国际货物销售合同公约》，（　　　）。

　　A. 因美商对我方发盘提出异议，该发盘失效

　　B. 因我方未及时做出答复，该接受有效

　　C. 因美商的接受在发盘有效期内，合同成立

　　D. 因美商完全接受我方发盘，合同成立

6. "你十日电我方接受，但支付条件为D/P，而非L/C即期。"该电文是（　　　）。

　　A. 有效的接受　　　　　　　　　　　B. 对原发盘的拒绝，构成还盘

　　C. 非实质性变更原发盘条件　　　　　D. 对发盘有条件的接受

7. 交易磋商中必不可少的环节是（　　　）。

　　A. 询盘　　　　　B. 邀请发盘

　　C. 发盘　　　　　D. 还盘

8. 根据《国际货物销售合同公约》的规定，对于逾期接受，下列正确的是（　　　）。

　　A. 逾期接受一律无效　　　　　　　　B. 逾期接受是一个新盘

　　C. 逾期接受是否有效取决于发盘人　　D. 逾期接受完全有效

9. 英美法系认为，以书信表示的接受发出后，作为接受的人（　　　）。

　　A. 在任何情况下都可以撤回

　　B. 无法撤回

　　C. 只要撤回通知早于接受到达就可撤回

　　D. 是否撤回取决于受盘人

10. 根据《国际货物销售合同公约》的规定,有效的接受必须( )。

    A. 以声明的方式   B. 以某种行为的方式

    C. 以上两者方式均可   D. 以上两者方式须同时具备

11. 某发盘人在其订约建议中加有"仅供参考"字样,则这一订约建议为( )。

    A. 发盘   B. 递盘   C. 邀请发盘   D. 还盘

12. "你方 7 日来电我方接受,希望尽早装运",这一复电内容是( )。

    A. 询盘   B. 发盘   C. 还盘   D. 接受

13. 根据《国际货物销售合同公约》规定,合同成立的时间是( )。

    A. 接受生效的时间   B. 交易双方签订书面合同的时间

    C. 在合同获得国家批准时   D. 当发盘送达受盘人时

14. 某公司在发盘中规定了有效期,根据《国际货物销售合同公约》规定,发盘( )。

    A. 不能撤销   B. 撤销的通知先于发盘到达即可撤销

    C. 随时可以撤销   D. 在对方接受之前可以撤销

15. 我国某 A 公司于 9 月 5 日向德国 B 公司发盘,9 月 10 日前复到有效。9 月 9 日 A 公司同时收到德国 B 公司的接受和撤回接受的通知。根据《国际货物销售合同公约》规定,( )。

    A. 德国 B 公司已经表示接受,不能撤回,合同成立

    B. 若 A 公司不同意 B 公司撤回接受,则合同成立

    C. 德国 B 公司的接受和撤回接受的通知同时到达,合同不成立

    D. 若 A 公司同意 B 公司撤回接受,则合同不成立

二、多项选择题

1. 构成有效发盘的条件是( )。

    A. 向特定的人发出   B. 内容十分确定

    C. 表明受约束的意旨   D. 表明以我方确认为准

2. 下列对发盘内容的更改,属于实质性变更条件的是( )。

    A. 货物价格   B. 付款条件   C. 交货时间   D. 争端解决方式

3. 下列关于接受的表述正确的是( )。

    A. 接受必须由受盘人做出   B. 接受必须以书面的形式

    C. 接受不可以撤销   D. 接受可以用行动表示

4. 关于接受生效的时间,下列表述正确的是( )。

    A. 英美法系采用"投邮生效"   B. 大陆法系采用"到达生效"

    C. 按照《公约》接受送达发盘人时生效   D. 接受经发盘人确认才能生效

5. 下列关于发盘的说法,正确的是( )。

    A. 发盘任何时候都可以撤回   B. 发盘一旦生效,不可以撤销

    C. 商品价目表一般不构成发盘   D. 写明"有权先售"的是虚盘

6. 发盘的效力在下列情况下终止( )。

    A. 发盘人破产   B. 发盘人撤回发盘

    C. 受盘人还盘   D. 发盘有效期届满

7. 下列关于逾期接受的说法,正确的是( )。

    A. 逾期接受在正常传递下,能及时到达的具有接受的效力

    B. 对于逾期接受,发盘人可以拒绝

C. 逾期接受即使发盘人同意也不能生效

D. 不可抗力情形下的逾期接受具有接受的效力

8. 交易磋商的步骤必须包括(　　　)。

A. 发盘　　　　　　　B. 询盘　　　　　　　C. 还盘　　　　　　　D. 接受

9. 根据我国《民法典》的规定,外贸合同(　　　)。

A. 不能用口头形式　　　　　　　B. 必须用书面形式

C. 可以用口头或书面形式　　　　D. 可以用行为形式

10. 下列属于合同无效的情形是(　　　)。

A. 买卖鸦片的合同　　　　　　　B. 当事人一方不能履行义务的合同

C. 以口头形式达成的合同　　　　D. 采用胁迫、欺诈手段签订的合同

三、简答题

1. 简述国际贸易交易的准备工作的主要内容。

2. 构成一项发盘必须具备哪些条件?

3. 发盘的撤回与发盘的撤销有什么不同?

4. 接受的构成要件是什么?

5. 简述合同有效成立的条件。

四、案例分析题

2019 年 11 月 4 日顺达公司应 TG 公司的请求,报价棉花 500 吨,每吨斯德哥尔摩到 CIF 价格 340 欧元,即期装运实盘,要约有效期至 11 月 24 日。TG 公司接收到报盘后,请求顺达公司:"降低价格;延长要约有效期。"顺达公司曾将价格每吨减至 320 欧元,延长要约有效期至 11 月 30 日。TG 公司接收到顺达公司来电后,又请求顺达公司:"增加数量;再次延长要约有效期。"顺达公司再将数量增至 800 吨,延长要约有效期至 12 月 10 日。

TG 公司于 12 月 6 日来电接受该盘。顺达公司在接到 TG 公司承诺电报时,发现国际市场因受灾影响棉花产量,市场价格暴涨。顺达公司不愿意成交,复电称:"由于世界市场价格变化,在接到承诺电报前已将货物售出,不能提供货物。"TG 公司不同意这一说法,认为:承诺是在要约有效期内做出,是有效的,坚持要求顺达公司按要约的条件履行合同。提出:"执行合同或者赔偿差价损失 6 万欧元,否则将起诉与法院。"试问:(1)双方间的买卖合同是否成立? (2)TG 公司有无正当理由提起诉讼? 为什么?

五、实训题

北京耀华进出口公司(Beijing Yaohua Import and Export Co., Ltd.) 收到美国 ACR Co., Ltd.公司的有关男士衬衫的询盘,内容如下。

Dear Sir/Madam,

We learn from our partner L&G International Corporation that you are one of the leading manufacturers of men's shirts. We intend to establish a long-term business relation with you.

We are interested in your Tiantan Men's 100% long sleeve cotton shirt. We'll appreciate if you can kindly send us your catalogue and the latest price list.

If the price is reasonable and delivery acceptable, we will place substantial orders in the near future.

Looking forward to your earliest reply.

Yours faithfully,

Jim Smith

北京耀华进出口公司仔细核算后,拟向美国 ACR Co.,Ltd.公司报虚盘,提出了如下交易条件。

1. 价格:每打 CIF 纽约 1 200 美元。

2. 规格:大号、中号、小号。

3. 颜色:白色、蓝色、黑色。

4. 数量:1 000 打。

5. 包装:每件装一塑料袋,每袋装一纸盒内,每 10 打装一纸箱。

6. 支付:以我方为受益人的 100％保兑的、不可撤销的信用证。

7. 交货期:不晚于 2020 年 7 月 20 日。

假设你是北京耀华进出口公司业务员,请根据以上资料,撰写一份发盘函。

第三章

国际贸易货物的品名、品质、数量和包装

学习目的与要求

1. 了解国际贸易中商品品名及其相关条款。
2. 理解商品品质的表示方法、商品数量的计量单位、计量方法和商品包装的种类。
3. 掌握交易中商品品名条款、品质条款、数量及包装条款的具体内容及其规定办法。

引导案例

片面误解溢短装条款内容导致合同纠纷案

某年 7 月,中国 A 厂与国外 B 客户签订了一份出口 5 万码染色布的出口合同。合同规定,共有白、黑、灰、蓝、绿 5 种花色,每种款色为 10 000 码,溢短装幅度 5%,由卖方自由选择,9 月底之前交货,CIF 迪拜,付款方式为不可撤销即期信用证。

合同签订后,中方发现仓库里黑灰色布料库存充足,而蓝绿色库存不足。于是厂方决定按照溢短装条款的规定对发货数量进行调整。调整的结果是,蓝色布和绿色布仅装出了 9 500 多码,而其他花色则都多装了 5%,达到每色 10 500 码。但此项变动在提单上没有反映。

货物于 9 月初由经深圳盐田港的 QIMING 轮装出,厂家在货物装出后立即在当地银行办理了押汇手续,银行审单没有提出异议,并按规定将全套单据转国外开证行付款,国外银行审单后也未提出异议,遂于 9 月中旬办理了对外付款赎单手续。9 月下旬,货物到达 B 客户港口,进口商提货后进行检验,发现货物花色搭配上中方进行了调整,遂致电中方提出异议:"你方对货物花色擅自进行变动,致使我方原使用计划被彻底打乱,已经影响了我方的正常用途,因此我方对此种安排无法接受。"对方在这封电函中表示拒收,并保留索赔的权利。中方接函后,认为所做的货物花色调整幅度均在合同规定的溢短装幅度之内,因此不应当承担任何责任。双方发生争议,遂提请仲裁。

分析:本案中,虽然合同规定可溢短装 5%,由卖方自由选择,但按照国际货物买卖中不成文的惯例,当出现交易几种商品,或一种商品有若干种不同的规格时,对一种规格的产品溢短装,其他规格的产品也要同时溢短装,即所谓的"同方向溢短装"规则。根据《联合国国际货物销售合同公约》第 25 条规定:一方当事人在履约时,不能"使另一方当事人蒙受损失,以致实际上剥夺了他根据合同规定有权期待得到的东西",否则将构成根本违反合同。本案中,卖方通过滥用数量机动幅度的选择权以谋取不正当利益,以致实际上剥夺了买方订立合同时所追求的主要经济利益,构成根本违反合同。

资料来源:王雅楠,刘凯,沈生.片面误解溢短装条款内容导致合同纠纷案[J].商业经济,2018(3):124-125.

第一节　货物的品名、品质

一、商品的品名条款

（一）品名的含义

品名（Name of Commodity）即商品的名称，是指某种商品区别于其他商品的称呼或概念。买卖合同中的品名条款通常指在"商品名称"或"品名"的标题下，列明缔约双方同意交易的标的物。标的物即交易时用于换取对价的货物。有时为了省略起见，缔约双方只在合同的开头部分列入同意买入或卖出某种商品的文句。

（二）约定品名的意义

品名是贸易合同中构成商品说明的一个重要组成部分。在国际货物买卖合同中明确买卖的标的物具有重要的意义。

1. 从业务角度看

品名或说明的规定是双方交易的物质内容，是交易赖以进行的物质基础和前提条件。因此买卖双方在磋商和签订进出口合同时，一定要明确、具体地订明商品的品名，并尽可能使用国际上通用的名称，避免履约的麻烦。

2. 从法律角度看

在合同中规定标的物的具体名称，关系到买卖双方在货物交接方面的权利与义务。在国际货物买卖业务中，如果卖方所交货物不符合约定的品名规定，则买方有权提出索赔，甚至拒收货物或撤销合同。

（三）品名条款的基本内容及注意事项

1. 品名条款的基本内容

国际货物买卖中交易的标的物都是具体的商品。一般地，在国际货物买卖中，要构成标的物，必须具备以下三个条件。

（1）必须是被卖方所占有的。

（2）必须是合法的。

（3）必须是双方当事人一致同意的。

品名条款是买卖合同中的一项主要交易条件。品名条款的规定取决于成交商品的品种和特点。就一般商品来说，有时只要列明商品的名称即可，但有的商品，往往具有不同的品种、等级和型号。因此，为了明确起见，也有把有关具体的品种、等级或型号的概括性描述包括进去，作为进一步的限定。此外，有的甚至把商品的品质规格也包括进去，这实际是把品名条款与品质条款合并在一起。

例如：东北大豆（Northeast Soybean），中国桐油（Chinese Tong Oil）。

2. 规定品名条款注意事项

国际货物买卖合同中的品名条款虽然简单，但也要予以足够重视，否则容易引起麻烦和纠纷。在订立品名条款时,应注意以下事项。

（1）内容要明确、具体,避免空泛、笼统的规定

合同中的品名条款必须做到内容明确、具体,文字表达应能确切反映标的物的特点,避免空泛、笼统的规定,以免给履行合同造成不应有的困难,埋下贸易纠纷的祸根。例如,水果买卖规定品名时,不能只简单订为"品名：果品",这种规定就不明确、不具体,是干果还是鲜果？品名条款不明确具体,极易造成履约困难,产生纠纷。

例题 3-1

韩国某公司向我国一公司订购大蒜650吨,双方当事人几经磋商最终达成交易。但在签订合同时,由于山东胶东半岛地区是大蒜的主要产区,通常我国公司都以此为大蒜货源基地,所以我国公司就按惯例在合同品名条款注明了"山东大蒜",可是在临近履行合同时,山东的大蒜产地由于自然灾害导致欠收,货源紧张。我国公司只能紧急从其他省份征购,最终按时交货。但韩国公司在接到货物后来电称,所交货物与合同规定不符,要求我国公司做出选择,要么提供山东大蒜,要么降价,否则将撤销合同并提出贸易赔偿。

资料来源：易国.如何解决商品品名条款引发的争议[N].中华合作时报,2013-04-12(A04).

分析：本案是由于商品品名条款所引发的争议。韩国公司的要求合理。从法律角度看,在合同中明确规定买卖标的物的具体名称,关系到买卖双方在交接货物方面的权利和义务。按照有关的法律和商业惯例的规定,对交易标的物的具体描述,是构成商品说明的一个主要组成部分,是买卖双方交接货物的一项基本依据。若卖方交付的货物不符合约定的品名或说明,买方有权拒收货物或撤销合同并提出损害赔偿。因此,品名和品质条款是合同中的重要条件,一旦签订合同,卖方必须严格按合同的约定交货。

（2）内容要实事求是,切实反映商品实际情况

针对实际,实事求是地规定商品的名称。品名条款中规定的品名必须是卖方确实能够供应给买方的商品,不必要或做不到的描述性词句,都不应列入,以免给合同的履行造成麻烦。

（3）品名应尽可能使用国际上通行的名称

合同中商品品名应尽可能使用国际上通用的称呼。在翻译商品品名时,可查阅海关税则、商品分类标准、译名手册等资料,如《联合国国际贸易标准》(SITC)、《商检机构实施的进出口商品种类表》《中华人民共和国海关统计商品目录》《商品名称编码协调制度》(HS)等,尽量使用国际通行的名称,做到译名准确。

（4）品名的选择应考虑有利于降低关税

某些商品具有不同的名称,在确定合同名称时,应从有助于避开贸易壁垒、降低关税、节省运费的角度出发,选用对进出口有利的名称。有的商品名称上如冠以贵重原料,在运输上（特别是海上运输）要付出较高的运费,从而加大了商品的成本。这种商品运抵进口国后,往往还要被课以较高的进口税。如"人参××丸""参茸××"等。

（5）品名的选择应方便进出口

商品品名的选择应不影响进出口及其关税税率和出口退税税率。如有一种商品叫"合金钨",是半成品,商品编码81019400,属于战略物资,出口企业必须具有政府有关部门签发的出口批文；另一种商品叫"钨合金",是制成品,商品编码81019500,企业可以自由出口。如果把这两种商品名称弄混了,势必影响到两者的出口与进口。此外,国际上为保护某些动物,禁止使用这些动物的某些器官作为原料。因此,商品名称不能涉及这些器官的名字,如"犀角珍珠

粉""虎骨木瓜酒"中的犀角和虎骨就是禁止使用的原料。

二、商品的品质条款

在国际货物的买卖中,货物的品质不仅是主要的交易条件,而且是买卖双方进行交易磋商的首要条件。国际贸易中许多纠纷的发生往往是因货物的质量问题引起的,而关于质量问题的纠纷常常又起因于合同的品质条款订得不够清楚明白。因此,买卖双方应高度重视合同中的品质条款。

(一)品质的重要性及对品质的要求

1. 商品品质的概念

商品的品质(Quality of Goods)是指商品的内在素质和外观形态的综合。商品的内在素质包括商品的物理性能、机械性能、化学成分和生物特性及性能等;商品的外观形态包括商品的外形、色泽、款式和透明度等。

2. 商品品质的重要性

合同中的品质条件是构成商品说明的重要组成部分,是买卖双方交付货物的依据。英国货物买卖法把品质条件作为合同的要件(Condition)。《联合国国际货物销售合同公约》规定,卖方交付货物必须符合约定的质量。如卖方交货不符合约定的品质条件,买方有权要求损害赔偿,也可以要求修理或交付替代物,甚至拒收货物和撤销合同,这都说明了商品品质的重要性。《中华人民共和国民法典》第六百一十条规定:"因标的物不符合质量要求,致使不能实现合同目的的,买受人可以拒绝接受标的物或者解除合同。买受人拒绝接受标的物或者解除合同的,标的物毁损、灭失的风险由出卖人承担。"

3. 对商品品质的要求

为了使我国进出口商品的品质适应国内和国际市场的需要,我国进出口商品必须符合以下要求。

(1)要保持商品品质的稳定性,并不断加以改进和提高

保持出口商品品质的稳定,是保持商品信誉和巩固国内外市场的重要条件。质量不过关的商品不能出口,更不能进口。同时,国际市场瞬息万变,对出口商品的品质、规格、花色、式样等也必须不断加以改进,以有效巩固和扩大国外市场。

(2)要适应国内外市场的消费习惯和消费水平

由于国内外市场差别较大,我国进出口商品的品质、规格、花色、式样等应适应国内及国外市场的消费习惯和消费水平。为了有效地适应国内外市场的需要,应及时了解国内外市场的情况和消费倾向,以销定产、产销结合,使进出口商品适销对路。

(3)要适应国内外政府的法律要求

出口商品要销往世界各地,每个国家和地区的贸易管制办法和进口税收的规定各不相同。为了使我国出口商品能够顺利出口并销售,必须加强调查研究,使商品的品质、规格尽量适应有关进口国和地区的政府法令的要求。我国对进口商品也有相应的法律法规,进口商品也必须符合我国的法律要求,符合安全卫生标准。

(4)要适应国内外的自然条件和季节变化

由于各国自然条件和季节变化不同,销售方式各异,商品在运输、装卸、储存和销售过程

中,其质量可能发生某种变化。因此,注意自然条件、季节变化和销售方式的差异,掌握商品在流通过程中的变化规律,使我国出口商品质量能适应这些方面的不同要求,避免商品质量发生变化,以利于增强我国出口商品的竞争能力。

（二）表示商品品质的方法

国际贸易中的商品种类繁多,有很多种表示交易标的物品品质的方法,归纳起来,可分为以实物表示品质（Actual Quality）和以文字说明书来表示商品的品质两大类,如图 3-1 所示。

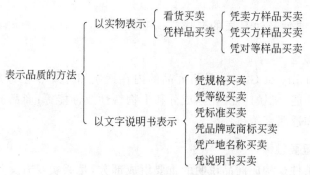

图 3-1　表示品质的方法

1. 以实物表示商品的品质

以实物表示商品的品质通常包括凭成交商品的实际品质和凭样品两种方法。前者为看货买卖,后者为凭样品买卖。

1）看货买卖

看货买卖（Sale by Actual Quality）又称凭现货买卖,即根据现有商品的实际品质买卖。在国际贸易中,由于交易双方远隔重洋,买卖双方采用看货成交的情况很少。这种做法多见于寄售、拍卖、展卖等贸易业务中,尤其适用于具有独特性质的商品,如珠宝、首饰、字画及特定工艺制品（牙雕、玉雕、微雕等）。

2）凭样品买卖（Sale by Sample）

样品是指从一批货物中抽取出来的,或由生产部门、使用部门加工、设计出来的,足以反映和代表整批货物质量的少量实物。用样品表示货物品质的方法称为凭样品买卖,是指买卖双方约定以样品作为交货品质依据的买卖方式。

在国际贸易中并不是所有的货物都可以凭样品买卖。在实际业务中,只有部分工艺品、服装、轻工业品、土特产品及其他不易用文字说明品质的货物可采用凭样品买卖的方式。此外,卖方还应保证做到未来提供的货物能与样品完全一致。

凭样品买卖根据样品提供者的不同分为参考样品和标准样品（实物标准）两种形式。一般以平均中等质量的商品作为样货。

（1）凭卖方样品买卖（Sale by Seller's Sample）。凭卖方样品买卖即由卖方提供样品作为货物交付依据的买卖。凭卖方样品买卖时,在合同中应订明:"品质以卖方样品为准"。日后,卖方所交整批货的品质,必须与其提供的样品相同,即合同一经成立,卖方提供的样品就成为履约时双方交接货物的品质依据。因此,在凭卖方样品交易时必须做好以下几个方面的工作。

① 卖方所提供的样品必须是具有充分代表性的样品（Representative Sample）,只有这样

才能保证交货时货物品质与样品相符。通常卖方应选择中等货色的货物做样品。

② 卖方寄出样品(称为原样)时应留存"复样"(Duplicate Sample)。留存"复样"作用有三：一是将来加工生产的依据；二是交货时质量对比的依据；三是将来处理争议的依据。在寄出的样品(原样)和留存的"复样"上应编上相同的号码，以方便日后使用。留存的"复样"应妥善保管，有些还须注意保管室的温度、湿度和采用科学的储存方法，防止变质。

③ 标准样品，通常由双方共同封存，称为"封样"(Sealed Sample)。封样即由公证机构(如商品检验机构等)在一批货物中抽出同样品质的样品若干份，在每份样品中烫上火漆或铅封，供交易当事人使用。封样可由发样人自封，也可由买卖双方共同加封，通常由双方共同封存。封样一般交到公证机构(如商品检验机构等)保存。封样可作为以后交货品质核对的凭据，也可以作为解决争议的依据。

④ 为避免外商钻空子，在订立品质条款时，还应注明"品质与样品大致相同"。

⑤ 如果给外商寄去的样品仅供参考用，没有按这些样品交货的打算，应在样品上注明"参考样品"。参考样品不能作为明确商品品质的标准，因而对买卖双方都没有约束力。

(2) 凭买方样品买卖(Sale by Buyer's Sample)。凭买方样品买卖指以买方提供的样品磋商交易和订立合同，并以买方样品作为交货品质的依据的买卖，也称"来样成交""来样制作"。

在实际业务中，凭买方样品买卖时，卖方通常根据来样进行复制，把复制的产品寄给对方，经对方确认后作为交货的品质依据。我方复制的样品称为"回样"(Return Sample)，经买方确认的样品称为"确认样品"(Confirmed Sample)或"对等样品"(Counter Sample)。凭对等样品买卖可以避免日后因履约困难而发生纠纷。买方采样可能会引起工业产权或其他知识产权等第三方权利问题，为避免卷入法律纠纷，应在合同中明确规定，"如由于买方来样发生侵犯第三者权利时，由买方承担一切经济和法律责任"。

 注意

凭样品买卖应注意的事项

(1) 凡凭样品买卖，卖方交货的品质必须与样品完全一致。

(2) 以样品表示品质的方法，只能酌情采用。凡能用科学的指标表示商品质量的，就不宜采用此法。在当前国际贸易中，单纯凭样品成交的情况并不多。

(3) 凭样成交而对品质无绝对把握时，应在合同条款中相应做出灵活的规定。

2. 以文字说明书表示商品品质

在国际货物买卖中，大多数采用文字说明(文字、图表、相片等方式)的方法来说明商品的品质，这种方法称为"凭文字说明买卖"(Sale by Description)。以文字说明书表示商品品质的方法有以下几种。

(1) 凭规格买卖，是指一些足以用来反映商品品质的主要指标，如成分、含量、纯度、性能等。这种办法方便、准确和具体，在国际贸易中广泛使用。如东北大豆出口规格是水分最高15%，含油量不低于16%，杂质最高1%，不完整率最高7%。

(2) 凭等级买卖，是指把同一类货物按其品质或规格上的差异划分为不同的等级，并按等级成交。如我国出口的红富士苹果，按照果实外部感官、内在质量等指标可分为三个等级：特级、一级和二级，每个等级划分3个规格，一共9个规格。凭等级买卖时，最好规定每一等级的具体规格。

（3）凭标准买卖，是指按照政府机构或国际组织制定的标准作为商品的品质依据。如国际标准化组织 ISO 的标准、国际电信联盟 ITU 的标准等。在国际贸易中，凭标准买卖应注意以下几点。

① 出口商品一般应以我国标准为依据，如有可能和把握，可酌情采用外国标准。

② 进口商品，一般采用国际标准并结合本国实际采用。

③ 采用标准应注明版本年号。

④ 对某些初级产品难以标准化，如农副产品，可采用良好平均品质（FAQ）；木材、冷冻鱼虾等，可采用上好可销品质（GMQ）。

 小贴士

FAQ 与 GMQ

在国际贸易中，对于某些品质变化较大而难以规定统一标准的农副产品，往往采用 FAQ（Fair Average Quality）即"良好平均品质"来表示其品质。

"良好平均品质"是指一定时期内某地出口货物的平均的品质水平（一般是指中等货而言）。它有两种含义：一是指农产品的每个生产年度的中等货。生产国在农产品收获以后，由同业工会或检验机构对产品进行广泛抽样，加以混合拌制，从而制定出该年度的良好平均品质标准和样品，并予以公布。二是指某一季度或某一装船月份在装运地发运的同一种商品的平均品质，即从各批出运的货物中抽样，然后进行综合，以其作为良好平均品质。由于"良好平均品质"标准本身比较笼统，所以在使用良好平均品质作为商品质量的标准时，应该明确商品的一切主要规格指标，使品质更加具体化。

GMQ（Good Merchantable Quality），即上好可销品质，是指品质上好，可以销售。在国际上，有些商品没有公认的规格和等级，如冷冻鱼、冻虾等，有时卖方交货品质只需保证所交商品在品质上具有"商销性"即可。由于这种表示方法的含义笼统，难以掌握，一般适用于木材或冷冻鱼类等物品。我国在对外贸易中很少使用。

资料来源：360 百科. FAQ 和 GMQ［EB/OL］. https://baike.so.com/doc/9819060-10165915. html，https://baike.so.com/doc/3821766-4013358.html，［2021-05-12］.

（4）凭说明书和图样买卖。是指对于机器、电器、仪表、大型设备、交通工具等技术密集型产品，可以用说明书并附以图样、图片、设计图或分析表及各种数据等来说明其品质特征。除了说明书的内容以外，有时还要订立卖方品质保证条款和技术服务条款。

（5）凭商标或牌号买卖。是指对某些质量稳定且在市场上有着良好声誉的商品，买卖双方在磋商和签订合同时，直接采用这些商品的商标或牌号作为商品的品质依据。如"张小泉"剪刀、"海尔"家用电器等。

（6）凭产地名称买卖。有些商品，尤其是农副土特产品，具有独特的加工工艺，其品质因产地而异，在国际市场上享有盛誉，交易中仅凭产地就可说明商品的品质好坏，即凭产地名称买卖。如法国香水、德国啤酒、中国梅酒、西湖龙井茶、四川涪陵榨菜、浙江金华火腿、山东龙口粉丝等。

例题 3-2

我国某进出口公司从美国某公司进口 90 克单面卷装铜版纸。合同约定铜版纸的规格为门幅 800 毫米,纸蕊 3 英寸,纸外径 0.8~1.0 米。合同签订后,我方依约开出信用证,准备收货。货物到达目的港后,我方委托中国商品检验局进行检验。因合同无具体质量标准,商检局以中国国家标准进行商检,结果显示部分铜版纸外观有条横和漏光点,不合格率达 32%。

我方立即与美国公司联系,提出质量异议。美国公司出具了 90 克铜版纸的技术数据,辩称中国商品检验局的检验表明,该批铜版纸的质量完全符合合同规定标准。合同未规定铜版纸的外观质量,我方无权就超出合同规定质量标准的问题提出索赔。双方协商无果,遂提请仲裁。

分析:本案是由于合同品质条款规定不全面引起的争议。由于合同仅注明了铜版纸的规格,没有订明质量指标及检验标准,也未定明铜版纸的用途,故仲裁庭认为本案货物质量应依据中国国家标准,并结合美国公司提交的技术资料。

仲裁庭认为外观是商品品质的一部分,尽管合同没有对铜版纸外观提出品质要求,但依据"国标",铜版纸纸面应平整、涂布应均匀,不许有折子、破损、斑痕、明显的条横等外观纸病。中国商检依据"国标"对合同货物的检验结果说明铜版纸外观确实存在纸病,美国公司作为专业供货商理应对货物的"商销性"和特殊用途有充分了解,因而美商应对货物的外观质量承担相应的责任。

(三)品质条款的规定

1. 品质条款基本内容

在品质条款中,一般要写明货物的名称和具体质量。在凭样品买卖时,合同中除了要列明货物的名称外,还应订明凭以达成交易的样品的编号,必要时还要列出寄送和确定的日期。在凭文字说明买卖时,应针对不同交易的具体情况,在买卖合同中明确规定货物的名称、规格、等级、标准、品牌及商标或产地名称等内容。在以图样和说明书表示货物质量时,还应在合同中列明图样、说明书的名称、份数等内容。常用商品品质表示方法如图 3-2 所示。

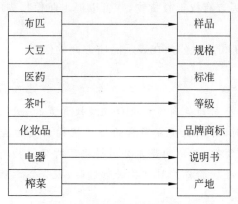

图 3-2　表示商品品质的方法

2. 品质公差和品质机动幅度

(1)品质公差:工业品生产中由于科学技术水平、生产水平及加工能力所限而产生的国际上公认的误差。这种公认的误差,即使合同没有规定,只要卖方交货品质在公差范围内,也不能看作违约。但为了明确起见,还是应在合同条款中订明一定幅度的公差。凡是在公差范围内的货物,买方不能拒收或要求调整价格。例如,手表允许每 48 小时误差 1 秒;棉布每匹可有 0.1 米的误差等。

（2）品质机动幅度：由于某些货物的品质难以准确地用数值表示，因此交易中允许这类货物的品质有一定的机动幅度。品质机动幅度的表示方法主要有三种：①规定品质指标允许的范围，如湿度 5%～10%。②规定品质指标的上下极限，如羊毛最少 98%。③规定品质指标的上下差异，如羽绒含绒量 80%，允许±1%。

3. 订立品质条款时应注意的问题

（1）订立品质条款时要有科学性和合理性

① 要从产销实际出发，防止品质定得过高或过低。在确定出口商品的品质条件时，既要考虑国外市场的实际需要，又要考虑国内生产供货的可能性。合同中商品品质规格不应过高或过低于实际商品，以免影响成交价格和出口商品的信誉。

② 要适当选择规定品质的指标，在品质条款中，应有选择地规定各项质量指标。凡影响品质的重要指标，不能出现遗漏；对于次要指标，可以少订；对于一些与品质无关的指标，不宜订入，以免条款过于烦琐。

③ 要注意各项质量指标之间的相互关系。在确定品质条件时，要通盘考虑各项质量指标之间的内在关系，避免由于某一质量指标过高或过低影响其他指标的合理性。

第四，品质条件应明确、具体。为了便于检验和明确责任，规定品质条件时，应力求明确具体，诸如"大约""左右""合理误差"等笼统含糊的词应避免使用。

（2）正确运用各种表示品质的方法

① 根据商品特性确定表示品质的方法。品质条款的内容必须涉及表示品质的方法，而采用何种表示品质的方法，应视商品特性而定。

② 凭样品与凭规格两种方法不宜混合使用。出口贸易尽可能不采用既凭样品又凭规格买卖，能用一种方法表示出口商品品质的，一般不宜使用两种或两种以上的方法表示。因为根据某些国家的法律的解释，凡既凭样品又凭规格的买卖，卖方所交货物必须既与样品一致，又要符合规格的要求，否则，买方有权拒收货物，并可以提出赔偿损失的要求，这往往会给卖方交货带来困难。

（3）重视品质机动幅度和品质公差在表示品质方面的作用。

例题 3-3

某年 4 月，我国某出口公司与美商签订进口硫酸软骨素的合同，合同规定，"如果货到目的港买方对货物品质有异议时，可以凭卖方同意的公证机构出具的检验报告，在货到目的港 30 天内向卖方提出索赔"。发货前，美商向我方公司提供了所交货物质量合格的质检报告单。货物到达目的港后，我公司委托检验机构对货物进行检验，报告显示硫酸软骨素含量低于合同约定质量，遂向美商提出索赔。

美商称我公司不应通过测定氨基葡萄糖含量方法来确定硫酸软骨素的纯度，而应使用高压液相色谱方法。我方辩称美商提供的检验报告明确标明了氨基葡萄糖的含量，表明检验方法采用的是氨基葡萄糖含量方法。双方发生争议，遂提请仲裁。

分析：硫酸软骨素检验方法在国际上并没有通行的方法。本案中，因双方未在合同中约定品质检验方法，导致争议产生。由于美商提交的质检报告显示质量合格，可以判定美商采用的是高压液相色谱方法，而我方检验不合格，可以判定我方采用了不同的检验方法。根据本案合同规定："如果货到目的港买方对货物品质有异议时，可以凭卖方同意的公证机构出具的检验报告,在货到目的港 30 天内向卖方提出索赔",货物的实际质量状况可由美商同意的公证机构的检验加以确定。

第二节　货物的数量

数量条款是买卖双方交接货物的依据,是合同的主要条件之一。《公约》规定:按约定数量交货是卖方的一项基本义务。如果卖方交付的货物数量大于合同规定的数量,买方可以收取也可以拒绝收取多交部分的货物。如果买方收取多交部分货物的全部或一部分,必须按合同价格付款。如果卖方交付的货物数量小于合同规定的数量,卖方应在规定的交货期届满之前补交,并不得使买方遭受不合理的损失,买方可保留要求赔偿的权利。因此,正确订立合同中的数量条款,对于买卖双方都十分重要。

一、国际贸易中的度量衡制度和计量单位

(一)国际贸易中的度量衡制度

国际贸易中常用的度量衡制度有公制、英制、美制和国际单位制。

(1)公制(the Metric System)又称米制,基本单位为千克和米,为欧洲大陆及世界大多数国家所采用,派生出来的单位有吨、升等。

(2)英制(the British System),基本单位为磅和码,为英联邦国家所采用。英制单位换算相对麻烦,其使用范围在逐渐减小。但在航空管制方面,国际上仍使用英制(如飞行高度以英尺为单位)。

(3)美制(the U.S. System)以英制为基础,基本单位与英制相同,但含义有差别,主要体现在重量和容量单位中。如英制为长吨,一长吨等于 2 200 磅,而美制为短吨,一短吨等于 2 000 磅。此外,容积单位加仑和蒲式耳,英美制名称相同,大小不同。

(4)国际单位制(the International System of Units,SI),是国际标准计量组织在公制基础上制定公布的,它有利于计量单位的统一和计量制度的标准化。其基本单位包括千克、米、秒、摩尔、坎德拉、安培和开尔文 7 种。我国法定计量单位是国际单位制。业务中,除非另有规定,均应使用法定计量单位。

(二)国际贸易中商品数量的计量单位及商品重量的计量方法

1. 商品数量的计量单位

商品数量的计量单位和计量方法各不相同,在国际贸易中,采用何种计量单位和计量方法,主要取决于货物的种类、特点、各国的商业习惯以及双方的约定。常用的计量单位和方法如表 3-1 所示。

表 3-1　常用的计量单位和方法

计 量 方 法	计 量 单 位	适 用 范 围
(1)按重量计量 (Weight)	吨(Metric Ton,M/T)、长吨(Long Tong,L/T)、短吨(Short Ton,S/T)、千克(kilogram,kg)、克(gram,g)、磅(pound)、盎司(ounce)等	农副产品、矿产品和部分工业产品,如羊毛、棉花、矿产品和药品等

续表

计 量 方 法	计 量 单 位	适 用 范 围
(2) 按数量计量 （Numbers）	只（piece，pe）、件（package，pkg）、打（dozen，doz）、双（pair）、套（set）、箱（case）、桶（drum）、袋（bag）、辆（unit）、卷（roll）、包（bale）等	消费品、轻工业品和机械产品等工业制成品及部分土特产品，如服装、文体用品、车辆、活牲畜等
(3) 按长度计量 （Length）	米（meter，m）、厘米（centimeter，cm）、英尺（foot，ft）、英寸（inch）、码（yard，yd）等	纺织品、绳索、胶管、电线、电缆等
(4) 按面积计量 （Area）	平方米（square meter，m²）、平方码（square yard）、平方英尺（square foot）、平方英寸（square inch）等	玻璃板、地毯、皮革、塑料制品等
(5) 按体积计量 （Capacity）	立方米（cubic meter，m³）、立方码（cubic yard）、立方英尺（cubic foot）、立方英寸（cubic inch）等	木材、砂石、天然气、化学气体等
(6) 按容积计量 （Volume）	公升（litter，l）、加仑（gallon，gal）、蒲式耳（bushel，bu）等 1 加仑＝4.546 升（美）、1 加仑＝3.785 升（英）	谷物、流体及气体等商品交易，如小麦、食用油、水、汽油、液化气等

例题 3-4

我国某进出口公司向英国出口大米 2000 吨，每吨 300 美元 FOB 上海。由于我方业务员疏忽，签订合同时，数量写的是 2 000 吨。英国商人依约开立信用证，来证要求交货数量为 2 000 长吨。因合同已经订立，我方只好按照 2 000 长吨交货，多交了 32.1 吨，折合 9 630 美元。

分析：本案买方遭受损失主要是由于业务员疏忽造成的。不同度量衡制度下计量单位是不同的。吨是实行公制的国家普遍采用的重量单位，长吨是实行英制的国家采用的重量单位，短吨是实行美制的国家采用的重量单位。1 吨＝1 000 公斤，1 长吨＝1 016.05 公斤，1 短吨＝907.2 公斤。在订立数量条款时，一定要明确数量的计量单位，避免可能引起的争议和损失。

2. 货物重量的计量方法

(1) 按毛重（Gross Weight）计算

这是指货物本身的重量加皮重，即商品本身的重量加包装的重量，国际贸易中称为"以毛作净"（Gross for Net），即按毛重计算重量以作为计价的基础，而包装重量与价值不再另计。如"天津红小豆，每吨 300 美元，单层新麻袋包装，每袋 100 千克，共 10 000 吨，以毛作净。"以毛重当作净重适用于价值较低的商品的计重。

(2) 按净重（Net Weight）计算

这是指货物的实际重量，不包括皮重，即净重＝毛重－皮重。因此要采用适当的方法来计算皮重。如果在合同中没有明确交货的数量是按毛重还是净重计算，习惯上是按净重计算的。

皮重是指货物内外包装的重量。在具体业务操作过程中，根据毛重和皮重就可以计算出货物的重量。国际上计算皮重的方法有以下四种。

① 按实际皮重。即将整批货物的包装逐一过秤求得重量。

② 按平均皮重。有些货物包装材料和规格比较划一，即按部分货物包装的实际重量求出平均包装重量。

③ 按习惯皮重。对于标准化的包装，按通常公认的包装重量计重，这种已被公认的皮重，即为习惯皮重。

④ 按约定皮重。即按买卖双方事先约定包装重量计算。

（3）按公量（Conditioned Weight）计算

这是指用科学方法抽掉货物中的水分后，再加上标准含水量，所求得的重量。有些商品，如棉花、羊毛、生丝等有比较强的吸湿性，所含的水分受客观环境的影响较大，其重量也就很不稳定。为了准确计算这类商品的重量，国际上通常采用按公量计算。

公量是以货物的标准回潮率计算出来的。所谓回潮率，是水分与干量之比。标准回潮率是交易双方约定的货物中的水分与干量之比。货物中的实际水分与干量之比称为实际回潮率。其计算公式有下列两种：

$$公量＝商品干净重×（1＋公定回潮率）$$
$$公量＝［实际重量×（1＋标准回潮率）］/（1＋实际回潮率）$$

公定回潮率是指国家对各种有关商品的回潮率规定了相应的标准，以便统一执行。如棉花的公定回潮率为 8.5%，羊毛的公定回潮率为 15%～16% 等。世界各国对公定回潮率的规定往往根据自己的实际情况而定，并不完全一致。

（4）按理论重量计算

对于规格和尺寸固定的商品，其重量大致相同，根据件数而推算出重量。如铝锭、马口铁、钢板等。

（5）按法定重量和实物净重计算

法定重量即纯商品的重量加上直接接触商品的包装物料（如内包装等）的重量。法定重量是海关征收货物从量税的依据。实物净重又称净净重，它是纯商品的重量。

二、拟定数量条款应注意的事项

（一）明确交货数量和计量单位

数量条款的基本内容主要有交货数量和计量单位。合同中的交货数量和计量单位应具体明确，尽量不要使用"大约""左右"等字样，特别是使用非信用证进行结算时，"约"量没有统一的解释，极易引起歧义和纠纷。

（二）明确重量的计算方法

重量计算方法的确定要依据货物的性质及商业习惯。按重量计算商品须明确计算重量的方法，如毛重、净重、以毛作净、公量等。如合同中未规定计算方法，按惯例以商品净重计量。

（三）灵活运用溢短装条款

对于大宗散装货物如矿砂、化肥、粮食、食糖等，由于受这些商品特性、货源变化、船舱容量、装载技术和包装等因素的影响，要求准确地按约定数量交货，有时存在一定困难，为了使交货数量具有一定范围内的灵活性和便于履行合同，买卖双方可在合同中合同数量条款中规定数量机动幅度条款，即溢短装条款。

溢短装条款（More or Less Clause）也称为数量机动幅度、数量增减条款，是指允许卖方所交货物的数量指标有一定幅度范围内的差异，只要卖方所交货物的数量没有超出机动幅度的范围，买方就无权拒收货物。合同中规定溢短装条款应注意以下事项。

1. 数量增减幅度的大小要适当

数量增减幅度的大小通常都以百分比表示，如 3% 或 5% 不等，究竟百分比多大合适，应视商品特性、行业或贸易习惯和运输方式等因素而定。

2. 增减幅度选择权的规定要合理

在合同规定有机动幅度的条件下,应明确机动幅度的选择权。在实际业务中,通常由卖方决定,但在由买方安排运输的条件下,也可由买方或船方决定。如果合同中未规定溢短装选择权时,按照国际惯例,应由卖方选择。

3. 溢短装数量的计价方法要公平合理

溢短装数量的计价方法,如无相反的规定,一般按合同价格计算。为了防止有权选择多装或少装的一方当事人利用行市的变化,有意多装或少装以获取利益,也可在合同中规定,多装或少装的部分按装船时或货到时的市价计算,以体现公平合理的原则。

🍁**课堂讨论**

合同数量条款规定"2 000 M/T,5% more or less at the seller's option"。如果卖方交货,该货物国际市场价格大幅下跌,讨论①卖方交货多少更为合适? ②买方如何避免溢短装部分的价格风险?

（四）正确掌握成交的数量

对出口商品的成交数量的掌握,一般要考虑以下因素。

(1) 国际市场的供求情况。当出口商确定向某市场出口商品时,应了解目标市场的需求量和各地对该市场的供应量。有效利用市场供求规律,按国外市场实际需要合理确定成交量,避免因目标市场该商品供过于求而影响出口企业的经济效益。

(2) 国内货源供应情况。如果国内货源供应充足,可以扩大成交量;反之,则不宜盲目签订合同,以免给出口企业履约带来困难。

(3) 国际市场的价格动态。国际市场价格受诸多因素的影响,某一因素的变化会影响到商品的价格。因此,当价格看跌时,如有货源,应争取多成交,快抛售;价格看涨时,不宜急于大量成交,应争取在有利时机抛售。

(4) 国外客户的资信状况和经营能力。出口商品的成交数量应与国外客户的资信状况和经营能力相适应,对不了解对方资信或资信欠佳、经营状况不好的客户,不宜轻易签订成交量较大的合同,以避免损失。

对进口商品数量的掌握,一般要考虑以下因素。

(1) 国内的实际需要。在洽谈进口合同时,应根据国内生产建设和市场的实际来确定成交量,避免盲目进口。

(2) 国内支付能力。

(3) 市场行情的变化。当市场行情发生对自己有利的变化时,应尽力争取扩大成交数量;反之,应控制成交量。

例题 3-5

我国某公司从英国进口钢板 600 吨,其中 8 英尺和 12 英尺两个规格各 300 吨。合同规定,可溢短装 5%,由卖方选择。货到目的港后,我公司发现卖方 8 英尺钢板交货 240 吨,12 英尺交货 390 吨,总量未超过溢短装上限的规定。因 8 英尺钢板数量与 12 英尺钢板数量相差太大，我方以交货数量不符合合同规定，向英商提出索赔。问：我方要求是否合理？

分析：国际贸易中，一般对溢短装条款解释为不但总量受其约束，所列每种具体规格和数量亦受其约束。如果对一种规格的产品溢短装，对其他规格产品也要同时溢短装，即所谓的"同方向溢短装"规则。案例中卖方所交每种具体规格的钢板均与 5% 的约定相差甚大，故卖方违反合同规定，买方完全有理由拒收拒付。

第三节　货物的包装

进出口商品的种类繁多，性质、特点和形状各异，因而它们对包装的要求也各不相同，除少数商品不必包装，以裸装或散装的方式销售外，绝大多数商品都需要有适当的包装。

一、商品包装概述

（一）商品包装的含义与作用

1. 商品包装的含义

商品包装是指包裹商品以保护商品品质和数量的容器，是商品生产的继续。凡需要包装的商品，只有通过包装，才算完成生产过程，商品才能进入流通领域和消费领域，才能实现商品的使用价值。有些商品甚至根本离不开包装，同包装成为不可分割的统一体。

2. 商品包装的作用

在当前国际市场竞争十分激烈的情况下，许多国家都把改进包装作为加强对外竞销的重要手段之一。良好的包装在国际市场竞争中发挥着巨大的作用，主要表现在以下几个方面。

（1）保护商品

保护商品是包装的重要作用之一。商品在国际贸易中，可能受到各种外界因素的影响，引起商品破损、污染、渗漏或变质，使商品降低或失去使用价值。科学合理的包装能使商品抵抗各种外界因素的破坏，从而保护商品的性能，保证商品质量和数量的完好。

（2）便于流通

包装为商品流通提供了条件和方便，有利于商品的分配调拨、清点计数，也有利于合理运用各种运输工具和仓容，提高运输、装卸、堆码效率和储运效果，加速商品流转，提高商品流通的经济效益。

（3）促进销售

精美的商品包装，可起到美化商品、宣传商品和促进销售的作用。包装既能提高商品的市场竞争力，又能以其新颖独特的艺术魅力吸引顾客、指导消费。优质包装在提高出口商品竞销力，扩大出口创汇，促进对外贸易的发展等方面均具有重要意义。

（4）方便消费

销售包装随商品的不同，形式各种各样，包装大小适宜，便于消费者携带、保存和使用。包装上的绘图、商标和文字说明等，既方便消费者辨认，又介绍了商品的成分、性质、用途、使用和保管方法，起着方便与指导消费的作用。

（5）节约费用

商品包装与生产成本密切相关。合理的包装可以使零散的商品以一定数量的形式集成一体，从而大大提高装载容量并方便装卸运输，可以节省运输费、仓储费等费用支出。有的包装还可以多次回收利用，节约包装材料及包装容器，有利于降低成本，提高经济效益。

（二）商品包装的分类

1. 按商业经营习惯分类

（1）内销包装：为适应在国内销售的商品所采用的包装箱，具有简单、经济、实用的特点。

（2）出口包装：为了适应商品在国外的销售，针对商品的国际长途运输所采用的包装。在保护性、装饰性、竞争性、适应性上要求更高。

（3）特殊包装箱：为工艺品、美术品、文物、精密贵重仪器、军需品等所采用的包装，一般成本较高。

2. 按流通领域中的环节分类

（1）小包装：直接接触商品，与商品同时装配出厂，构成商品组成部分的包装。商品的小包装上多有图案或文字标识，具有保护商品、方便销售、指导消费的作用。

（2）中包装：商品的内层包装箱，通称为商品销售包装。多为具有一定形状的容器等。它具有防止商品受外力挤压、撞击而发生损坏或受外界环境影响而发生受潮、发霉、腐蚀等变质变化的作用。

（3）外包装：商品最外部的包装，又称运输包装箱。多是若干个商品集中的包装。商品的外包装上都有明显的标记。外包装具有在流通中保护商品的作用。

3. 按包装形状和材料分类

以包装形状分类，包装有瓶、箱、袋、罐、桶、盒等。以包装材料分类，包装可分为纸类、塑料类、玻璃类、金属类、木材类、复合材料类、陶瓷类、纺织品类、其他材料类等。

4. 按包装的防护技术方法分类

以包装技法为分类标志，商品包装可分为贴体、透明、托盘、开窗、收缩、提袋、易开、喷雾、蒸煮、真空、充气、防潮、防锈、防霉、防虫、无菌、防震、遮光、礼品、集合包装等。

（三）商品包装的基本要求

1. 适应各种流通条件的需要

要确保商品在流通过程中的安全，商品包装应具有一定的强度，坚实、牢固、耐用。对于不同运输方式和运输工具，还应有选择地利用相应的包装容器和技术进行处理。总之，整个包装应适应流通领域中的储存运输条件和强度要求。

2. 适应商品的特性

商品包装必须根据商品的特性分别采用相应的材料与技术，使包装完全符合商品理化性质的要求。

3. 适应标准化的要求

商品包装必须推行标准化，即对商品包装的包装容（重）量、包装材料、结构造型、规格尺寸、印刷标志、名词术语、封装方法等加以统一规定，逐步形成系列化和通用化，以有利于包装容器的生产，提高包装生产效率，简化包装容器的规格，节约原材料，降低成本，易于识别和计量,保证包装质量和商品安全。

4. 包装要"适量、适度"

对销售包装而言,包装容器大小与内装商品相宜,包装费用应与内装商品相吻合。预留空间过大、包装费用占商品总价值比例过高,都有损消费者利益。

5. 商品包装要做到绿色、环保

商品包装的绿色、环保要求要从两个方面认识:首先,材料、容器、技术本身应是对商品、对消费者而言是安全的和卫生的。其次,包装的技法、材料容器等对环境而言是安全的和绿色的,在选材料和制作上,遵循可持续发展原则,节能、低耗、高功能、防污染,可以持续性回收利用,或废弃之后能安全降解。

二、运输包装和销售包装

(一)运输包装

运输包装(Shipping Packing)是指以运输为主要目的的包装,又叫外包装或大包装,是将货物装入特定的容器,或者以特定的方式成件或成箱地包装。运输包装的作用:保障产品安全,方便储运装卸,加速交接、点验,减少费用,节约仓容等。运输包装通常又分为以下类型。

1. 单件运输包装

货物在运输过程中作为一个计件单位的包装称作单件运输包装,包括箱装、包装、桶装、袋装和瓶装等,如图 3-3 所示。

箱装　　　　　　桶装　　　　　　袋装　　　　　　包装

图 3-3　单件运输包装

2. 集合运输包装

集合运输包装是指将若干单件运输包装集合到一起组成一个运输单位。有些国家为了提高装卸速度和码头使用效率,常要求进口货物必须使用集合包装,否则不准卸货。

常见的集合运输包装有集装箱(Container)、集装包(袋)(Flexible Container)、托盘(Pallet)三种,如图 3-4 所示。

(1)集装箱

集装箱(又称"货柜")是指具有一定强度、刚度和规格,专供周转使用的大型装货容器。使用集装箱转运货物,可直接在发货人的仓库装货,运到收货人的仓库卸货,中途中转时,无须将货物从箱内取出换装。根据 ISO 的规定,集装箱共分为 13 个规格,装载量 5～40 吨不等。常用规格为 20 英尺和 40 英尺两种。20 英尺集装箱为"标准箱"。为适应各种不同货物的运输需要,集装箱的种类越来越多,按其使用目的分为干货集装箱、散货集装箱、液体货集装箱、冷藏箱集装箱以及一些特种专用集装箱,如汽车集装箱、牧畜集装箱、兽皮集装箱等。按集装箱制造材料分,有钢制集装箱、铝合金集装箱、玻璃钢集装箱,此外还有木集装箱、不锈钢集装箱等。

（2）集装包（袋）

集装包（袋）一般是用合成纤维或塑料纤维编织而成的圆形大袋或方形大包,分一次性使用和可以回收周转使用两种。它们的容量随着使用的材料和生产的工艺的不同而有所区别,通常使用的是1～4吨,高的可达13吨。集装袋适用于盛装粉状、粒状的化工产品、矿产品、农产品及水泥等散装的商品。集装包则适用于盛装已经包装好的桶、袋、箱等单件包装的商品（见图3-4）。

集装箱　　　　　集装包、袋　　　　　托盘　　　　　移动托盘

图3-4　集合运输包装

（3）托盘

托盘一般是按照一定的规格,使用木材、金属或塑料制成的单层或双层平板载货工具。将货物堆放在托盘上面,并用塑料薄膜或金属绳索加以固定,组成一个运输单位,便于运输过程中使用机械进行装卸、搬运和堆放。托盘下面的插口就是供叉车起卸货物使用的。托盘也分一次性使用和可以回收周转使用两种。

3. 运输包装的标志

为了装卸、运输、仓储、检验和交接工作的顺利进行,防止发生错发、错运和损坏货物与伤害人身的事故,以保证货物安全、迅速、准确地运交收货人,就需要在运输包装上书写、压印、刷制各种有关的标志,以利识别和提醒人们操作时注意。运输包装上的标志,按其用途可分为三种。

（1）运输标志

运输标志（Shipping Mark）俗称唛头,是一种识别标志,通常由一个简单的几何图形和一些字母、数字及简单的文字组成。其作用在于使货物在装卸、运输、保管过程中容易被有关人员识别,以防错发错运。国际贸易中,主要的出口单据如发票、提单、保险单上,都必须显示出运输标志。运输标志通常印刷在外包装的明显部位,有正唛和侧唛之分。正唛一般印刷在包装箱的两个正面,侧唛印刷在包装箱的两侧。

① 正唛（Main Mark,Front Mark）也称主唛。依据联合国欧洲经济委员会简化国际贸易程序工作组的规定,正唛一般包括四项基本内容:收货人或买方名称的英文缩写字母或简称、参考号（信用证号、运单号码、订单号码和发票号码）、件数批号、目的地。

② 侧唛（Side Mark）,也叫边唛。侧唛用来显示包装标准,通常包括品名、数量、毛重、净重、体积（规格）等。在实际业务中,运输标志内容繁简不一,由买卖双方根据商品特点和具体要求商定。

🐾 **小贴士**

正唛示例		侧唛示例	
CNG	——收货人简称	Safety Boots	——品名
SC-202008	——参考号	Art No. CK1063	——货号
NEW YORK	——目的地	QTY：30PRS	——数量
CTN/NOS.1—900	——件数批号	G.W.：16KGS	——毛重
		N.W.：14.2KGS	——净重
		MST.：48×34×76cm	——体积
		Made in China	——原产地

（2）指示性标志

指示性标志（Indicative Mark）又称注意性标志、安全性标志、保护性标志。它是根据商品的特性提出应注意的事项，在商品的外包装上用醒目的图形或文字表示的标志。如在易碎商品的外包装上标以"小心轻放"，在受潮后易变质的商品外包装上标以"防止受潮"，并配以图形指示等，如图3-5所示。为了统一各国运输包装指示标志的图形与文字，一些国际组织，如国际标准化组织、国际航空运输协会分别制定了包装储运指示性标志，并建议各会员国予以采纳。

（3）警告性标志

警告性标志（Warning Mark）又称危险品标志。它是指在易燃品、爆炸品、有毒品、腐蚀性物品、放射性物品的运输包装上标明其危险性质的文字或图形说明，如图3-6所示。

图3-5 指示性标志　　　　　　图3-6 警告性标志

（二）销售包装

销售包装又叫小包装、内包装，它是以销售为主要目的，随商品进入零售市场直接与消费者见面的包装。为了使销售包装适应国际市场的需要，在设计制作销售包装时，应体现下列要求：便于陈列展售，便于识别商品，便于携带和使用，要有艺术吸引力。

1. 销售包装的种类

销售包装可采用不同的包装材料和不同的造型结构与式样，这就导致了销售包装的多样性。销售包装不仅具有保护商品的作用，还有美化商品、宣传商品、便于携带、方便实用、促进销售和提高商品价值等功能。常见的销售包装有挂式包装、堆叠式包装、携带式包装、一次用量包装、易开包装、喷雾包装、配套包装、礼品包装和软包装。

（1）挂式包装。挂式包装是可在商店货架上悬挂展示的包装，其独特的结构如吊钩、吊带、挂孔、网兜等，可充分利用货架的空间来陈列商品。

（2）堆叠式包装。堆叠式包装通常是指包装品顶部和底部都设有吻合装置使商品在上下堆叠过程中可以相互咬合，其特点是堆叠稳定性强，大量堆叠而节省货位，常用于听装的食品罐头或瓶装、盒装商品。

（3）便携式包装。便携式包装是其造型和长宽高比例的设计均适合消费者携带使用的包装，如有提手的纸盒、塑料拎包等。

（4）一次用量包装。一次用量包装又称单份包装、专用包装或方便包装，是以仅使用一次为目的的较简单的包装。如一次用量的洗发水、饮料、调味品等。

（5）易开包装。易开包装容器上有严格的封口结构，不论是纸制、金属、玻璃、塑料的容器，在封口严密的前提下，要求开启方便，使用者不需另备工具即可容易地开启。易开包装有易开罐、易开瓶和易开盒等。牛奶、饮料等容器基本上都采用这种方法。

（6）喷雾包装。喷雾包装是在气性容器内，当打开阀门或压按钮时，内装物由于推进产生的压力能喷射出来的包装。越来越多的产品，特别是液体状的，如香水、空气清新剂、杀虫剂等，都采用了按钮式喷雾容器包装。

（7）配套包装。配套包装是将消费者在使用上有关联的商品搭配成套，装在同一容器内的销售包装。如工具配套袋、成套茶具的包装、厨房用具的包装、个人护理用品的包装等。

（8）礼品包装。礼品包装是专门作为送礼用的销售包装。礼品包装的造型应美观大方，有较高的艺术性，礼品包装的装潢除了给消费者留下深刻印象外，还必须具有保护商品的良好性能。

（9）软包装。软包装就是在填充或取出内装物后，容器的形状发生了变化或没有变化的包装，以管状型、瓶装型、袋装型居多。由于软包装具有成本低、保鲜度高、轻巧、不易受潮、方便销售、方便运输和使用等优点，因此食品调料、牙膏、化妆品等常用这种包装。

2. 销售包装标志和说明

在销售包装上，一般都附有装潢画面、各种标签、文字说明、条形码标志和环境标志等。其装潢画面要求美观大方，富有艺术吸引力，并突出商品特点，还应适应有关国家的民族习惯和爱好。

（1）包装装潢。包装装潢是指对商品销售包装的装饰和美化，包括图案和色彩。设计时要美观大方，富于艺术吸引力，并要突出商品本身的特点，同时要尊重不同国家和地区的民族文化、风俗习惯、宗教信仰及兴趣爱好，防止使用进口国忌讳的画面和色彩。

（2）包装的标签与文字说明。在销售包装上应有必要的标签和文字说明。标签和文字说明包括商品名称、商标牌名、数量规格、用途、构成成分和使用方法等。其中使用的文字必须简明扼要，让进口国的消费者能看懂，必要时要中外文并用。在设计、使用标签和文字说明时，要注意进口国的有关规定，不能违反进口国标签管理条例的规定。如瑞士对进口衬衣规定衣领上必须有洗涤、熨烫的说明图示，否则不准进口。

（3）商品条形码标志。条形码是由一组带有数字的宽度不等、垂直平行的多个条和空所组成，按照一定的编码规则排列，用以表达商品生产国别、生产厂家、商品类别、规格、型号和销售价格等信息的图形标识符。条形码是利用光电扫描阅读设备为计算机输入数据的特殊的代码语言，如图 3-7 和图 3-8 所示。

图 3-7　图书条形码

图 3-8　商品条形码

　　条形码技术是随着计算机与信息技术的发展和应用而诞生的,它是集编码、印刷、识别、数据采集和处理于一身的新型技术。条形码具有输入速度快、可靠性高、采集信息量大、灵活实用、制作成本低等优点。因此,条形码技术从 1949 年问世以来,在全球范围内,被许多领域和行业广泛使用,其中包括物流、仓储、图书馆、银行、POS 收银系统、医疗卫生、零售商品、服装、食品服务以及高科技电子产品等。

　　在国际上通用的包装上的条形码有两种:一种是由美国、加拿大组织的统一编码委员会编制,其使用的物品标识符号为 UPC(Universal Product Code),有 UPC-A 码、UPC-E 码两种;另一种是由欧共体成立的欧洲物品编码协会编制,该组织后改名为国际物品编码协会,其使用的物品标识符号为 EAN(European Article Number)。EAN 码有标准版(EAN-13)和缩短版(EAN-8)两种,如图 3-9 所示。

图 3-9　国际通用的商品条形码

　　为了适应国际市场的需要和扩大出口,1988 年 12 月我国建立了"中国物品编码中心",负责推广条形码技术,并对其进行统一管理。1991 年 4 月我国正式加入国际物品编码协会,该会分配给我国的国别代码为 690,凡标有 690 条形码的商品,即表示是中国出产的商品。之后国际物品编码协会又分配给我国国别代码 691～695,出版物的国别代码是 977、978。

　　条形码是国际通用的"身份证",也就是国际市场的"入场券"。随着我国经济的发展和进一步改革开放,凡适于使用条形码的商品,特别是出口的商品,应争取在商品包装上印刷条形码。

　　(4) 环境标志

　　环境标志是一种印刷或粘贴在产品或其包装上的图形标志。环境标志表明该产品不但符合质量标准,而且在生产、使用、消费及处理过程中符合环保要求,对生态环境和人类健康均无损害。环境标志是产品的"证明性商标",表明产品与同类产品相比,具有低毒少害、节约资源等环境优势。

例题 3-6

　　我国某出口公司向美国出口苹果酒一批,美国公司开来的信用证上货物名称为 Apple Wine。为保证单证一致,我方在所有单据上货物名称都用了 Apple Wine。但当货物运抵美国海关后,被扣留罚款,因该批酒的内外包装上都写了 Cider 字样。美商因此向我方索赔。问:我方是否要承担责任?

　　分析:我方对此应承担责任。在国际贸易交易中,卖方交付的货物须符合约定的品名或说明。本案中 Cider 既有苹果酒也有苹果汁的意思，因此海关有理由认为货物与品名不符。在实践中遇到类似情况，我方应在收到信用证后要求改证，即对信用证中的品名进行修改，这样就可以做到单证一致，避免货物与单据上品名不符的情况。

三、定牌生产和中性包装

1. 定牌生产

定牌生产也称贴牌生产，俗称"贴牌"，是指卖方按买方的要求在其出售的商品或包装上标明买方指定的商标和牌号。采用定牌生产，品牌生产者不直接生产产品，而是利用自己掌握的关键的核心技术负责设计和开发新产品，控制销售渠道，具体的加工任务通过合同订购的方式委托同类产品的其他厂家生产。之后将所订产品低价买断，并直接贴上自己的品牌商标。承接加工任务的制造商被称为定牌生产厂商，其生产的产品被称为定牌生产的产品。在国际或国内贸易中，有许多大百货商店、超级市场和专业商店，在其经营的商品中，有一部分商品使用该店专有的商标和牌名，这部分商品即是由商店要求有关厂商定牌生产的。许多国家的出口厂商，为了利用买主的经营能力及其商业信誉和品牌声誉，以提高商品售价和扩大销路，也愿意接受定牌主产。定牌生产对出口方来说要注意：要拿到授权方的品牌使用授权书，以免相关部门尤其是海关的检查和审核；如果所采用的商标发生侵权行为，则由买方负责。

2. 中性包装

中性包装是指既不标明生产国别、地名和厂商名称，也不标明生产厂商的商标或品牌的包装，也就是说，在出口商品包装的内外，都没有原产地和出口厂商的标记。

中性包装包括无牌中性包装和定牌中性包装两种。无牌中性包装是指包装上既无生产国别和厂商名称，又无商标、品牌。定牌中性包装是指包装上仅有买方指定的商标或品牌，但无生产国别和厂商名称。采用中性包装，是为了打破某些进口国家与地区的关税和非关税壁垒以及适应交易的特殊需要（如转口销售等），它是出口国家厂商加强对外竞销和扩大出口的一种手段。但对于签订有出口配额协定的商品应加强管理，以防进口商将商品转口至有关配额国，对我国产生不利影响。

四、包装条款的规定

1. 包装条款的基本内容

包装条款是国际货物买卖合同的主要条款，是买卖双方履行合同的依据之一。买卖合同中的包装条款主要包括包装材料（如木箱、纸箱、铁桶、麻袋等）、包装方式、包装规格、包装标志（可由卖方提供或由买方提供）和包装费用（一般包括在商品货价内）等内容。

小贴士

有关包装与包装物的法律规定

世界上许多国家都以立法的形式规定生产者必须使用绿色包装，不仅要求本国的包装行业遵守有关法令，而且要求进口的包装制品及其废弃物也要遵守相同的法令。绿色包装已成为发达国家阻碍外国商品进入其市场的"绿色壁垒"，有些已对我国外贸出口造成了严重的影响。

其一是为了保护生态环境，对包装物进行严格检验或禁止入境。有些进口国为了保护本国的森林资源、农作物和建筑物,防止包装材料中夹带着或隐藏着病虫害的虫卵,避免传播蔓延危害本国的资源,规定对一些包装物禁止入境或严格检查。如出口到美国的陶瓷严禁使用稻草包装;德国法律规定"谁生产谁回收"的原则;新的《报废电子电气设备指令》(WEEE 指令)2012 年 8 月 13 日生效,这个指令共包含 10 大类电子电气产品(大小型家用器具,IT 和远程通信设备,用户设备,光伏组件,照明设备,电气和电子工具,玩具、休闲和运动设备,医用设备,监控装置、自动售货机等)的电子垃圾回收费用问题。

其二是以立法的形式规定禁止使用某些包装材料。除了海关依法禁止进口商品采用可能对本国生态环境造成破坏的包装材料外,许多国家还采取了立法的形式,在本国范围内禁止使用某些包装材料。如德国、意大利、奥地利等国禁止生产、进口或销售以聚乙烯为包装材料的商品;为保护臭氧层,欧盟、美国、日本等还对不能再生或不能分解的塑料包装材料颁布了有关禁令。

我国是一个包装品生产大国和国际贸易大国,必须解决好包装与环境问题。出口企业必须密切关注国内国外相关的政策、法律、法规及其变化。

资料来源:孙国忠.国际贸易实务(第三版)教学课件[DB/OL].北京:机械工业出版社,2011.

2. 制订包装条款应注意的问题

国际贸易中,在制订包装条款时对包装的要求应具体明确,具体包括以下几个方面。

(1) 对于包装材料

一般由卖方提供,随商品一起交付。有时买方要求自己提供包装材料,对此买卖双方应在合同中明确规定买方提供包装材料的时间和方式以及由于包装或包装物料未能及时提供而影响发运时买卖双方所负的责任。

(2) 对于包装方式

一般都订明包装内含量。有些商品要求根据花色或尺寸不同搭配装箱,对此买卖双方应在合同中约定搭配方式及搭配量,以免日后发生异议。

(3) 对于包装费用

一般包括在货价内,买卖双方在合同中不再另行规定。如果买方要求特殊包装,则由此产生的其他额外费用应由买方承担,需在合同中订明。

(4) 对于运输标志

一般由卖方设计确定。但有些情况下,由买方制订运输标志,此时买卖双方需在合同中约定买方提供运输标志的时间。此外,有些国家对进口商品的运输包装所使用的唛头和标记有严格的规定,对此卖方应向买方取得详细指示,从而保证合同顺利履行。

(5) 对于包装不良责任

一般应在合同中订明包装不良责任的承担者。因包装不良导致货损的四种情况如下。

① 包装不牢或捆绑不完全,导致货物泄露或损坏。

② 对需特殊包装的货物未按特殊要求包装。

③ 对易碎的包装未注明"易碎""小心轻放"等指示性标志。

④ 包装物在包装前不经适当处理,如干燥、除味等。

基础训练

一、单项选择题

1. 下列品质与数量条款,比较恰当的表达是(　　　)。

　　A. 花生仁：水分 15％，碎粒 2.3％，2 000 吨±2％

　　B. 花生仁：水分（最高）15％，碎粒（最高）2.3％，1 000 吨±2％

　　C. 花生仁：水分（最高）15％，碎粒（最高）2.3％，约 1 000 吨

　　D. 花生仁：水分 15％，碎粒（最高）2.3％，约 1 000 吨

2. 根据《UCP600》的规定，对于散装货物，在发票金额不超过信用证金额的情况下，货物数量允许有（　　）的增减幅度。

　　A. 5％　　　　　　　B. 10％　　　　　　　C. 2％　　　　　　　D. 15％

3. 不能作为明确商品品质的标准，因而对买卖双方都没有约束力的样品是（　　）。

　　A. 参考样品　　　　B. 对等样品　　　　C. 买方样品　　　　D. 卖方样品

4. 如果合同中没有相关规定，按照国际惯例，运输标志一般由（　　）提供。

　　A. 卖方　　　　　　B. 买方　　　　　　C. 船方　　　　　　D. 货运代理

5. 品质机动幅度条款一般适用于某些（　　）。

　　A. 家电产品交易　　B. 初级产品交易　　C. 机电产品交易　　D. 仪表产品交易

6. 根据《公约》规定，卖方多交货物后，若买方收取多交的部分，应按（　　）支付。

　　A. 国际市场价　　　　　　　　　　B. 双方商议的价格

　　C. 仲裁裁定的价格　　　　　　　　D. 合同价格

7. 凭卖方样品成交时，应留存（　　）以备交货时核查之用。

　　A. 回样　　　　　　B. 参考样品　　　　C. 复样　　　　　　D. 确认样品

8. "小心轻放"是（　　）。

　　A. 运输标志　　　　B. 警告性标志　　　C. 指示性标志　　　D. 危险品标志

9. 如果合同中没有相关规定，按照国际惯例，数量机动幅度的选择权归（　　）。

　　A. 卖方　　　　　　B. 买方　　　　　　C. 船方　　　　　　D. 保险公司

10. 包装上仅有买方指定的商标或牌号，不显示国别的包装方法是（　　）。

　　A. 无牌中性包装　　B. 定牌中性包装　　C. 销售包装　　　　D. 运输包装

11. 合同中规定"酒精含量为 13％±0.4％"，其中±0.4％是（　　）。

　　A. 品质机动幅度　　　　　　　　　B. 溢短装条款

　　C. 合理误差　　　　　　　　　　　D. 品质公差

12. 如卖方所交货物品质低于样品品质，但在品质公差范围内，买方的处理方法是（　　）。

　　A. 拒收、拒付　　　B. 收货、拒付　　　C. 降价收货　　　　D. 按合同价收货

13. 适用于良好平均品质的是（　　）。

　　A. 衣服　　　　　　B. 鱼类　　　　　　C. 农副产品　　　　D. 木材

14. 买方先向卖方寄出样品，卖方复制或者选择品质相近的样品寄给买方，买方确认后，以卖方寄交的样品交货，这种样品是（　　）。

　　A. 对等样品　　　　B. 封样　　　　　　C. 复样　　　　　　D. 标准样品

15. 进口羊毛计算重量的方法，一般采用（　　）。

　　A. 理论重量　　　　　　　　　　　B. 公量

　　C. 由买卖双方事后商定　　　　　　D. 实物净重

二、多项选择题

1. 规定品名条款时应注意的问题有（　　）。

　　A. 内容具体、明确

B. 品名内容实事求是,切实反映商品情况

C. 品名尽可能国际通用

D. 适当取名,以利于进口,降低关税

2. 凭样品买卖商品应该具有的条件是(　　　)。

A. 货物品质不易用文字描述　　　　　B. 货物品质不尽如人意

C. 卖方可以做到交货货物与样品一致　　D. 货物可以一次交清

3. 品质机动幅度和品质公差的不同之处有(　　　)。

A. 适用产品范围不同　　　　　　　　B. 机动幅度允许调整价格

C. 品质公差允许调整价格　　　　　　D. 品质公差适用于工业制成品

4. 在国际货物买卖中,以文字说明表示商品品质的有(　　　)。

A. 凭说明书买卖　　B. 凭样品买卖　　C. 凭标准买卖　　　　D. 凭等级买卖

5. 在国际货物买卖中,以实物表示商品品质的方法有(　　　)。

A. 凭样品买卖　　　　　　　　　　　B. 看货买卖

C. 凭规格买卖　　　　　　　　　　　D. 凭等级买卖

E. 凭标准买卖

6. 国际贸易计算重量时,通常的计算方法有(　　　)。

A. 毛重　　　　　　　　　　　　　　B. 净重

C. 公量　　　　　　　　　　　　　　D. 理论重量

E. 法定重量和实物净重

7. 数量条款主要涉及的内容有(　　　)。

A. 成交数量　　　　　　　　　　　　B. 计量单位

C. 计量方法　　　　　　　　　　　　D. 数量机动幅度

E. 品质公差

8. 国际标准化组织推荐的标准唛头应包括(　　　)。

A. 收货人名称的缩写或代号　　　　　B. 箱号或件号

C. 目的港(地)　　　　　　　　　　　D. 参考号(合同号、订单号码等)

E. 磅码、产地标志

9. 国际货物买卖合同中的包装条款,主要包括(　　　)。

A. 包装材料　　　B. 包装方式　　　C. 包装费用　　　D. 包装标志

E. 中性包装

10. 在销售包装中,应特别重视的是(　　　)。

A. 所使用的材料　　B. 造型结构　　　C. 大小尺寸　　　D. 包装的装潢

E. 文字说明

三、简答题

1. 简述品质条款的基本内容。

2. 举例说明各种商品表示品质的方法。

3. 为什么在某些商品的买卖合同中规定品质机动幅度?

4. 简述数量条款的主要内容。

5. 为什么要在某些商品的买卖合同中规定短溢装条款?

6. 简述包装条款的主要内容。

7. 制订包装条款应注意哪些问题？

四、计算题

某厂出口羊绒 15 吨，双方约定标准回潮率是 15%，用科学仪器抽出水分后，羊绒净剩 12 吨。该厂出口羊绒的公量是多少？

五、案例分析题

1. 某出口公司与外商签订出口合同，商品名称为"手工制造书写纸"。买方收到货物后，经检验发现该货物部分工序为机械操作，而我方提供的所用单据均表示为手工制造，按该国法律应属"不正当表示"和"过大宣传"，遭用户退货，以致使进口人蒙受巨大损失，要求我出口公司赔偿。我方辩解理由有二：

(1) 该商品的生产工序基本上是手工操作，在关键工序上完全采用手工制作。

(2) 该笔交易是经买方当面先看样品成交的，而实际货物质量又与样品一致，因此应认为该货物与双方约定的品质相符。

后又经有关人士调解后，双方在友好协商过程中取得谅解。请对该案例进行评论。

2. 我国某进出口公司与某外商公司订立一份出口合同，CIF 条件出口 500 吨大豆，双线新麻袋包装，每袋 50 千克，价格为每吨 200 美元 CIF 外商口岸。我方交单收款后，买方来电称，我公司所交货物扣除皮重后，不足 500 吨，要求我方退回因短量而多收的货款。请问对方的要求是否合理？

3. 某笔国际贸易交易合同订明由卖方提供双层旧麻袋包装。装船时，卖方因这种麻袋缺乏就自行换成了单层新麻袋，也未要求对方额外支付费用。但对方认为卖方的包装不符合合同约定，因此提出索赔。请问对方的要求是否合理？

六、实训题

美国 ACR Co., Ltd. 公司拟从北京耀华进出口公司进口男士衬衫 2 500 件，北京耀华进出口公司业务员李明报价如下：

ART.No.	GOODS	COLOR	QUANTITY(PCS)	UNIT PRICE	AMOUNT
				CIF New York	
42	Men's shirt	Grey	1 500	USD 8.00	USD 12 000
46	Men's shirt	Blue	1 000	USD 8.20	USD 8 200

根据以上业务材料，模拟双方交易磋商，签订销售合同。要求：

(1) 以班级为单位分组，每组 5~7 人。

(2) 每组分成一个谈判组，分甲乙方。

(3) 谈判组自拟合同内容，针对商品的名称、质量、数量和包装等进行协商谈判，撰写相关合同条款。

(4) 模拟结束，每组课堂交流，老师最后总结。

第四章

国际贸易进出口商品的价格

 学习目的与要求

1. 熟悉《国际贸易术语解释通则 2020》,掌握主要贸易术语的使用要求。
2. 了解国际贸易报价费用构成,掌握出口价格核算方法。
3. 掌握合同中的价格条款内容。

引导案例

客户擅自改变贸易术语带来的风险

我国外贸进出口公司与一位巴基斯坦客户签了出口合同,合同上的价格条款是 FOB TIANJIN,总价为 20 000 美元,付款方式是信用证。之后巴基斯坦客户通过进口地银行开来了以我方为受益人的信用证。当我方拿到信用证后发现,信用证上的价格条款变成了 CIF KARACHI,总价未变,这就是说,信用证里的价格条款与合同不符。我国外贸进出口公司认为不妥,当即与客户联系,客户说是为了报关时少交税。问:这样有什么风险吗?

资料来源:功夫外语. 这些国际贸易中真实的经验教训是以沉重的代价换来的外贸人必须知晓[EB/OL]. https://www.sohu.com/a/312249999_428362,2020-05-07[2021-05-12].

分析:这当然有风险,因为信用证是按 CIF 条款开的,提单上显示 FREIGHT PREPAID(海运费预付),出口商不但要办理运输,而且要办理保险。出口方必须先垫付海运费和保险费用,才能与信用证规定条款相符。天津到卡拉奇的海运费每一个 20 英尺集装箱需 1 000 美元左右,加上保险费总计 1 100 多美元。如果进口方最后不付这笔费用,出口方就需要自己承担。因此,出口方拿到信用证的第一时间,如果审出与合同不一致的地方,应让开证申请人改证,否则,不能出货。

第一节 《国际贸易术语解释通则 2020》相关知识

一、贸易术语的含义和作用

贸易术语(Trade Terms)是指用简短的英文缩写的字母来表明货物的单价构成和买卖双方各自承担的责任、费用与风险的划分界限的专门术语。由于贸易术语决定了交易双方各自的义务、费用由哪方承担以及风险如何划分,所以贸易术语也就决定了货物价格的高低和构成。因此,贸易术语又常被称为"价格条件"或"贸易条件"。贸易术语的产生,便利和促进了国际贸易的发展。通过使用贸易术语,买卖双方可以明确价格构成,便利成本和费用的核算;明确界定买卖双方的责任、义务、费用、风险,减少国际贸易争议;简化交易磋商,缩短成交时间,节省交易成本。

二、与贸易术语相关国际贸易惯例

贸易术语是价格条款中必不可少的一部分。外贸从业者必须了解和熟悉与贸易术语相关的国际贸易惯例,在实践中合理选用适当的贸易术语,正确拟定合同中的价格条款。国际贸易惯例(International Trade Custom)是指根据长期的国际贸易实践中逐步形成的某些通用的习惯做法而制定的规则。虽然国际贸易惯例不是法律,不具有普遍的法律约束力,但按照各国的法律,当事人有选择适用国际贸易惯例的自由,一旦当事人在合同中采用了某项惯例,它对双方当事人就具有法律约束力。有些国家的法律还规定,法院有权按照有关的贸易惯例来解释双方当事人的合同。在国际贸易中,与贸易术语相关的国际贸易惯例主要有以下三个。

(一)《1932 年华沙—牛津规则》

该规则由国际法协会(International Law Association)制定。1928 年国际法协会在华沙举行会议,制定了关于成本加保险费及运费(CIF)买卖合同的统一规则,共 22 条。后经 1930 年纽约会议、1931 年巴黎会议和 1932 年牛津会议,规则被修订为 21 条,定名为《1932 年华沙—牛津规则》,一直沿用至今。该规则对 CIF 贸易术语进行了解释,规定了 CIF 买卖合同的性质以及 CIF 合同下买卖双方费用、风险和责任的划分。

(二)《1990 年美国对外贸易定义修订本》

该惯例由美国几大商业团体于 1919 年共同制定,于 1941 年和 1990 年分别进行了修订,现行版本为《1990 年美国对外贸易定义修订本》。该惯例主要对 EXW、FAS、FOB、CFR、CIF 和 DEQ 六种贸易术语做了解释。其中 FOB 被分为六种类型,只有第五种,即指定的装运港船上交货(FOB Vessel)与《国际贸易术语解释通则》中的 FOB 含义大体相同,但在使用时仍有差别。例如,对于“装运港船上交货”成交条件,引用该惯例应表述为 FOB Vessel New York,若表述为 FOB Now York,则卖方有权在纽约市内任何地点交货,不负责在纽约港口的船上交货。

(三)《国际贸易术语解释通则》

《国际贸易术语解释通则》(International Rules for the Interpretation of Trade Terms, Incoterms),由国际商会于 1936 年制定,是国际贸易的基础性国际通行规则。《国际贸易术语解释通则》是影响最大,包含术语最多,被世界上绝大多数国家采用的惯例。根据国际货物贸易的发展,国际商会对其进行过多次修订和补充。目前最新版是《国际贸易术语解释通则 2020》,该通则于 2019 年 9 月 10 日公布,2020 年 1 月 1 日开始在全球范围内实施。

🌸 **小贴士**

《国际贸易术语解释通则 2020》主要修订解读

《国际贸易术语解释通则 2020》(Incoterms® 2020)在 2010 年版本的基础上更进一步明确了买卖双方的责任,其生效后对贸易实务、国际结算和贸易融资实务等方面产生重要的影响。Incoterms® 2020 主要的修订如下。

1. 对 FCA 规则增加签发装船提单选项

FCA(货交承运人)是指卖方在卖方所在地或其他指定地点将货物交给买方指定的承运人或其他人。在货物海运销售中,货物在卖方运输工具上备妥待卸并置于承运人或买方指定的其他人控制之时,交货即告完成。在 FCA 规则下,卖方的交货义务在货物装船前已经完成,因此,卖方交货时无法从承运人处获得装船提单。为解决以上问题,Incoterms® 2020 中 FCA 术语 A6/B6 中增加了一个附加选项,即买卖双方可以约定买方指示其承运人在货物装运后向卖方签发装船提单,卖方随后才有义务向买方(通常通过银行)提交提单。

2. 费用划分条款的调整

在 Incoterms® 2020 规则的条款排序中,费用划分条款列在各术语的 A9/B9(Incoterms® 2010 列在 A6/B6)。除了序号的改变,在 Incoterms® 2020 中,A9/B9 统一罗列了原 Incoterms® 2010 中散见于各不同条款中对应的费用项目。对费用划分条款的修订目的在于提供给用户一站式费用列表,使买方或卖方得以在一个条款中找到其选择的 Incoterms 术语所对应的所有费用。这使得卖方和买方之间费用的分摊得到了改进和明确。

3. CIP 保险条款调整为必须符合《协会货物保险条款》条款(A)的承保范围

在 Incoterms® 2010 规则中,CIF 和 CIP 规定了卖方必须自付费用取得货物保险的责任。该保险至少应当符合《协会货物保险条款》条款(C)或类似条款的最低险别。在 Incoterms® 2020 规则中,对保险义务,CIF 规则维持现状,即默认条款(C),但当事人可以协商选择更高级别的承保范围;而对于 CIP 规则,卖方必须取得符合《协会货物保险条款》条款(A)承保范围的保险,即"一切风险减除外责任",但当事人可以协商选择更低级别的承保范围。条款(A)承保的风险比条款(C)要大得多,这有利于买方,也导致卖方增加额外的保费。这一修订的原因在于 CIF 更多地用于海上大宗商品贸易,CIP 作为多式联运术语更多地用于制成品。

4. FCA、DAP、DPU 及 DDP 允许卖方/买方使用自己的运输工具

Incoterms® 2010 中假定卖方和买方之间的货物运输将由第三方承运人进行,未考虑到由卖方或买方自行负责运输的情况。

Incoterms® 2020 中则考虑到卖方和买方之间的货物运输不涉及第三方承运人的情形。因此,在 D 组规则的 DAP(目的地交货)、DPU(目的地交货并卸货)及 DDP(完税后交货)中,允许卖方使用自己的运输工具。同样,在 FCA(货交承运人)中,买方也可以使用自己的运输工具收货并运输至买方场所。

5. DAT 更改为 DPU

Incoterms® 2010 中,DAT(运输终端交货)与 DAP(目的地交货)唯一的区别是,在 DAT 中卖方将货物从抵达的运输工具上卸下至"运输终端"即完成交付;而在 DAP 中卖方将货物置于抵达的运输工具上且做好卸载货物的准备,由买方处置无须卸货即完成交付。国际商会对 DAT 和 DAP 做了两项修订。首先,Incoterms® 2020 中两个术语的排列位置改变了,交货发生在卸货前的 DAP 列在 DAT 前。其次,DAT 更改为 DPU(目的地交货并卸货),更强调目的地可以是任何地方而不仅仅是"运输终端",使其更加笼统,符合用户需求,即用户可能想在运输终端以外的场所交付货物。但若目的地不是运输终端,卖方需确保其交货地点可以卸载货物。

6. 在运输责任及费用划分条款中增加安保要求

Incoterms® 2010 各规则的 A2/B2 及 A10/B10 中简单提及了安保要求。随着运输安全(例如对集装箱进行强制性检查)要求越来越普遍,Incoterms® 2020 将与之相关的安保要求明

确规定在各个术语的 A4"运输合同"及 A7"出口清关"中,对因安保要求增加的成本,也在 A9/B9 费用划分条款中做了更明确的规定。

7. 升级"使用说明"为"用户注释"

Incoterms® 2020 升级了 Incoterms® 2010 中各规则首部的"使用说明"为"用户注释"。用户注释阐明了 Incoterms® 2020 中各术语的基本原则,如何时适用,风险何时转移及费用在买卖双方间的划分;旨在帮助用户有效及准确地选择适合其特殊交易的术语以及就受 Incoterms® 2020 制约的合同或争议提供部分需要解释问题的指引。

资料来源:外贸培训机构.《国际贸易术语解释通则 2020》主要修订解读[EB/OL]. https://www.sohu.com/a/352139505_573094,2019-11-07[2021-05-07].

三、《国际贸易术语解释通则 2020》的贸易术语

《国际贸易术语解释通则 2020》共有 11 种贸易术语,如表 4-1 所示。

表 4-1　国际贸易术语解释通则 2020

第一组:适用于任何运输方式的术语	含　义
EXW(EX Works)	工厂交货(……指定交货地点)
FCA(Free CArrier)	货交承运人(……指定交货地点)
CPT(Carriage Paid To)	运费付至(……指定目的港)
CIP(Carriage and Insurance Paid to)	运费和保险费付至(……指定目的地)
DAP(Delivered at Place)	目的地交货(……指定目的地)
DPU(Delivered at Place Unloaded)	目的地交货并卸货(……指定目的地)
DDP(Delivered Duty Paid)	完税后交货(……指定目的地)
第二组:适用于水上运输方式的术语	含　义
FAS(Free Alongside Ship)	船边交货(……指定装运港)
FOB(Free On Board)	船上交货(……指定装运港)
CFR(Cost and FReight)	成本加运费付至(……指定目的港)
CIF(Cost Insurance and Freight)	成本、保险加运费付至(……指定目的港)

(一) EXW

该术语不需要考虑运输方式,任何各种运输方式都适用。

"工厂交货(……指定交货地点)"是指当卖方在其所在地或其他指定的地点(如工厂、车间或仓库等)将货物交给买方处置时,即完成交货。卖方不需要将货物装上任何运输工具,在需要办理出口清关手续时,卖方亦不必为货物办理出口清关手续。

EXW 是卖方承担责任最小的术语。使用时需要注意以下问题。

(1) EXW 术语较适用于国内交易,对于国际交易,则选择 FCA"货交承运人(……指定交货地点)"为佳。

(2) 卖方没有义务为买方装载货物。若由卖方装载货物,相关风险和费用也由买方承担。如果卖方在装载货物中处于优势地位,则使用由卖方承担装载费用与风险的 FCA 术语通常更合适。

(3) 合同中应尽可能明确指定货物交付地点,因为交付前的费用与风险由卖方承担,买方承担交付后的全部费用和风险。

（4）EXW 条件下，卖方仅在买方要求办理出口手续时负有协助的义务，卖方并无义务主动办理出口清关手续。因此如果买方不能直接或间接地办理出口清关手续，建议不要使用 EXW 术语。

（5）买方承担向卖方提供关于货物出口信息的有限义务。但是，卖方可能需要这些用作诸如纳税（申报税款）、报关等目的的信息。

（二）FCA

该术语可适用于各种运输方式，也适用于使用两种以上的运输方式时。

"货交承运人"是指卖方在其所在地或其他指定地点，将货物交给买方指定的承运人，即完成交货。货物灭失和损坏的风险在货交承运人时转移。

使用时需要注意以下问题。

（1）风险在货交承运人时转移，建议当事人最好尽可能清楚地明确说明指定交货的具体地点。

（2）若指定地点为卖方所在地，则当货物被装上买方提供的运输工具时卖方完成交货；在其他任何情况下，则当货物在卖方的运输工具上可供卸载，并可由承运人或买方指定的其他人处置时卖方完成交货。

（3）以 FCA 成交的合同，买方负责订立运输合同。为保证车货衔接，买方负有将承运人名称、交货时间、运输方式、具体交货点等及时通知卖方的义务。卖方必须就其已经交货或承运人未在约定时间内收取货物的情况给予买方充分的通知。这一点与下述 FAS、FOB 情况相同。

（4）FCA 要求卖方在需要时办理出口清关手续。但是，卖方没有办理进口清关手续的义务，也无须缴纳任何进口关税或者办理其他进口海关手续。

例题 4-1

乌鲁木齐某出口公司于 2020 年 9 月向日本出口 30 吨红花，每吨 50 箱，共 1 500 箱，每吨售价为 20 000 美元。FOB 新港，共 600 000 美元，即期信用证，装运期为 9 月 28 日之前，货物必须装集装箱。

该出口公司在天津设有办事处，于是在 9 月上旬便将货物运至天津，由天津办事处负责订箱装船。不料货物在天津存仓后的第二天，仓库着火，抢救不及，1 500 箱全部烧毁。办事处立即通知公司总部并要求尽快补发 30 吨，否则无法按期装船。结果该公司因货源不足，只好要求日商将信用证有效期和装运期延长。从此案应吸取什么教训？

分析：如果本案当初采用 FCA Urumqi 对外成交，出口公司在当地将 1 500 箱货物交中转站或自装自集后将整箱交中转站，不仅风险转移给买方而且凭当地承运人（即中转站）签发的货运单据即可在当地银行办理议付结汇。遗憾的是，该公司死抱着过去习惯的术语不放，反而舍近求远，自担风险将货运运到天津，再装集装箱出口，这不仅加大了自身的风险，而且推迟了结汇，教训深刻。

（三）CPT

该术语可适用于各种运输方式，也可适用于使用两种以上的运输方式时。"运费付至"是指卖方自付费用，订立将货物运至指定目的地的运输合同，在约定的时间和地点内将货物交给承运人即完成交货。货物灭失和损坏的风险在货交承运人时转移。

使用时需要注意以下问题。

（1）在 CPT、CIP、CFR 和 CIF 适用的情形下，卖方的交货义务在将货物交付承运人，而非货物到达指定目的地时，即告完全履行。

（2）买卖双方当事人应在买卖合同中尽可能明确风险转移至买方的交货地点，因为风险在货交承运人时发生转移。如果当事人希望风险转移推迟至稍后的地点发生（如某海港或机场），那就需要在买卖合同中明确约定这一点。

（3）由于将货物运至指定目的地的费用由卖方承担，因而当事人应尽可能准确地确定目的地中的具体地点，且卖方须在运输合同中载明这一具体的交货地点。卖方基于其运输合同，在指定目的地卸货时，如果产生了相关费用，卖方无权向买方索要，除非双方有其他约定。

（4）按 CPT 条件成交，买方承担装船后的风险。为避免双方脱节，卖方在交货后必须向买方发出装船通知，以便买方办理保险。这一点与后面的 CFR 情况相同。

（5）CPT 条件下卖方需要办理货物出口清关手续，但卖方没有义务办理货物进口清关手续、支付进口关税以及办理进口所需的任何海关手续。

例题 4-2

我国某出口公司按 CPT 条件向国外 A 公司出口 2 000 吨小麦。我方按约定的时间和地点将 4 000 吨散装小麦装到火车上，其中 2 000 吨属于卖给 A 公司的小麦。货物运出后，承载的火车遇险，使该批货物损失了 2 000 吨，剩余 2 000 吨安全抵达目的地。货物运抵目的地后，我方称卖给 A 公司的 2 000 吨小麦已经全部灭失，按照 CPT 合同，货物风险于货交承运人时转移，卖方不承担任何责任。问：我方辩称是否有理？

分析：根据 Incoterms® 2020 的规定，货物灭失或损坏的风险，自货物已交付承运人处置之日起，从卖方转由买方负担。据此规定，卖方交货后不承担货损的风险。但本案中，小麦是散装的，卖给 A 公司的小麦与另外 2 000 吨混装在一起，货物没有特定化。按照 Incoterms® 2020 的规定，货物必须是特定化的货物或指定的货物时，货物风险方可按照合同的性质正常转移。本案中卖给 A 公司的小麦在交货时并没有特定化，因此风险没有在货交承运人时转移，卖方仍承担向买方交货的义务。

（四）CIP

该术语可适用于各种运输方式，也可以用于使用两种以上的运输方式时。

"运费和保险费付至"是指卖方自付费用，订立将货物运至指定目的地的运输合同和保险合同，在约定的时间和地点内将货物交给承运人即完成交货。货物灭失和损坏的风险在货交承运人时转移。

使用时需要注意以下问题。

（1）在 CPT、CIP、CFR 和 CIF 这些术语下，当卖方将货物交付承运人时即完成交货义务，而不是货物到达目的地完成交货。

（2）卖方须订立保险合同以防货物在运输途中灭失或损坏。根据 Incoterms® 2020，对于 CIP 规则，卖方必须取得符合《协会货物保险条款》条款（A）承保范围的保险，即"一切风险减除外责任"，但当事人可以协商选择更低级别的承保范围。

（3）买卖双方当事人应在买卖合同中尽可能明确风险转移至买方的交货地点，因为风险在货交承运人时发生转移。如果当事方希望风险转移推迟至稍后的地点发生(例如某海港或机场),那就需要在买卖合同中明确约定这一点。

(4) 由于将货物运至指定目的地的费用由卖方承担,因而当事人应尽可能准确地确定目的地中的具体地点,且卖方须在运输合同中载明这一具体的交货地点。卖方基于其运输合同,在指定目的地卸货时,如果产生了相关费用,卖方无权向买方索要,除非双方有其他约定。

(5) CIP 术语要求卖方在必要时办理货物出口清关手续。但是,卖方不承担办理货物进口清关手续,不支付任何进口关税,不履行任何进口报关手续的义务。

(五) DAP

该术语可适用于各种运输方式,也可适用于使用两种以上的运输方式时。"目的地交货"是指卖方在指定的交货地点,将仍处于交货的运输工具上尚未卸下的货物交给买方处置即完成交货。卖方须承担货物运至指定目的地的一切风险。需要注意以下问题。

(1) 尽管卖方承担货物到达目的地前的风险,合同中仍建议双方尽量明确合意交货目的地。如果卖方按照运输合同承受了货物在目的地的卸货费用,那么除非双方达成一致,卖方无权向买方追讨该笔费用。

(2) DAP 条件下,卖方须办理货物的出口清关手续,但卖方没有义务办理货物的进口清关手续,支付任何进口税或者办理任何进口海关手续。如果当事人希望卖方办理货物的进口清关手续,支付任何进口税和办理任何进口海关手续,则应适用 DDP 规则。

例题 4-3

我国 A 公司出口一批货物,DAP 术语成交,不可撤销信用证付款,2 月 20 日交货。1 月下旬,A 公司的货物装船驶向目的港。此时买方要求货装船后卖方将全套提单空邮卖方,以便买方及时凭以办理进口通关手续,我方即以照办。由于海上风浪过大,船舶迟到几天才到达目的港,遭到买方降价要挟,经过争取对方才未予以追究。货物到达目的港后,对卸货费用由谁负担的问题双方发生了争议。最后,由我方负担卸货费用,导致我方蒙上了不小的损失。

分析:此案中,尽管采用了 DAP,卖方不用承担卸货费用,但合同中最好明确规定卸货费用由谁承担。虽然按照《国际贸易术语解释通则 2020》的规定,应该由买方承担卸货费用,但最终却由我方承担,主要是由于该进口国的习惯做法是由出口方承担卸货费用。所以,买卖双方在签订国际货物买卖合同时,最好在合同中明确规定货物到达目的地或目的港后的卸货费用由谁承担,这样会避免买卖双方产生争议和纠纷。

(六) DPU

该术语可以适用于任何一种运输方式,也可以适用于采用多种运输方式的情况。"目的地交货并卸货"是指卖方在指定目的地或目的港集散站卸货后将货物交给买方处置即完成交货,卖方承担将货物运至买方指定目的地或目的港集散站的一切风险和费用。使用时需要注意以下问题。

(1) 卖方需要将符合合同规定的货物在合同规定的期限内运到指定终点站并卸货后交给买方或其代理人处置。

(2) 在货物交给买方或其代理人处置之前,所有出口清关、运输与保险、目的港或目的地卸货手续均由卖方办理,由此产生的费用及风险也由卖方承担。

(3) 买方或其代理人在终点站受领卖方交付的货物后,需要自行办理进口清关、转运等手续,并承担由此产生的相关费用及风险。

（七）DDP

该术语可以适用于任何一种运输方式,也可以适用于采用多种运输方式的情况。"完税后交货"是指卖方在指定目的地将仍处于抵达的运输工具上,但已完成进口清关且可供卸载的货物交由买方时完成交货。卖方承担将货物运至目的地的一切风险和费用。使用时需要注意以下问题。

（1）DDP 术语下卖方承担最大责任。

（2）因为到达指定地点过程中的费用和风险都由卖方承担,建议当事人尽可能明确地指定目的地。

（3）如果卖方不能直接或间接地取得进口许可,不建议当事人使用 DDP 术语。如果当事方希望买方承担进口的所有风险和费用,应使用 DAP 术语。

（4）任何增值税或其他进口时需要支付的税项由卖方承担,合同另有约定的除外。

（八）FOB

该术语只适用于海运或内河运输。"船上交货"是指卖方在指定的装运港,将货物交到买方指定的船上,或通过取得已交付至船上货物的方式交货。一旦装船,买方将承担货物灭失或损坏造成的所有风险。使用时需要注意以下问题。

（1）卖方被要求将货物交至船只上或者取得已经这样交付装运的货物。这里所谓的"取得"一词适用于商品贸易中发生了连环贸易的情况,这一点与后面的 FAS、CFR、CIF 情况相同。

（2）FOB 不适用于货物在装船前移交给承运人的情形。例如,货物通过集装箱运输,并通常在目的地交付。在这些情形下,适用 FCA 术语。

（3）以 FOB 成交的合同,买方负责订立运输合同。为保证船货衔接,买方负有将承运人名称、交货时间、运输方式、具体交货点等及时通知卖方的义务,这一点同 FAS。

（4）FOB 条件下,卖方负责办理货物出口清关手续,但卖方无义务办理货物进口清关手续、缴纳进口关税或办理任何进口报关手续。

例题 4-4

有一份 FOB 合同,买方已向保险公司投保"仓至仓条款"的一切险,货物从卖方仓库运往装运码头途中,发生承包范围内的损失。卖方事后要求保险公司赔偿,但遭拒绝,后来卖方又请买方凭保单向保险公司索赔,同样遭到拒绝。请分析保险公司为什么会拒赔?

分析:

（1）FOB 合同下的"仓至仓条款",保险公司实际承担"船至仓"责任。卖方为保证从卖方仓库至码头期间的保险利益,必须向保险公司另行投买保险。

（2）本案中保险公司拒赔卖方,是因为损失发生时他虽拥有保险利益,但他不是保险单的被保险人或合法的受让人,本无权向保险公司索赔。保险公司拒绝买方索赔,是因为损失发生时,他对货物不具有保险利益,虽然他是保险单的被保险人和合法持有人,但保险公司有权拒绝其索赔。

（3）保险公司只对其承保责任范围内的损失,向拥有保险利益的被保险人和保险单的合法持有人赔偿损失,否则有权拒赔。

（九）FAS 术语

该术语仅适用于海运和内河运输。"船边交货"是指卖方在指定装运港将货物交到买方指定的船边（例如码头上或驳船上），即完成交货。货物灭失或损坏的风险在装运港船边转移。使用时需要注意以下问题。

（1）当事方应当尽可能明确在指定装运港的装货地点，因为到这一地点的费用与风险由卖方承担。

（2）卖方在船边交付货物或者获得已经交付装运的货物即完成交货义务。

（3）当货物通过集装箱运输时，卖方通常在终点站将货物交给承运人，而不是在船边。在这种情况下，应当适用 FCA 贸易术语。

（4）以 FOB 成交的合同，买方负责订立运输合同。为保证船货衔接，买方负有将承运人名称、交货时间、运输方式、具体交货点等及时通知卖方的义务。

（5）FAS 术语要求卖方在需要时办理货物出口清关手续，但卖方没有任何义务办理货物进口清关、支付任何进口税或者办理任何进口海关手续。

（十）CFR

该术语只适用于海路及内陆水运。"成本加运费付至"是指卖方以在装运港船上交货或通过取得已交付至船上货物的方式交货。货物损毁或灭失的风险在装运港船上转移。卖方必须签订将货物运至指定目的港的运输合同，并支付必要的运费。使用时需要注意以下问题。

（1）当使用 CPT、CIP、CFR 或 CIF 术语时，卖方在将货物交至已选定运输方式的承运方时，其义务即已履行，而非货物抵达目的地时才履行。

（2）如果装运港关乎买方的特殊利益，建议双方就此在合同中尽可能对装运港加以确认。合同中亦应明确指定目的港，因为卖方承担运至目的港的成本加运费。

（3）按 CFR 条件成交，买方承担装船后的风险，为避免双方脱节，卖方在交货后必须及时向买方发出装船通知，以便买方办理保险。

（4）CFR 术语不适用于货物在到达船舶之上前即已交给承运人的情形，例如通常在终点站（即抵达港、卸货点）交付的集装箱货物。在这种情况下，宜使用 CPT 贸易术语。

（5）CFR 术语要求卖方办理出口清关手续，但卖方无义务为货物办理进口清关、支付进口关税或者完成任何进口地海关的报关手续。

例题 4-5

英某公司按 CFR 术语与我国 A 客户签约成交，合同规定保险由买方自理。英方于 9 月 1 日凌晨 2 点装船完毕，受载货轮于当日下午起航。因 9 月 1、2 日是周末，英方未及时向我方发出装船通知。3 日上班英方收到我方急电称：货轮于 2 日下午 4 时遇难沉没，货物灭失，要求英方赔偿全部损失。试分析此案例。

分析：CFR 术语下，卖方有义务在装船后 24 小时内及时向买方发出已装船通知以供对方办理保险，否则因卖方没有及时向买方发装运通知而耽误办理保险所造成的损失均由卖方承担。

（十一）CIF

该术语仅适用于海运和内河运输。"成本、保险费加运费付至"是指卖方以在装运港船上交货或通过取得已交付至船上货物的方式交货。货物损毁或灭失的风险在装运港船上转移。卖方必须签订将货物运至指定目的港的运输合同和保险合同，并支付所需的运费和保险费。使用时需要注意以下问题。

（1）卖方须订立保险合同以防货物在运输途中灭失或损坏。根据 Incoterms® 2020，对于 CIF 规则，卖方有自付费用取得货物保险的责任。该保险默认符合《协会货物保险条款》条款（C）或类似条款的最低险别，但当事人可以协商选择更高级别的承保范围。

（2）如果装运港关乎买方的特殊利益，建议双方就此在合同中尽可能对装运港加以确认。合同中亦应明确指定目的港，因为卖方承担运至目的港的成本加运费。

（3）CIF 术语并不适用于货物在装上船以前就转交给承运人的情况，例如通常运到终点站交货的集装箱货物。在这样的情况下，应当适用 CIP 术语。

（4）CIF 术语要求卖方办理货物出口清关手续。但卖方不承担办理货物进口清关手续、支付任何进口关税或者履行任何进口报关手续的义务。

（5）CIF 是一种典型的象征性交货术语。象征性交货是指卖方只要按合同规定的时间和地点将货物装上运输工具或交付承运人后，并向买方提供包括物权凭证在内的有关单证，就算完成了交货义务，而无须保证到货。也就是说，只要卖方提交了符合合同规定的单据，即使货物在运输途中灭失或损坏，买方也必须付款。CIP、CFR、CPT 也具有此类性质。

例题 4-6

某出口公司按 CIF 伦敦向英商出售一批核桃仁，由于该商品季节性较强，双方在合同中规定，买方须于 9 月底前将信用证开到，卖方保证货运船只不迟于 12 月 2 日驶抵目的港。如货轮迟于 12 月 2 日抵达目的港，买方有权取消合同，如货款已收，卖方必须将货款退还买方。试分析合同中有关条款存在的问题。

分析：

（1）CIF 中规定，货物装到船上后，货物的风险和损失由买方承担，只要卖方在规定的时间内装船，就完成了他的义务。而卖方保证货运船只不迟于 12 月 2 日驶抵目的港，这点与 CIF 矛盾。

（2）如货轮迟于 12 月 2 日抵达目的港，买方有权取消合同，如货款已收，卖方必须将货款退还买方，此点亦不符合 CIF 的规定，因为 CIF 中装到船上后的风险应由买方承担，所以即使迟于 12 月 2 日到达，买方也无权取消合同或要求卖方退款。

第二节 出口价格成本核算

一、出口价格

了解价格的构成，掌握各部分的含义，对于正确核算出口价格是十分重要的。价格一般由成本、费用和利润三部分组成。出口价格主要包括以下内容。

（一）实际采购成本

出口商从国内市场采购时的成本为含税成本，即包含增值税的采购成本。在实施出口退税制度的情况下，应将含税的采购成本中的税收部分根据出口退税比率予以扣除，从而得出实际采购成本。

实际采购成本＝含税成本－出口退税额

出口退税额＝（含税成本×出口退税率）/（1＋增值税率）

例题 4-7

某公司出口印花床垫，每件进货成本 200 元，含 17% 的增值税，退税率为 15%，试计算每件床垫的出口退税额和实际采购成本。

解： 出口退税额＝（200×15%）/（1＋17%）＝25.64（元/件）

实际采购成本＝200－25.64＝174.36（元/件）

 知识拓展

增 值 税

增值税（Value-added Tax）是对销售货物或者提供加工、修理修配劳务以及进口货物的单位和个人就其实现的增值额征收的一个税种。增值税已经成为我国最主要的税种之一，增值税的收入占我国全部税收的 60% 以上，是最大的税种。增值税由国家税务局负责征收，税收收入中 75% 为中央财政收入，25% 为地方收入。进口环节的增值税由海关负责征收，税收收入全部为中央财政收入。

增值税是以商品（含应税劳务）在流转过程中产生的增值额作为计税依据而征收的一种流转税。从计税原理上说，增值税是对商品生产、流通、劳务服务中多个环节的新增价值或商品的附加值征收的一种流转税。实行价外税，也就是由消费者负担，有增值才征税，没增值不征税。增值税有以下特点。

（1）实行价外税。

（2）划分纳税人：一般纳税人和小规模纳税人两种。

（3）简化税率：一般纳税人为 13%、9%、6%；小规模纳税人为 3%；出口货物适用零税率。

资料来源：百度百科. 增值税[EB/OL]. http://baike.baidu.com/view/9510.htm，[2021-05-12].

出 口 退 税

出口产品退（免）税，简称出口退税，其基本含义是指对出口产品退还其在国内生产和流通环节实际缴纳的产品税、增值税、营业税和特别消费税。出口产品退税制度是一个国家税收的重要组成部分。

出口退税主要是通过退还出口产品的国内已纳税款来平衡国内产品的税收负担，使本国产品以不含税成本进入国际市场，与国外产品在同等条件下进行竞争，从而增强竞争能力，扩大出口创汇。

1985 年 3 月，国务院正式颁发了《关于批转财政部〈关于对进出口产品征、退产品税或增值税的规定〉的通知》，规定从 1985 年 4 月 1 日起实行对出口产品退税政策。1994 年 1 月 1 日起，随着国家税制的改革，我国改革了已有退还产品税、增值税、消费税的出口退税管理办法，建立了以新的增值税、消费税制度为基础的出口货物退（免）税制度。

资料来源：360 百科. 退税[EB/OL]. https://baike.so.com/doc/1122777-1187862.html，[2021-05-12].

（二）国内总费用

国内总费用是指货物出口时所发生的除货物购进价（或生产成本）和国外费用（国际货物

运费及其保险费等)之外的所有费用。国内总费用在报价时大部分没有发生,所以该费用的核算实际上是一种估算。

估算方法主要有以下两种。

(1) 经验估算法,即根据经验,利用类似产品的成本对现在产品所需费用进行估算。

(2) 定额费用率法,即按照成交额或采购成本5%~10%的定额费用率进行估算。定额费用一般包括银行利息、工资支出、邮电通信费用、交通费用、仓储费用、码头费用以及其他一些管理费用。

(三) 预期利润

利润是交易的最终目的,是价格的重要组成部分,也是商人最为关心的要素。预期利润为出口商的收益,一般根据市场需求、行业、企业的价格策略等确定。实践中,出口商通常根据经验,以成交额或购货成本的10%~30%作为自己的预期利润率。

(四) 出口运费与保险费

出口运费是指货物出口时出口商支付的海运、陆运、空运及多式联运的费用。

保险费是指出口商向保险公司购买保险或信用保险所支付的费用。

$$出口运费＝基础运费＋附加运费$$
$$保险费＝保险金额×保险费率$$
$$保险金额＝CIF(CIP)价×(1＋投保加成率)$$
$$CIF＝CFR(CPT)价/[1－(1＋投保加成率)×保险费率]$$

(五) 佣金与折扣

1. 佣金

(1) 佣金的含义

佣金(Commission)是卖方或买方付给中间商作为其代买代卖的酬金,通常在1%~5%。凡在合同价格条款中明确规定佣金的百分比,叫作"明佣"。如不标明佣金的百分比,甚至连"佣金"字样也不标示出来,有关佣金的问题由双方当事人另行约定,这种暗中约定佣金的做法,叫作"暗佣"。

(2) 佣金的规定方法

含有佣金的价格即为含佣价,不含佣金的价格即为净价。含佣价的表示方法如"每吨500美元 CIF 纽约包括2%佣金"(USD 500 per M/T CIF C2 N.Y)。

(3) 佣金的计算

多数情况下,以何种价格术语成交,就以何种价格为基础计算佣金。

$$佣金＝含佣价×佣金率$$
$$净价＝含佣价－佣金＝含佣价×(1－佣金率)$$
$$含佣价＝净价/(1－佣金率)$$

例题 4-8

我国一出口公司对外报含佣价 CFRC3% 每吨 1 000 美元,试计算每吨要付的佣金是多少? CFR 净价是多少? 若外商要求改报 CFRC5%,应报多少?

解：
$$佣金＝1\ 000\ 美元×3\%＝30（美元）$$
$$CFR\ 净价＝含佣价－佣金＝1\ 000\ 美元－30\ 美元＝970（美元）$$
$$CFRC5\%＝CFR\ 净价/（1－佣金率）$$
$$＝970/（1－5\%）$$
$$＝1\ 021（美元）$$

（4）佣金的支付

佣金往往是在出口商收到全部货款后，再另行支付给中间商，但也有在发票货款中直接扣除的。为防止误解，应由出口商与中间商在双方建立业务关系之初就加以明确；否则，有的中间商可能于交易达成后，就要求出口商支付佣金，而日后合同能否得到顺利履行，货款能否顺利收到，并无绝对保证。

2. 折扣

（1）折扣的含义

折扣（Discount）是卖方按照原价给予买方一定百分比的减让。

（2）折扣的规定方法

折扣的表示方法如"每吨 300 美元 FOB 上海减 2％折扣"（USD 300 per M/T FOB Shanghai less 2 discount）。

（3）折扣的计算与支付方法

折扣额等于含折扣价乘以折扣率。折扣一般在买方支付货款时预先扣除。

例题 4-9

我国某企业出口商品，每吨 CIF 伦敦 3 000 美元，折扣 2％，试计算卖方的实际净收入。

解：
$$单位货物折扣额＝原价（或含折扣价）×折扣率$$
$$＝3\ 000×2\%$$
$$＝60（美元）$$
$$卖方实际净收入＝原价－单位货物折扣额$$
$$＝3\ 000－60$$
$$＝2\ 940（美元）$$

(六) 出口报价之间的换算

$$FOB\ 价＝实际购货成本＋国内费用＋预期利润＋佣金$$
$$CFR\ 价＝实际购货成本＋国内费用＋预期利润＋佣金＋出口运费$$
$$CIF\ 价＝实际购货成本＋国内费用＋预期利润＋佣金＋出口运费＋保险费$$

例题 4-10

某公司出口货物一批，原报价为每吨 2 000 美元 CIFC3％科威特，客户要求改报 CFRC5％科威特价。原报价的保险险别为水渍险和附加险中的钩损险，其费率分别为 0.8％和 0.4％，按 CIF 价加一成投保。请计算 CFRC5％科威特价。

解：
$$CIF\ 净价＝CIFC×（1－佣金率）＝2\ 000×（1－3\%）＝1\ 940（美元）$$
$$保险费＝CIF×投保加成×保险费率$$

$$=1\,940\times(1+10\%)(0.8\%+0.4\%)$$
$$=25.61(美元)$$
$$CFR=CIF-保险费=1\,940-25.61=1\,914.39(美元)$$
$$CFRC5\%=CFR/(1-5\%)=1\,914.39/0.95=2\,015.15(美元)$$

二、出口价格条款的制定

（一）价格条款的主要内容

价格是国际贸易买卖双方的中心议题，是国际货物买卖的主要条件。价格条款包括价格的计量单位、计价货币的名称、贸易术语、定价方法、单位金额和总金额。其中单价部分包括计价货币、单位价格金额、计量单位和贸易术语。

合同中的价格条款表述如"每吨 200 美元 CIFC3% New York Incoterms® 2020，总值20 000 美元。收到全部货款后支付佣金。"（USD 200 per M/T CIFC3% New York Incoterms® 2020，total amount USD 20 000. The commission shall be payable only after receiving the full amount of all payment.）

（二）拟定价格条款应注意的问题

1. 灵活运用不同的作价方法

国际贸易中要灵活选择作价方法，避免价格变动引起的风险。常用的作价方法有以下几种。

（1）固定作价

按照各国法律的规定，合同价格一经确定，就必须严格执行。除非合同另有约定，或经双方当事人一致同意，任何一方都不得擅自更改。

（2）非固定作价

非固定价格，即一般业务上所说的"活价"，大体上可分为具体价格待定、暂定价格、部分固定价格和部分非固定价格这几种。

（3）价格调整条款（滑动价格）

在国际货物买卖中，有的合同除规定具体价格外，还规定各种不同的价格调整条款。例如，"如卖方对其他客户的成交价高于或低于合同价格 5%，对本合同未执行的数量，双方协商调整价格。"这种做法的目的是把价格变动的风险规定在一定范围之内，以提高客户经营的信心。

2. 合理选择计价货币

交易中，争取选择有利的计价货币，必要时可加订保值条款。选择计价货币时，可以遵循以下几个原则。

（1）出口采用硬币计价较有利，进口采用软币计价有利。

（2）若采用不利货币，可根据该货币今后的变动幅度，相应调整报价。

（3）若采用不利货币，也可争取订立货币保值条款，以避免计价货币汇率变动的风险。

3. 规范制定价格条款

价格条款中单价的计量单位和计价货币必须正确规范；贸易术语要表明 Incoterms® 2020，写明地点或港口，尽可能对地点和港口做出详细说明；如果交货品质和交货数量有机动幅度,或包装费用另行计价时,应一并订立机动部分作价和包装费计价的具体办法。

例题 4-11

我国青岛某出口公司收到美商求购 2 000 件皮质高尔夫球包(一个 40 英尺集装箱装)的询盘,经了解获得以下信息。

(1) 含税成本:每件高尔夫球包的进货成本人民币 230 元(含增值税 17%);出口退税率为 13%。

(2) 国内费用:出口包装费每件 2 元,出口报检费 250 元,出口报关费 150 元,国内运杂费共计 9 000 元,其他各种费用共计 1 200 元。

(3) 预期利润:成交额的 10%。

(4) 保险费:客户要求按成交价的 110%投保,保险费率为 0.85%。

(5) 佣金:成交额的 4%。

(6) 海运运费:青岛运往洛杉矶港口一个 40 英尺集装箱的包箱费率是 1 375 美元。

(7) 人民币对美元的汇率为 6.43∶1。

根据以上资料,试报每件高尔夫球包的 FOB、CFR、CIF 的含佣价。

解:价格要素核算如下。

① 实际采购成本=230-(230×13%)/(1+17%)=204.44(元/件)

② 国内费用=2×2 000+250+150+9 000+1 200)/2 000=7.3(元/件)

③ 预期利润=报价×10%

④ 保险费=报价×110%×0.85%

⑤ 佣金=报价×4%

⑥ 海运运费=1 375×6.43/2 000=4.42(元/件)

三种价格术语含佣价核算如下。

① FOBC4=204.44+7.3+FOBC4×10%+FOBC4×4%=246.21(元/件)

折合成美元:246.21/6.43=38.29(美元/件)

② CFRC4=246.21+4.42=250.63(元/件)

折合成美元:250.63/6.43=38.98(美元/件)

③ CIFC4=250.63+CIFC4×110%×0.85%=253(元/件)

折合成美元:253/6.43=39.35(美元/件)

三、出口盈亏核算

(一)出口商品盈亏率

出口商品盈亏率是指出口商品盈亏额与出口总成本的比率,用百分比表示。其中,出口盈亏额是指出口销售人民币净收入与出口总成本的差额,前者大于后者为盈利,反之为亏损;出口总成本是指实际采购成本加上出口前的一切费用,用人民币表示。

出口总成本=实际采购成本+国内费用

出口销售外汇净收入=FOB 价=CIF 价-海运费-保险费

出口盈亏额=出口销售人民币净收入-出口总成本

出口商品盈亏率=(出口盈亏额/出口总成本)×100%

例题 4-12

某公司以每吨 1 200 美元 CIF 价格出口商品,已知该笔业务每吨需要支付国际运输费用 100 美元,保险费率为 0.1%,国内商品采购价格为 5 000 元人民币,其他商品管理费为 500 元, 试计算该笔业务的出口盈亏率(按 USD 100=RMB 643 元汇率计算)。

解:　　　　出口总成本=5 000+500=5 500(元)

出口外汇净收入=CIF-F-I

$$=CIF-F-CIF\times110\%\times0.1\%$$
$$=1\ 200-100-1\ 200\times1.1\times0.001$$
$$=1\ 100-1.32$$
$$=1\ 098.68(美元)$$

出口人民币净收入=1 098.68×6.43=7 064.51(元)

出口盈亏率=(7 064.51-5 500)÷5 500=28.45%

(二) 出口商品换汇成本

出口商品换汇成本是以某种商品的出口总成本与出口所得的外汇净收入之比,得出用多少人民币换回一美元。出口商品换汇成本如高于银行的外汇牌价,则出口为亏损;反之,则说明出口盈利。

出口商品换汇成本=出口总成本(人民币)÷出口销售外汇净收入(美元)

例题 4-13

我某公司出口商品 1 000 箱,每箱收购价 100 元人民币,国内费用为收购价的 15%,出口后每箱退税 7 元人民币,外销价每箱 19.00 美元 CFR 曼谷,每箱货应付海运运费 1.20 美元,试计算该商品的换汇成本。

解:　　出口总成本=1 000×100×(1+15%)-1 000×7=108 000(元人民币)

出口销售外汇净收入=1 000×(19.00-1.20)=17 800(美元)

换汇成本=出口总成本(元人民币)÷出口销售外汇净收入(美元)

$$=108\ 000÷17\ 800$$
$$=6.067(元人民币/美元)$$

第三节　进口价格成本核算

一、进口价格成本构成

进口货物成本是由进口合同价格加上进口费用构成的。进口合同价格也就是合同写明的商品价格。进口费用是指买方进口过程中产生的一系列与购货有关的费用,主要包括国外运输费用、海运保险费用、报关费、报检费、码头费、国内运费、银行费用、海关税金等。进口货物成本的计算公式如下:

FOB进口货物成本=FOB进口合同价+运费+保险费+进口国内费用+进口税费

CFR 进口货物成本＝CFR 进口合同价＋保险费＋进口国内总费用＋进口税费

CIF 进口货物成本＝CIF 进口合同价＋进口国内总费用＋进口税费

二、进口价格成本核算

进口价格成本核算与出口价格成本核算大体相似,不同的是进口货物成本核算需要考虑交纳的进口关税和海关代征的商品流转税,如增值税、消费税等。

(一) 货物进口关税

进口关税是一个国家的海关对进口货物和物品征收的关税。国际贸易中通常所称的关税主要指进口关税。征收进口关税会增加进口货物的成本。海关在征收关税时,除了要对进出口货物进行税则归类,确定关税税率外,还要正确审定进口货物的计税价格。计税价格即海关完税价格,是海关计征关税的依据。

1. 进口货物完税价格

按照《中华人民共和国海关法》第五十五条的规定,进出口货物的完税价格,由海关以该货物的成交价格为基础审查确定。成交价格不能确定时,完税价格由海关依法估定。

进口货物的完税价格包括以下几项：货物的货价、货物运抵中华人民共和国境内输入地点起卸前的运输及其相关费用、保险费。

2. 进口货物应纳关税

进口货物的关税完税价格是进口关税的计税依据。进口货物完税价格确定后,对进出口货物进行税则归类,确定关税税率,用完税价格乘以关税税率就可以计算出关税了。其公式如下。

应纳关税额＝应纳税进口货物数量×完税价格×适用关税税率

例题 4-14

我国某进出口公司 2020 年 5 月从国外进口了一批货物,该批货物的价格为 5 000 美元,进口海运费 50 00 元人民币,保险费 600 元人民币。当日的中国人民银行外汇牌价为 1∶6.43,关税税率为 25％。问：该公司应缴纳的进口货物关税是多少?

解： 应纳税额＝(5 000×6.43＋5 600)×25％＝9 437.5(元)

(二) 进口应纳消费税

消费税是以消费品或消费行为的流转额作为课税对象而征收的一种流转税。从国外进口应税消费品,海关要征收消费税。消费税有从价定率、从量定额和从价从量复合计税征收三种征收方法。

1. 从价定率

我国消费税采用价内税,即计税价格组成中包括消费税税额。因此,以从价定率方式征收消费税要以组成计税价格为依据。

单位货物应纳消费税税额＝组成计税价格×消费税税率

组成计税价格＝关税完税价格＋关税＋消费税

＝[关税完税价格×(1＋关税税率)]÷(1－消费税比例税率)

2. 从量定额

实行从量定额征收应税消费税时,以海关核定的应税消费进口数量和适用的定额税率为计税依据,计算公式如下。

$$应纳消费税额＝应纳税进口数量×适用定额税率$$

3. 从价从量复合计税

从价从量复合计税,即从价定率和从量定额相结合的复合计税办法。

$$组成计税价格＝（关税完税价格＋关税＋进口数量×消费税定额税率）$$
$$÷（1－消费税比例税率）$$
$$应纳消费税额＝组成计税价格×消费税税率＋应税消费品进口数量$$
$$×消费税定额税额$$

（三）进口应纳增值税

增值税属于价外税,其征收金额由组成应纳增值税价格与适用的增值税税率计算所得。

$$应纳增值税额＝组成计税价格×适用税率×应税进口数$$
$$组成计税价格＝关税完税价格＋关税＋消费$$

例题 4-15

我国 A 公司进口雪茄烟 100 箱,每箱价格为人民币 1 500 元 FOB 伦敦,设每箱运费为人民币 100 元,保险费率为 1％,要求计算该批货物应纳关税税额、消费税额、增值税率。

解：查得海关税则,雪茄烟进口关税为 65％,消费税率 40％,增值税率 17％。

进口关税完税价格＝（FOB 价 ＋ 运费）÷（1 － 保险费率）
$$＝（1 500＋100）÷（1－1％）＝1 616.161 6（元）$$
应纳关税额＝应纳进口货物数量×单位完税价格×适用税率
$$＝100×1 616.161 6×65％＝105 050.51（元）$$
组成消费税计税价格＝［关税完税价格×（1＋适用关税税率）］÷（1－适用消费税税率）
$$＝［1 616.161 6×（1＋65％）］÷（1－40％）$$
$$＝4 444.444 4（元）$$
应纳消费税额＝组成消费税计税价格×适用消费税率×应纳进口数量
$$＝4 444.444 4×40％×100$$
$$＝177 777.78（元）$$
组成增值税计税价格＝关税完税价格＋关税＋消费税
$$＝［关税完税价格×（1＋适用关税税率）］÷（1－适用消费税率）$$
$$＝［1 616.161 6×（1＋65％）］÷（1－40％）$$
$$＝4 444.444 4（元）$$
应纳增值税额＝组成增值税计税价格×适用税率×应纳税进口数量
$$＝4 444.444 4×17％×100$$
$$＝75 555.56（元）$$

（四）进口总成本

将进口成本和各项费用相加,可得出进口总成本,即

进口总成本＝FOB 合同价＋运费＋保险费＋进口货物国内总费用＋关税＋消费税
　　　　　＋增值税
　　　　＝CFR 合同价＋保险费＋进口货物国内总费用＋关税＋消费税＋增值税
　　　　＝CIF 合同价＋进口货物国内总费用＋关税＋消费税＋增值税

例题 4-16

若在上例中，国内总费用采用定额费率的方法确定为是合同价格的 3%，请计算进口总成本。

解：CIF 价＝FOB 合同价＋运费＋保险费＝（FOB 合同价＋运费）÷（1－保险费率）

　　CIF 价＝（1 500＋100）÷（1－1%）×100＝161 616.16（元）

　　进口货物国内总费用＝1 500×100×3%＝4 500（元）

　　进口货物总成本＝161 616.16＋4 500＋105 050.51＋177 777.78＋75 555.56

　　　　　　　　　＝524 500.01（元）

基础训练

一、单项选择题

1. 根据《国际贸易术语解释通则 2020》的解释，采用 FCA 术语时，买卖双方风险划分的界限是（　　）。

　　A. 货交买方处置　　　　　　　　B. 出口国交货地点

　　C. 货交承运人　　　　　　　　　D. 将货物装上承运人运输工具

2. 据《国际贸易术语解释通则 2020》的解释，FOB 与 FAS 的主要区别在于（　　）。

　　A. 风险划分的界限不同　　　　　B. 租船订舱的责任方不同

　　C. 办理出口手续的责任方不同　　D. 办理进口手续的责任方不同

3. 按照《国际贸易术语解释通则 2020》的解释，采用 FOB 条件成交，买卖双方风险划分的界限是（　　）。

　　A. 目的港码头　　　B. 装运港船边　　　C. 装运港船舷　　　D. 装运港船上

4. 按 FOB Shanghai 成交的进口合同中，卖方完成交货任务的地点最有可能是在（　　）。

　　A. 上海　　　　　B. 东京　　　　　C. 纽约　　　　　D. 伦敦

5. 下列贸易术语中由买方办理出口清关手续并承担相应费用的贸易术语是（　　）。

　　A. FCA　　　　　B. FAS　　　　　C. EXW　　　　　D. FOB

6. 由卖方负责办理进口清关手续并承担费用的贸易术语是（　　）。

　　A. DPU　　　　　B. DDP　　　　　C. DAP　　　　　D. CIP

7. CIF 条件下，卖方如期向买方提交合同规定的全套单据，然而由于货物在运输途中遭遇暴风雨而发生损失，则该损失应由（　　）负责。

　　A. 卖方　　　　　B. 买方　　　　　C. 船公司　　　　D. 买卖双方

8. CPT 与 CFR 的主要区别在于（　　）。

　　A. 费用划分点不同　　　　　　　B. 风险划分界限不同

　　C. 承保险别不同　　　　　　　　D. 运输方式不同

9. 在其他条件不变的情况下，进口商应该选择（　　）计价。

　　A. 有上浮趋势的货币　　　　　　B. 有下跌趋势的货币

　　C. 币值大幅度上下波动的货币　　D. 币值稳定的货币

10.《1932年华沙—牛津规则》是由国际法协会制定的,是专门解释(　　)术语的国际贸易惯例。

  A. FOB   B. CIF   C. CFR   D. FCA

11. 下列出口商品的单价中,表达正确的是(　　)。

  A. 250美元/桶   B. 250美元/桶 CIF 伦敦

  C. 250美元/桶 CIF 广州   D. 250美元

12. 下列公式中,含佣价的计算公式是(　　)。

  A. 单价×佣金率   B. 含佣价×佣金率

  C. 净价×佣金率   D. 净价÷(1−佣金率)

13. 出口外汇净收入是(　　)。

  A. FOB 成交价   B. CIF 成交价   C. CFR 成交价   D. EXW 成交价

14. 一笔业务中,若出口销售人民币净收入与出口总成本的差额为正数,说明该笔业务为(　　)。

  A. 盈   B. 亏

  C. 平   D. 可能盈,可能亏

15. 在出口核算价格时,一般由进货成本加上国内费用和净利润的价格是(　　)。

  A. CPT 价   B. FOB 价   C. CFR 价   D. CIF 价

二、多项选择题

1. 按照《国际贸易术语解释通则2020》的解释,CFR、CIF、CIP、CPT 组术语的共同特点是(　　)。

  A. 均为风险转移在前,费用、责任转移在后

  B. 均由卖方订立运输契约并承担运费

  C. 均由买方承担货物运输途中的风险

  D. 成交的合同性质均为装运合同

2. 进出口合同中的非固定价格包括(　　)。

  A. 随行就市   B. 暂定价格

  C. 具体价格待定   D. 部分固定、部分非固定

3. 下列单价条款对佣金描述正确的有(　　)。

  A. 每件300美元 CIF 青岛,包括2%的佣金

  B. 每件300美元 CIF 青岛,每吨付佣金3美元

  C. 每件300美元 CIFC2%青岛

  D. 每件300美元 CIF 青岛,包括佣金

4. 在出口国交货的贸易术语有(　　)。

  A. FOB   B. CFR   C. CIF   D. DDP

  E. DPU

5. 如果买方/卖方不能直接或间接办理货物的出口/进口手续,就不应该采用(　　)术语成交。

  A. CIF   B. EXW   C. FAS   D. DDP

  E. DAP

6. CIF 是一种象征性交货的术语,其特征表现在(　　)。

  A. 卖方在函电中以明确的态度表示交货

B. 卖方提供全套合格的单据履行交货义务

C. 卖方只需提供少量的样品即表示交货完成

D. 只要卖方提供了合格的单据买方就应付款

E. 卖方只要按时装运货物,并不保证货物实际到达对方手中

7. 卖方必须负担将货物运往指定的进口国交货地点的一切风险、责任和主要费用的贸易术语有(　　)。

A. CIP　　　　　B. DPU　　　　　C. DAP　　　　　D. EXW

E. DDP

8. 按国际商会制定的《国际贸易术语解释通则2020》的规定,下列术语中只能适用于水上运输方式的有(　　)。

A. FAS　　　　　B. FOB　　　　　C. CIF　　　　　D. DPU

E. DAP

9. CIF与CFR术语的相同之处有(　　)。

A. 交货地点相同　　　　　　　　B. 风险划分界限相同

C. 买卖双方的责任划分相同　　　D. 术语后均注明目的港

E. 运输方式相同

10. 按照《国际贸易术语解释通则2020》的解释,在DAP条件下卖方负责(　　)。

A. 将货物运抵指定目的地

B. 办理货物的出口手续

C. 办理货物的进口手续并支付进口关税

D. 承担货物在目的地交买方前的一切风险

三、简答题

1. 《国际贸易术语解释通则2020》中的贸易术语共有几个? 与2010版相比,有哪些变化?

2. 国际贸易报价中货物的单价包括哪几部分?

3. 制定合同价格条款的注意事项是什么?

四、计算题

1. 某公司业务员对外报价电冰箱CIFC3%伦敦120美元一台,数量2 000台,外商要求我方改报CIFC5%价,请问我方业务员的CIFC5%报价是多少?

2. 我国某公司出口一批工艺品,退税率为13%,供货商报价129.7元/罗(含17%增值税),数量1 000罗。试计算该批工艺品的退税金额。

3. 我国某公司出口商品一批,国内进货价总额为10 000元人民币,加工费支出1 500元,商品流通费用1 000元,税金支出100元,该批商品出口销售外汇净收入为2 500美元(假设1美元=6.43元人民币)。试计算:

(1) 该批商品的出口总成本。

(2) 该批商品的出口销售换汇成本。

(3) 该批商品的出口销售盈亏率。

五、案例分析题

1. 我国某公司以FCA条件进口一批急需的生产原料,合同中规定由出口商代办运输事项。结果在装运期满时,国外卖方来函通知无法租到船,不能按期交货。我进口公司不得不向

国内用户支付了 10 万元延期违约金。请问我公司这 10 万元损失能否向外商索赔？

2. 我国某公司与国企客户洽谈一笔土特产品出口生意，双方约定以 CIF 条件成交，确定了具体的价格和双方的责任。鉴于该种商品销售的季节性很强，在签约时买方坚持在合同中写明：卖方必须保证货物于 5 月底前到达目的港，否则买方有权撤销合同并要求赔偿。请问：买方的要求是否合理？为什么？

3. 中方某公司与韩国商人签订出口服装合同，报价为 FOB 大连，装运时间规定为 2020 年 9 月底以前。中方于 9 月 20 日收到买方装船通知，为及时装船，我公司于 9 月 21 日将货物存仓大连港。不料当夜仓库发生火灾，造成货物损失。请问：该损失应由谁负责？为什么？

六、实训题

深圳某家具进出口公司拟与美国某公司签订家具出口合同。双方谈判过程中了解到，深圳公司资金紧张，不愿意承担运输费用和保险费用，美商不愿意办理出口清关手续。

根据以上信息，学生分成小组，分别扮演进出口方，讨论磋商以下内容：

1. 分别进行出口和进口价格核算。

2. 商定运输、保险等事宜，选择对自己最有利的贸易术语，并给出选择该贸易术语的理由。

第五章

国际贸易货物运输

学习目的与要求

1. 了解各种国际货物运输方式、特点、种类、作用及海运运费的计算方法等。
2. 熟悉货运单据的性质和作用以及订立装运条款的注意事项等内容。
3. 能规范地订立装运条款,创造性地分析和解决出口合同中关于运输的实际问题。

引导案例

凭保函换取清洁提单的风险

我国 T 公司向荷兰 M 公司出售一批纸箱装货物,以 FOB 条件成交,目的港为鹿特丹港,由 M 公司租用 H 远洋运输公司的货轮承运该批货物。同年 5 月 15 日,该合同货物在青岛装船。当船方接收货物时,发现其中有 28 箱货外表有不同程度的破碎,于是在收货单上批注:"该批货物有 28 箱外表破碎。"

当船方签发提单,欲将批注转注提单时,卖方 T 公司反复向船方解释说买方是老客户,不会因一点点包装问题提出索赔,要求船方不要转注收货单上的批注,同时向船方出具了下列保函:"若收货人因包装破碎货物受损为由向承运人索赔时,由我方承担责任。"船方接受了上述保函,签发了清洁提单。该货船启航不久,接到买方 M 公司的指示要求其将卸货港改为法国的马赛港,收货人变更为法国的 F 公司。

经过一个月航行,载货船到达马赛港,船舶卸货时法国收货人 F 公司发现该批货物有 40 多箱包装严重破碎,内部货物不同程度受损,于是以货物与清洁提单记载不符为由,向承运人提出索赔。后经裁定,承运人向法国收货人赔偿 20 多万美元的损失。此后,承运人凭保函向卖方 T 公司要求偿还该 20 多万美元的损失,但 T 公司以装船时仅有 28 箱包装破碎为由,拒绝偿还余下的十几箱损失,于是承运人与卖方之间又发生了争执。

分析:

(1) 卖方应吸取的教训。

首先,卖方应保证货物在装船前或装船时,货物的品名、标志、数量或件数、重量和体积等方面必须清楚、准确,不存在任何瑕疵,而且适应于运输。为了不违反买卖合同或信用证的有关规定,卖方在备货时最好比交货数量多准备一些,如比货物多出 5% 左右,以防装船时发生货损、货差而来不及更换,从而导致承运人签发不清洁提单而影响顺利结汇。其次,如果货物在装船时,发现货损、货差,但又来不及更换时,最好尽快通知收货人,请求其更改信用证或要求信用证延展一定期限,并得到其书面形式的认可。此外,出现这种情况时还应及时与承运人协商,请求其延长一段时间。作为通情达理的收货人和承运人一般会同意这种请求。表面上看,这可能会增加一些麻烦,甚至可能要负担一些损失,但总比出具保函的风险小得多。

（2）承运人应吸取的教训。

承运人是凭保函开出清洁提单的主要责任者，同时是风险的主要承担者。为了减少责任，降低风险损失，承运人应做到：第一，如果装船货物瑕疵较大使承运人难以做到妥善管理、谨慎运送并控制瑕疵进一步发展，无法保证收货人不会提出索赔的情况下，即使卖方出具保函，承运人也应坚持拒绝接受保函，以免承担责任。第二，当装船货物出现价格下降趋势时，承运人绝对不能接受保函而签发清洁提单。

资料来源：佚名. 国际运输与保险案例分析［EB/OL］. https://wenku. baidu. com/view/661036b9b94ae45c3b3567ec102de2bd9605de8f.html,2020-06-01［2021-03-20］.

为避免上述案例中当事人缺乏国际货物运输知识，造成己方损失，本章重点介绍常用运输方式、运输单据的种类和适用以及如何订立合同中的装运条款等。

第一节　国际货物运输方式

我国国际货物运输的进出口货物，大部分是通过海运，少部分通过铁路或公路运输，也有些货物是管道运输或邮政运输。随着航空事业的发展，通过航空运输的货运量近年来有较大的增长，货物种类和范围也在不断扩大。

国际货物运输由于运输距离长、涉及面广、情况复杂及时间性强等特点，风险较大。对进出口双方来说，要根据进出口货物的性质、运量的大小、路程的远近、需要的缓急、运费的高低、装卸地的情况、法律制度的规定、气候与自然条件以及国际政治形势的变化等因素，谨慎地选择合理的运输方式，以顺利地完成国际货物运输任务。

一、海洋运输

国际海洋运输是指使用船舶通过海上航道在不同的国家和地区的港口之间运送货物的一种运输方式。在国际货物运输中，海洋运输是最主要的运输方式，其运量占国际货物运输总量的80%以上。2007年11月28日是一个可以载入中国港口和航运发展史册的重要日子，中国内地港口集装箱年吞吐量历史性地突破1亿标准箱，实现了港口和航运集装箱运输里程碑式的跨越，在今后相当长时间内，中国港口集装箱总吞吐量将稳居世界第一位。

（一）海洋运输的特点

1. 运输量大

国际货物运输是在全世界范围内进行的商品交换，地理位置和地理条件决定了海洋运输是国际货物运输的主要手段。国际贸易总运量的80%以上是利用海洋运输来完成的，有的国家的对外贸易运输中海洋运输占运量的90%以上。主要原因是船舶向大型化发展，如50万～70万吨的巨型油船，16万～17万吨的散装船以及集装箱船的大型化，船舶的载运能力远远大于火车、汽车和飞机，是运输能力最大的运输工具。

2. 通过能力大

海洋运输利用天然航道四通八达，不像火车、汽车要受轨道和道路的限制，因而其通过能力要超过其他各种运输方式。如果因政治、经济、军事等条件的变化，还可以随时改变航线驶往有利于装卸的目的港。

3. 运费低廉

船舶的航道天然构成,船舶运量大,港口设备一般均为政府修建,船舶经久耐用且节省燃料,所以货物的单位运输成本相对低廉。据统计,海运运费一般约为铁路运费的 1/5,公路汽车运费的 1/10,航空运费的 1/30,这就为低值大宗货物的运输提供了有利的竞争条件。

4. 对货物的适应性强

由于上述特点使海洋货物运输基本上适应各种货物的运输。如石油井台、火车、机车车辆等超重大货物,其他运输方式是无法装运的,船舶一般都可以装运。

5. 运输的速度慢

由于商船的体积大,水流的阻力大,加之装卸时间长等其他各种因素的影响,所以货物的运输速度比其他运输方式慢。

6. 风险较大

由于船舶海上航行受自然气候和季节性影响较大,海洋环境复杂,气象多变,随时都有遇上狂风、巨浪、暴风、雷电、海啸等人力难以抗衡的海洋自然灾害袭击的可能,遇险的可能性比陆地、沿海要大。同时,海上运输还存在着社会风险,如战争、罢工、贸易禁运等因素的影响。为转嫁损失,海上运输的货物、船舶保险尤其应引起重视。

(二)海洋运输的经营方式

海运按照船舶营运方式的不同,可分为班轮运输和租船运输两种。

1. 班轮运输

班轮运输又称定期船运输,是指班轮公司将船舶按事先制定的船期表,在特定航线的各既定挂靠港口之间,经常地为非特定的众多货主提供规则的、反复的货物运输服务,并按运输成本或协议运价的规定计收运费的一种运输方式。在国际贸易中,班轮承运的货物数量约占海运货物总量的 20%,但价值却占海运价值总额的 80%左右。班轮运输方式比较适合于承运批量小、批次多的件杂货物。其服务对象是非特定的、分散的众多货主,所以班轮公司具有公共承运人的性质。

1) 班轮运输的特点

目前班轮航线已遍及世界各海域和主要港口,班轮运输已成为海运中不可缺少的主要运输方式,有力地促进了国际贸易的发展。该运输方式具有以下特点。

(1)"四固定",即固定航线、固定港口、固定船期和相对固定的运费率。这是班轮运输的最基本特征。

(2)班轮运费中已包括装卸费用。班轮运输中承运人负责货物的配载、装卸,并支付装卸费用;承运人和托运人之间不计算滞期费和速遣费,也不规定装卸时间,而是按照港口习惯快速装卸。

(3)承托双方的权利、义务和责任豁免以承运人签发的班轮提单背面条款为依据,并受国际公约的制约。

2) 班轮运费

班轮运费由基本运费和附加费用两部分构成。

(1)基本运费。基本运费是班轮运费的主体,根据基本费率和计费吨算出。基本运费的计算标准主要有以下几种。

① 按货物的毛重计收。即以重量吨计,一般以 1 吨为 1 重量吨,但也有按长吨或短吨为单位计算的,在班轮运价表中以 W 表示。

② 按货物的体积计收。即以尺码吨计,一般以 1 立方米为 1 尺码吨,但也有按 40 立方英尺为单位计算的,在班轮运价表中以"M"表示。

③ 按货物的毛重或体积,选择其中较高者计收,运价表中以 W/M 表示。即 1 吨重量货物的体积超过 1 立方米时按体积数计收运费,1 吨重量货物的体积不足 1 立方米时按毛重计收运费。

④ 按货物的 FOB 价总值的一定百分比计收,又称从价运费。在班轮运价表中以 A. V.或 Ad.Val.表示。

⑤ 按货物的重量、体积或总价值三者中最高的一种计收。在班轮运价表中以 W/M or Ad.Val.表示。

⑥ 按货物重量或体积中较高者计收,再加上从价运费。在班轮运价表中以 W/M plus Ad.Val.表示。

⑦ 按货物的件数计收。如车辆按"每辆"、牲畜按"每头"等计收。

⑧ 由货主和班轮公司临时议定运价。以 Open Rate 表示。

在班轮运价表中,计算单位为运费吨（Freight Ton）,包括重量吨和尺码吨。实际业务中,以 W、M、W/M 方式计收运费的较多。贵重商品多以"Ad.Val."方式从价计收。

例题 5-1

某 FOB 价值为 20 000 美元的货物由甲地运往乙地,基本费率为每运费吨 30 美元或从价费率 1.5%。体积为 6 立方米,毛重为 5.8 吨,以"W/M or Ad Val."选择法计费,以 1 立方米或 1 吨为一运费吨,求运费。

解:

① 按 W 计算的运费:30×5.8＝174(美元);

② 按 M 计算的运费:30×6＝180(美元);

③ 按 Ad Val 计算的运费:20 000×1.5%＝300(美元);

④ 三者比较,按 Ad.Val.计算的运费最高,故实收运费为 300 美元。

（2）附加费用。附加费用是班轮公司在基本运费之外加收的费用,一般是班轮公司根据不同的情况,为抵补运输中额外增加的费用开支或在遭受一定损失时收取的费用。班轮附加费用种类繁多且经常变化,以下为常见的几种附加费。

① 超重附加费（Heavy Lift Additional）。超重附加费是单件货物的毛重超过规定重量时所增收的附加费。超重附加费按重量计收,而且重量越大,附加费率越高。

② 超长附加费（Long Length Additional）。由于单件货物的外部尺寸超过规定标准,运输时需要特别操作,从而产生额外费用,承运人为补偿这一费用所计收的附加费称为超长附加费。超长附加费是按长度计收的,而且长度越长,附加费率越高。如果单件货物既超长又超重,则两者应分别计算附加费,然后按其中收费高的一项收取附加费。

③ 转船附加费（Transshipment Additional）。对运往非基本港的货物,需在中途港转运至目的港,为此而加收的附加费称为转船附加费。

④ 直航附加费（Direct Additional）。对运往非基本港的货物,一次托运的货量达到一定

数量时,船方可以安排直航卸货,为此需加收直航附加费。直航附加费一般比转船附加费低。

⑤ 绕航附加费(Deviation Surcharge)。由于某种原因,船舶不能按正常航线而必须绕道航行,从而增加了航运开支,为此加收的附加费称为绕航附加费。这是一种临时性的附加费,在正常航道恢复通行时,该项附加费即被取消。

⑥ 港口附加费(Port Surcharge)。由于一些港口设备差、装卸效率低、费用高,使运输成本增加而加收的附加费称为港口附加费。

⑦ 港口拥挤附加费(Port Congestion Surcharge)。由于港口拥挤,船舶需长时间等泊,为补偿船期延误损失而增收的附加费称为港口拥挤附加费。它是一种临时性的附加费,变动性较大,一旦港口拥挤情况得到改善,该项附加费即进行调整或取消。

⑧ 燃油附加费(Bunker Adjustment Factor)。因燃油价格上涨而加收的费用称为燃油附加费。

关于附加费的计算有两种方式:一是以基本运费的一定百分比计收;二是以每运费吨若干金额计收。运费计算步骤如下。

a. 选择相关的运价本。

b. 根据货物名称,在货物分级表中查到运费计算标准(Basis)和等级(Class)。

c. 在等级费率表的基本费率部分,找到相应的航线、启运港、目的港,按等级查到基本运价。

d. 再从附加费部分查出所有应收(付)的附加费项目和数额(或百分比)及货币种类。

e. 根据基本运价和附加费算出实际运价。

f. 运费＝运价×运费吨。

例题 5-2

某海轮从上海港装运 10 吨共 33.440m³ 茶叶到伦敦(London),要求直航,试计算全程应收多少运费?

解:

① 从题中知该票商品的运输航线属中国/欧洲、地中海航线,并从航线费率表得知,伦敦是该航线的非基本港。

② 查商品分级表得知,茶叶属 8 级,计算标准为 W/M。

③ 查中国/欧洲、地中海航线等级费率表得知,8 级商品的基本费率为 USD＄90.00(F/T)(运费吨)。

④ 查中国/欧洲、地中海航线附加费率表知,伦敦港直航附加费率为基本运费的 35%,伦敦港的港口附加费率为 USD7.00(F/T)。

因为茶叶的尺码吨大于重量吨,所以应按尺码吨 33.440 m³ 计收运费,全程应收运费为

$$F = 90.00 \times 33.440 + 90.00 \times 33.440 \times 35\% + 7.00 \times 33.440$$
$$= USD＄4\ 297.04$$

答:全程运费为 USD＄4 297.04。

例题 5-3

我方出口商品 100 箱,每箱的体积为 30cm×60cm×50cm,毛重为 40kg,查运费表得知该货为 9 级,计费标准为 W/M,基本运费为每运费吨 109HKD,另收燃油附加费 20%,港口拥挤

费 10%，货币附加费 10%。试计算该批货物的运费是多少？

解：
$$M = 30 \times 60 \times 50 = 0.09(\text{m}^3)$$
$$W = 40 = 0.04 \text{ MT}$$

因为 0.09＞0.04，所以采用 M 计算。

$$\text{运费} = \text{基本运费} + \text{附加费} = \text{运费吨} \times \text{基本运费率} \times (1 + \text{附加费率})$$
$$= 0.09 \times 100 \times 109 \times (1 + 20\% + 10\% + 10\%)$$
$$= 1\ 373.4(\text{港元})$$

答：该批货物的运费是 1 373.4 港元。

2. 租船运输

租船运输又称不定期船运输，是指租船人向船东租赁船舶用以运输货物的一种运输方式。租船运输没有事先制定的船期表，也没有固定的航线挂靠港口，而由船舶所有人追随货源，按照货主对运输的要求安排船舶的航线，组织货物运输。就世界海运量而言，不定期船承运的货物占了大部分。租船有整船租船和部分舱位租船两种方式，实际业务中以整船租船为多。

1) 租船运输的特点

相对于班轮运输，租船运输具有以下特点。

(1) 属不定期运输，无固定的航线、挂靠港口和船期，一切由租船双方在装运前协商确定。

(2) 运价不固定，受市场供求的影响，随租船市场行情的变化而变化，影响租船市场行情的主要因素有世界经济状况、船舶运力供求关系的变化、季节性气候条件的不同以及国际政治形势等。

(3) 租船运输中责任费用(如港口使用费、装卸费及船期延误费等)的划分由双方议定。

(4) 主要适用于大宗货物的运输，如谷物、煤炭、砂糖、化肥、矿砂、石油、木材等，它们一般都是采取整船租船形式装运的。

(5) 租船人和出租人双方之间的权利、义务和责任以签订的租船合同为准。

2) 租船运输的种类

当前，在国际租船业务中，广泛使用的租船方式主要有两种，即定程租船和定期租船。此外，还有光船租船、包运租船和航次期租船等形式。

(1) 定程租船简称程租船，又称航次租船，是指船舶所有人(出租人)提供一艘特定的船舶在指定的港口之间进行一个航次或数个航次运输指定货物的租船。

定程租船在国际租船业务中被广泛采用。在该方式下，船方必须按时把船舶驶到装货港装货，再驶到卸货港卸货，以完成合同规定的运输任务。租船人按约定支付运费。运费一般按装运货物的吨数或整船租金来计。

定程租船中，根据承租人对货物运输的需要，采取不同的航次数来约定航次租船合同。据此，航次租船又可分为单航次租船、来回程租船、连续单航次租船、连续往返航次租船等形式。

程租的主要特点是由船东负责船舶的管理营运工作，并负担船舶航行中的一切营运费用；由托运人或承租人负责完成货物的组织，支付约定运费及相关的费用。

(2) 定期租船简称期租船或期租，是指由船舶所有人将特定的船舶按照租船合同的约定，在约定的期限内租给承租人使用的一种租船方式。这种租船方式以约定的使用期限为船舶租期，而不以完成的航次数多少来计算。租赁期限由船舶所有人和承租人根据实际需要约定，短则几个月，长则几年、十几年，甚至到船舶报废为止。

在租期内,承租人利用租赁的船舶既可以进行不定期船货物运输,也可以投入班轮运输,还可以在租期内将船舶转租,以取得运费收入或谋取租金差额。期租的主要特点是,租船人负责船舶的调度和营运工作,并负担船舶营运中的可变费用(燃油费、港口使用费等),船舶营运的固定费用(船员工资与伙食、船舶维修费等)由船东负担;船舶租赁以整船出租,租金按船舶的载重量、租期及商定的租金率计收。

(3) 光船租船又称船壳租船,是指在租赁期内船舶所有人只提供一艘空船给承租人使用,船舶的船员配备、营运管理及一切固定或变动的营运费用都由承租人承担的一种租船方式。船东在租期内除收取租金外,对船舶和其经营不再承担任何责任和费用。

(4) 包运租船是指船东向承租人提供一定吨位的运力,在确定的港口之间,按事先约定的时间、航次周期和每航次较为均等的运量,完成合同规定的全部货运量的租船方式。以包运租船方式所签订的合同称为“运量合同”。这种租船方式是在连续单航次租船的营运方式的基础上发展而来的,与连续单航次租船相比,包运租船一方面不要求一艘固定的船舶完成运输,另一方面也不要求船舶一个接一个航次地完成运输,而是规定一个较长的时间,只要满足包运合同对航次的要求,在这个时间内,船东可以灵活地安排运输,对于两个航次之间的时间,船东可以自由安排一些其他的运输。

(5) 航次期租船又称日租船,是指船舶按航次整船租赁,但租金按实际完成航次所使用的日数和约定的日租金率来计算的一种租船方式。航次期租船是当前国际上经常使用的一种介于航次租船和定期租船之间的租船方式。在装货港和卸货港的条件较差,或者航线的航行条件较差,难于掌握一个航次所需时间的情况下,该租船方式可以使船舶所有人避免因难以预测的情况而使航次时间延长造成船期损失,对船舶所有人较为有利。

3) 租船费用

租船费用可以分为程租船运费和期租船租金两种。

(1) 程租船运费。程租船运费主要包括基本运费、装卸费、速遣费和滞期费等。

① 基本运费。程租船基本运费是指从装运港到目的港的海上运费。其计算方式有两种:一种是按运费率计算。但要注意明确是按装船重量计算还是按卸船重量计算;另一种是整船包价,即对于特定载货重量和容积的船舶,规定一个包船价格,不管租方实际装货多少,一律按包价支付。

② 装卸费。在程租船运输中,关于货物的装卸费用,程租合同中有明确的规定。一般来说,装卸费用的划分有以下几种方式。

船方负担装卸费,又称班轮条件,适用于木材和包装货等货物的运输。船方不负担装卸费,即船东不负担装卸费用,由承租人自行负担。船方管装不管卸,即船东负责装货费,承租人负担卸货费。船方管卸不管装,即船方不负担装货费。船方不负担装卸费及理舱、平舱费用,全部由承租人负担。

(2) 期租船租金。期租船条件下,租船人为租赁船舶,应向船东支付租赁费,称之为租金。租金率高低取决于船舶的运载能力和租期,与其所载货物无关。

通常情况下,期租船租金计算有两种方法:一是按整船每天若干金额计算;二是按每月每载重吨若干金额计算。租金通常预付半月或一月,租船人需按时按规定支付租金。否则,船东有权收回船舶。另外,在期租方式下,租船人应负责船舶的调度营运,相应的装卸配载费用、燃油费、港口使用费等费用亦由其承担;船方则负担船员薪金、伙食、船舶的修理费、保险费和折旧费等费用。

小贴士

关于定期租船租金

较长期的定期租船合同中常订有"自动递增条款"（Escalation Clause）以保护船舶所有人在租期中因部分费用上涨而使船舶所有人的盈利减少或发生亏损的损失。由于租金一经确定，通常在租期内不再变动，如果合同中订有"自动递增条款"，在规定的费用上涨时，约定租金即可按相应的比例提高。

二、铁路运输

铁路是国民经济的大动脉。在国际货物运输中，铁路运输（Rail Transport）是一种仅次于海洋运输的主要运输方式，海洋运输的进出口货物，也大多是靠铁路运输进行集中和疏散的。铁路运输是我国对外贸易运输中排在第二位的运输方式。

（一）铁路货物运输的特点

铁路运输是现代化运输业的主要运输方式之一，与其他运输方式相比，具有以下特点。

（1）铁路运输的准确性和连续性强。铁路运输几乎不受气候影响，一年四季可以不分昼夜地进行定期的、有规律的、准确的运转。

（2）铁路运输速度比较快。铁路货运速度每昼夜可达几百公里，一般货车可达100km/h左右，远远高于海上运输。

（3）运输量比较大。铁路一列货物列车一般能运送3 000～5 000t货物，远远高于航空运输和公路运输。

（4）铁路运输成本较低。铁路运输费用仅为公路运输费用的几分之一到十几分之一；运输耗油约是公路运输的1/20。

（5）铁路运输安全可靠，风险远比海洋运输小。

（6）初期投资大。铁路运输需要铺设轨道，建造桥梁和隧道，建路工程艰巨复杂；需要消耗大量钢材、木材；占用土地，其初期投资大大超过其他运输方式。

另外，铁路运输由运输、机务、车辆、工务、电务等业务部门组成，要具备较强的准确性和连贯性，各业务部门之间必须协调一致，这就要求在运输指挥方面实行统筹安排，统一领导。

（二）国际铁路货物运输方式

由于铁路运输具有以上优点，其在贸易运输中占据重要地位。特别是对于内陆国家间的贸易，铁路运输的作用尤为显著。在我国对外贸易中，铁路运输主要有国际铁路联运和国内铁路运输两种方式。

1. 国际铁路联运

（1）国际铁路联运的概念

国际铁路联运是指货物在两个或两个以上国家的铁路运输中，要使用一份统一的国际联运票据，由一国铁路向另一国铁路移交货物时，无须发、收货人参加，各铁路当局对全程运输负连带责任，来完成一批货物从出口国向进口国转移所进行的一种运输方式，它通常是依据有关的国际条约进行的。

（2）国际铁路联运的相关国际公约

关于国际铁路联运的两个主要国际公约是《国际铁路货物运送条约》和《国际铁路货物联运协定》。

①《国际铁路货物运送条约》（以下简称《国际货约》）。是欧洲各国政府批准的有关国际铁路货物联运的规定、制度和组织机构的公约。其前身为《国际铁路货物联运规则》，1934年又重新修订，改称《国际铁路货物运输公约》，又称《伯尔尼货运公约》。目前，其参加国有法国、德国、意大利、比利时、西班牙、葡萄牙等30多个国家。

②《国际铁路货物联运协定》（以下简称《国际货协》）。中华人民共和国成立初期，我国与苏联签订了《中苏铁路联运协定》，决定自1951年起开办联运。1951年11月，苏联与东欧七国签订《国际铁路货物联运协定》，我国于1954年1月参加该协定。某些国家（如保加利亚、匈牙利、罗马尼亚、波兰、原捷克斯洛伐克等）是《国际货约》与《国际货协》的双重参加国。

（3）国际铁路联运的范围

国际铁路联运既适用于原《国际货协》国家之间的运输，也适用于《国际货协》至《国际货约》国家之间的顺向或反向的货物运输。在我国，凡可办理铁路货运的车站均可接受国际铁路联运。

（4）国际铁路联运的运输费用

国际铁路联运的运输费用有如下规定，发送国铁路的运送费用，按发送国铁路的国内运价计算；到达国铁路的运送费用，按到达国铁路的国内运价计算；过境国铁路的运送费用，按国际铁路联运协定统一过境运价规程中（统一货价）的规定计算。

随着"一带一路"倡议带来铁路建设项目的增多，铁路运输被更多企业作为走出去的一条重要途径。铁路运输受气候影响小，一年四季不分昼夜有规律地运行，计划性和准时性好；具有巨大的运送能力，运力远远大于航空运输和公路运输，适合廉价的大宗物品运输；速度方面，铁路运输比货车的速度快，是海运方式用时的约1/3，平均车速在基本运输方式中排在第二位，仅次于航空运输；运输成本方面，相比空运昂贵的费用，铁路运输在最小牺牲时间的情况下，费用大大降低，汽运费用也是铁路运输费用的数倍，在基本运输方式中运输成本仅为次低，不足空运费用的1/5；铁路运输安全性高，风险小于海洋运输和公路运输；并且铁路运输基本可以全程有信号，便于信息的实时传递，如监控货仓内温湿度等。除上述诸多优点外，铁路运输也有劣势，例如，由于出发和到达车站的作业时间长，不利于短距离运输的业务；对集装箱装箱要求高，不能超重、不能偏箱；车站方面，免堆时间相比海运短，堆场操作费用比海运略高；由于不能实现门到门运输，增加了装卸环节，货损和丢失事故相应增加；铁路是按列车组织运行的，在运输过程中需要对列车进行编组、解体和中转改编等环节，造成铁路运输时间的不确定风险。

2. 国内铁路运输

国内铁路运输是指进出口货物在一国范围内的铁路运输。出口货物由铁路运输到装运港口或进口货物卸船后由铁路运至目的地，均属国内铁路运输。

我国内地销往香港特别行政区、澳门特别行政区的铁路货物运输也属国内运输。

（1）对港铁路运输

对港铁路运输由内地段铁路运输和港段铁路运输两段构成，由中国对外贸易运输公司各地分支机构及香港中国旅行社联合组织进行。从发货地运至深圳北站后，由深圳分公司接货，由其负责向海关申报,海关放行过轨后,由香港中国旅行社负责办理港段铁路运输托运工作,将货物运至九龙目的站,交给收货人。

（2）对澳铁路运输

对澳门铁路运输,货物自发货地运往广州站,广东省外运公司接货,由其办理水路中转;将货物运往澳门,货物到澳门由南光集团运输部负责接货并交付收货人。

三、航空运输

近年来,随着国际贸易的迅速发展以及国际货物运输技术的不断现代化,采用空运方式日趋普遍。国际航空货物运输虽然起步较晚,但发展极为迅速。

（一）国际货物的航空运输方式

目前,我国的进出口商品中,进口采用空运的有计算机、成套设备中的精密部件、电子产品等;出口商品中主要有丝绸、纺织品、海产品、水果和蔬菜等。这些进出口商品,按不同需要,主要采用以下几种运输方式。

（1）班机运输（Scheduled Airline）,是指使用在固定时间、固定航线、固定始发站和目的站飞行的飞机所进行的货物运输。通常班机是使用客货混合型飞机,一些大的航空公司也有开辟定期全货机航班的。班机有定时、定航线、定站等特点,因此,适用于运送急需物品、鲜活商品以及季节性商品。

（2）包机运输（Chartered Carrier）,是指包租整架飞机或由几个发货人（或航空货运代理公司）联合包租一架飞机来运送货物的运输。包机可分为整包机和部分包机两种形式,前者适用于运送数量较大的商品,后者适用于多个发货人且货物到达站又是同一地点的货物运输。

（3）集中托运（Consolidation）,是指航空货运代理公司把若干单独发运的货物组成一批由航空公司办理托运,填写一份总运单将货物发运到同一目的站,由航空货运代理公司在目的站的代理人负责收货、报关、分拨后交给实际收货人。集中托运的运价比国际空运协会公布的班机运价低 7%～10%。因此,发货人比较愿意将货物交给航空货运公司安排。

（4）航空急件传送（Air Express Service）,是目前国际航空运输中最快捷的运输方式。它不同于航空邮寄和航空货运,而是由一个专门经营此项业务的机构与航空公司密切合作,设专人用最快的速度在货主、机场、收件人之间传送急件,特别适用于急需的药品、医疗器械、贵重物品、图纸资料、货样及单证等的传送,被称为“桌到桌运输”。

（二）国际航空货物运输的特点

国际航空货物运输虽然起步较晚,但发展极为迅速,与其所具备的特点是分不开的,和其他运输方式相比,国际航空货物运输具有以下特点。

（1）运送速度快。现代喷气运输机一般时速都在 900 英里左右,协和式飞机时速可达1 350 英里。航空线路不受地面条件限制,一般可在两点间直线飞行,航程比地面短得多,而且运程越远,快速的特点就越显著。

（2）安全准确。航空运输管理制度比较完善,货物的破损率低,可保证运输质量,如使用空运集装箱,则更为安全。飞机航行有一定的班期,可保证按时到达。

（3）手续简便。航空运输为了体现其快捷便利的特点,为托运人提供了简便的托运手续,也可以由货运代理人上门取货并为其办理一切运输手续。

（4）节省包装、保险、利息和储存等费用。由于航空运输速度快,商品在途时间短、周期快,存货可相对减少,资金可迅速收回。

（5）航空运输的运量小、运价较高。由于航空运输的优点突出,可弥补运费高的缺陷。加之保管制度完善、运量又小,货损货差较少。

（三）国际航空运费

1. 航空运输区划

航空公司按国际航空运输协会所制定的三个区划费率收取国际航空运费区别如下。

一区主要指南美洲、北美洲、格陵兰等。二区主要指欧洲、非洲、伊朗等。三区主要指亚洲、澳大利亚、新西兰等。

2. 计费重量

在实际计算一笔航空货物运输费用时,要考虑货物的计费重量、有关的运价和费用以及货物声明价值。其中,计费重量是按实际重量和体积重量两者之中较高的一个计算。也就是在货物体积小,重量大时,以实际重量作为计费重量;在货物体积大,重量轻的情况下,就以货物的体积重量作为计费重量。具体计算时,重量不足半公斤的按半公斤计;半公斤以上不足1公斤的按1公斤计;不足1磅的按1磅计。

3. 货物运价

主要的航空货物运价有四类:一般货物运价(General Cargo Rate,GCR)、特种货物运价或指定商品运价(Specific Commodity Rate,SCR)、货物的等级运价(Class Rate,CCR)、集装箱货物运价(Unitized Consignments Rate,UCR)。

普通货物运价又称一般货物运价,它是为一般货物制定的,仅适用于计收一般普通货物的运价。一般货物运价以45kg为划分点:45kg以下的为标准运价(Normal Rate,N);45kg以上的为普通运价(Quantity Rate,Q);45kg以上的普通运价低于45kg以下的普通运价。

起码运费(Minimum Rate,M)是航空公司办理一批货物所能接受的最低运费,是不论货物的重量或体积大小,在两点之间运输一批货物应收取的最低金额。不同地区有不同的起码运费。

例题 5-4

有4笔精密仪器都需从北京空运到香港。它们的重量分别为10kg、20kg、35kg、40kg。如分别托运各需多少运费? 如集中托运又需多少运费?(设:一般货物的起码运费为65港元,45kg以下每公斤3港元,45kg以上每公斤2.5港元)。

解: 如分别托运其运费为

$3 \times 10 = 30$(港元)……因不足起码运费,故按65港元收费

$3 \times 20 = 60$(港元)……因不足起码运费,故按65港元收费

$3 \times 35 = 105$(港元)

$3 \times 40 = 120$(港元)

以上4笔运费共为$65 + 65 + 105 + 120 = 355$(港元)。

如集中托运其运费为$(10 + 20 + 35 + 40) \times 2.5 = 262$(港元)。

四、集装箱运输

集装箱是指具有一定强度、刚度和规格专供周转使用的大型装货容器。使用集装箱转运货物，可直接在发货人的仓库装货，运到收货人的仓库卸货，中途更换车、船时，无须将货物从箱内取出换装。

集装箱按所装货物种类分，有杂货集装箱、散货集装箱、液体货集装箱、冷藏箱集装箱等；按制造材料分，有木集装箱、钢集装箱、铝合金集装箱、玻璃钢集装箱、不锈钢集装箱等；按结构分，有折叠式集装箱、固定式集装箱等，在固定式集装箱中还可分密闭集装箱、开顶集装箱、板架集装箱等；按总重分，有 30 吨集装箱、20 吨集装箱、10 吨集装箱、5 吨集装箱、2.5 吨集装箱等。集装箱箱体上都有一个 11 位的编号，前 4 位是字母，后 7 位是数字。此编号是唯一的。为了促进国际贸易的发展，国际标准化组织对集装箱的尺寸、构造、性能等都做了规定：通用集装箱从 A 型到 C 型共 3 个系列 13 种标准规格。当前集装箱是以"TNU"（Twenty-feet Equivalent Unit）为计量单位的，就是相当于多少个 20 英尺单位的集装箱。在国际贸易中，最常使用的集装箱是 20 尺集装箱和 40 尺集装箱。

（一）集装箱运输的优越性

（1）对货主而言，其优越性体现在大大地减少了货物的损坏、偷窃和污染的发生；节省了包装费用；由于减少了转运时间，能够更好地对货物进行控制，从而降低了转运费用，也降低了内陆运输和装卸的费用，便于实现更迅速的"门到门"的运输。

（2）对承运人来说，其优点在于减少了船舶在港的停泊时间，加速了船舶的周转，船舶加速的周转，可以更有效地利用它的运输能力，减少对货物的索赔责任等。

（3）对货运代理来说，使用集装箱进行货物运输可以为他们提供更多的机会来发挥无船承运人的作用，如提供集中运输服务、分流运输服务、拆装箱服务、门到门运输服务和提供联运服务的机会。

（二）集装箱运输的缺点

（1）受货载的限制，航线上的货物流向不平衡，往往在一些支线运输中，出现空载回航或箱量大量减少的情况，从而影响了经济效益。

（2）需要大量投资，产生资金困难。

（3）转运不协调，造成运输时间延长，增加一定的费用。

（4）受内陆运输条件的限制，无法充分发挥集装箱运输"门到门"的运输优势。

（5）各国集装箱运输的法律、规章、手续及单证不统一，阻碍国际多式联运的发展。

（三）集装箱货物的装箱方式及流转程序

集装箱货物的装箱方式主要有以下两种。

1. 整箱

整箱（Full Container Load，FCL）是指当发货方有足够的货源装载一个或数个集装箱时，在自己的仓库或工厂里自行将货物装满整箱后，直接运往集装箱堆场（Container Yard，CY），交由承运人托运的一种装箱方式。

2. 拼箱

拼箱(Less than Container Load,LCL)是指当货主托运的货物数量不足整箱时,由承运人在集装箱货运站(Container Freight Station,CFS)根据货物的性质和目的地将其分类整理,把属于不同货主的、运往同一目的地的货物拼装在一个集装箱内,货到目的地(港)后再由承运人拆箱后分拨给各收货人。

(四)集装箱货物交接方式

按照货物交接地点可以把集装箱交接方式分为以下几种。

(1)门到门(Door to Door),由发货人货仓或工厂仓库至收货人的货仓或工厂仓库。

(2)门到场(Door to CY),由发货人货仓或工厂仓库至目的地或卸箱港的堆场。

(3)门到站(Door to CFS),由发货人货仓或工厂仓库到目的地或卸箱港的集装箱货运站。

(4)场到门(CY to Door),由起运地或装箱港的堆场至收货人的货仓或工厂仓库。

(5)场到场(CY to CY),由起运地或装箱港的堆场至目的地或卸箱港的堆场。

(6)场到站(CY to CFS),由起运地或装箱港的堆场至目的地或卸箱港的集装箱货运站。

(7)站到门(CFS to Door),由起运地或装箱港的集装箱货运站至收货人的货仓或工厂仓库。

(8)站到场(CFS to CY),由起运地或装箱港的集装箱货运站至目的港或卸箱港的堆场。

(9)站到站(CFS to CFS),由起运地或装箱港的集装箱货运站至目的港或卸箱港的集装箱货运站。

例题 5-5

国内某进口公司与香港一家公司达成交易,购买镀锌铁皮50吨,由香港装船,条件为CIF黄埔。该50吨铁皮装在3个20尺集装箱内,装船以后,卖方取得清洁提单向在香港的中国银行结汇,银行核对单证与信用证相符,给予结汇。

该船到黄埔卸货,进口公司提货时,集装箱铅封完整,但拆箱后发现装的是旧铁桶,铁桶内装的不是镀锌铁皮而是污水,当即经商品检验局检验,并作出检验报告,一方面立即打电话给香港中国银行要求停付,但该批货款早已提走,另一方面派人去香港找卖方公司索赔,却早已人去楼空。该进口公司又向船公司提出索赔。

试分析:船公司有无责任?该进口公司在工作、贸易合同条款上有无缺点和错误?从本案中应取得哪些教训,今后应如何注意并采取措施以防类似案件的发生?

资料来源:佚名. 国际物流运输案例解读[EB/OL]. https://wenku. baidu. com/view/25f1a9bba9114431b-90d6c85ec3a87c241288acf.html,2019-04-17[2021-03-20].

分析:在整箱货物运输中,交货时只要货箱铅封完好无损,承运人即完成运输义务,但对箱内货物不承担责任;整箱货物进口时,买方应对卖方装箱予以监督,并尽可能使用托收方式结汇。

(五)集装箱运费的计算

集装箱运输费用一般包括从装船港码头堆场或货运站至卸船港码头堆场或货运站的全过

程费用，主要就是海运运费再加上各种与集装箱运输有关的费用。

（1）海运运费。集装箱海运运费是指海上运输的费用，与班轮运费计算相似，只是平均费率比班轮下降了5%～10%，并且整箱货一般按箱计费，拼箱货则按货物计费吨计费。

（2）堆场服务费。堆场服务费是指在装船港或卸船港堆场接收出口或进口的整箱货以及堆场和搬运的相关费用。

（3）拼箱服务费。拼箱服务费是指集装箱货运站因为提供出口货物拼装箱服务、进口货物拆箱服务而收取的费用。

（4）集散运费与内陆运费。集散运费是指由内河、沿海的集散港至集装箱出口堆场之间的集装箱运输，承运人就这一环节向托运人收取的集散运费。而内陆运费既可以由承运人负责，也可以由货主负责。在集装箱货物不同的交接方式下，运输费用的构成会有所不同，但都是由上述费用组成的。

五、国际多式联运和大陆桥运输

国际多式联运是在集装箱运输的基础上产生和发展起来的，一般以集装箱为媒介，把海洋运输、铁路运输、公路运输和航空运输等传统单一运输方式有机地联合起来，来完成国际的货物运输。大陆桥运输（Land Bridge transport）是指使用横贯大陆的铁路或公路运输系统，作为中间桥梁，把大陆两端的海洋连接起来的集装箱连贯运输方式。国际货物使用大陆桥运输具有运费低廉、运输时间短、货损货差率小、手续简便等特点。因此，大陆桥运输是一种经济、迅速、高效的现代化的运输方式。

（一）国际多式联运的特点

1. 手续简便，责任统一

在国际多式联运方式下，货物运程不论多远，不论由几种运输方式共同完成货物运输，也不论货物在途中经过多少次转运，所有运输事项均由多式联运承运人负责办理。而货主只需办理一次托运，订立一份运输合同，支付一次运费，办理一次保险，并取得一份联运提单。与各运输方式相关的单证和手续上的麻烦被减少到最低限度。发货人只需与多式联运经营人进行交涉。

由于责任统一，一旦在运输过程中发生货物灭失或损坏时，由多式联运经营人对全程运输负责，而每一运输区段的分承运人仅对自己运输区段的货物损失承担责任。

2. 减少运输过程中的时间损失，使货物运输更快捷

多式联运作为一个单独的运输过程而被安排和协调运作，能减少在运转地的时间损失和货物灭失、损坏、被盗的风险。多式联运经营人通过他的通信联络和协调，在运转地各种运输方式的交接可连续进行，使货物更快速地运输，从而弥补了与市场距离远和资金积压的缺陷。

3. 节省了运杂费用，降低了运输成本

国际多式联运由于使用了集装箱，集装箱运输的优点都体现在多式联运中，多式联运经营人一次性收取全程运输费用、保险费用。货物装箱后装上一程运输工具后即可用联运提单结汇，有利于加快货物资金周转，减少利息损失。同时也节省了人、财、物资源，从而降低了运输成本。这有利于减少货物的出口费用，提高了商品在国际市场上的竞争能力。

4. 提高了运输组织水平,实现了门到门运输,使合理运输成为现实

多式联运可以提高运输的组织水平,改善不同运输方式间的衔接工作,实现了各种运输方式的连续运输,可以把货物从发货人的工厂或仓库运到收货人的内地仓库或工厂,做到了门到门的运输,使合理运输成为现实。

在当前国际贸易竞争激烈的形势下,货物运输要求速度快、损失少、费用低,而国际多式联运适应了这些要求。因此,在国际上越来越多地采用多式联运。可以说,国际多式联运是当前国际货物运输的发展方向。我国地域辽阔,更具有发展国际多式联运的潜力。随着我国内陆运输条件的改善,我国国际多式联运必将蓬勃地发展起来。

对货主而言,多式联运的优越性体现在大大减少了货物的损坏、偷窃和污染的发生;节省了包装费用;由于减少了转运时间,能够更好地对货物进行控制,从而降低了转运费用,也降低了内陆运输和装卸的费用。

(二)大陆桥运输的类型

大陆桥运输一般以集装箱为媒介,是集装箱运输开展以后的产物,其始于 1967 年,发展到现在已形成下列三条大陆桥运输路线。

1. 西伯利亚大陆桥运输

西伯利亚大陆桥是利用俄罗斯西伯利亚铁路作为桥梁,把太平洋远东地区与波罗的海和黑海沿岸以及西欧大西洋口岸连接起来。这是世界上最长的运输陆桥。

2. 新亚欧大陆桥运输

新亚欧大陆桥于 1992 年投入运营,它东起我国连云港,经陇海线、兰新线,接北疆铁路,出阿拉山口,穿越哈萨克斯坦、俄罗斯,与西伯利亚大陆桥重合,最终抵达荷兰鹿特丹、阿姆斯特丹等西欧主要港口。

3. 北美大陆桥运输

北美大陆桥包括两条路线,一条是从西部太平洋口岸至东部大西洋口岸的铁路或公路运输系统;另一条是西部太平洋沿岸至南部墨西哥湾口岸的铁路(或公路)运输系统。

六、其他运输方式

(一)公路运输

公路运输可以直接装运货物进口或出口,是车站、港口和机场集散进出口货物的重要手段,在对外贸易中发挥着重要作用。

(二)内河运输

内河运输是水上运输的重要组成部分,它连接着内陆腹地与沿海地区。一些内河直接与国际河流相通,在运输和集散进出口货物中起着重要作用。

(三)管道运输

管道运输是一种特殊的运输方式,这种运输方式是借助于高压气泵的压力或自身的势差压力来输送货物,主要用于液体、气体的输送。其特点是固定投资大,运输成本低。

（四）邮政运输

邮政运输采用邮包运输,手续简便,费用也不太高,但运量有限,只能适用于运量轻和体积小的商品,每件邮包重量不得超过 20 千克,长度不得超过 1 米。因此,只适用于运送某些零部件、药品和急需的零星商品。各国邮政部门之间签订有协定和公约,各国的邮件包裹可以相互传递,从而形成了国际邮政网络。国际邮运具有"门到门"运输性质,托运人只要按邮局规定将邮件交给邮局,一次付清邮资,取得邮件收据,交货手续即已完成。收件人凭邮局到件通知提取邮件。目前国际上开展有特快专递业务,主要有以下两种。

（1）国际特快专递,简称 EMS,是我国邮政部门办理的特快专递业务。

（2）DHL 信使专递。DHL 是国际信使专递行业中具有代表性的专递公司,总部设在美国纽约,在 140 多个国家和地区设有分支机构,传递范围遍及世界各地。

第二节 运 输 单 据

运输单据是承运人收到承运货物后,签发给出口商的证明文件,它是交接货物、处理索赔与理赔以及银行结算货款或进行收付的重要单据。在国际货物运输中,运输单据的种类有很多,不同的运输方式有不同的运输单据,如海运提单、铁路运单、航空运单、邮包收据和多式联运单据等。其中最主要的是海运提单。

一、海运提单

（一）海运提单的性质和作用

（1）提单是承运人或其代理人签发的货物收据,证明已按提单所列内容收到货物,并保证按收据上所列内容交付货物。

（2）提单是货物所有权的凭证。提单上的收货人或合法持有人有权凭提单向承运人提取货物,并可在船舶到达目的港交货之前进行转让或凭此向银行办理抵押贷款。收货人在目的港提取货物时,必须提交正本提单（Original B/L）。

（3）提单是承运人与托运人之间运输契约的证明,是处理双方在运输中的权利和义务的主要依据。

（二）海运提单的内容

目前,各航运公司所制定的海运提单,格式上虽不完全相同,但其内容大同小异,主要包括正面内容和背面条款两部分。

1. 海运提单的正面内容

海运提单的正面内容具体包括以下几项：承运人名称及主营业所,托运人名称,收货人名称,通知人名称,船名、航次及船舶国籍,装运港、目的港,货物的品名、唛头、件数、重量或体积,运费及其他费用,提单号码、份数和签发日期、签发地点,承运人或其代理人签字等。正面内容主要由承运人和托运人填写。

2. 海运提单的背面条款

海运提单的背面条款是处理承运人和托运人（或收货人、持单人）之间所发生争议的依据。

目前,大多数海运提单的背面条款是基于《海牙规则》制定的。一般来说,主要包括首要条款、定义条款、承运人的责任与豁免、运费条款、转运条款、包装与唛头条款、赔偿条款、留置权条款、特殊货物条款等内容。

(三)海运提单的种类

海运提单可以从不同的角度进行分类。

1. 按货物是否已装船划分

(1)已装船提单(On Board or Shipped B/L)。已装船提单是指在货物装上船后,由承运人或其代理人签发的提单。这种提单必须注明船名、装船日期,并由船长或其代理人签字。另外,也需有"货已装船"(On Board)字样。在贸易实务中,买方一般要求卖方提供已装船提单。

(2)备运提单(Received for Shipment B/L)。备运提单是指承运人在收到托运货物等待装运时所签发的提单。在货物装船后,托运人可凭此向船公司换取已装船提单;也可经承运人在其上批注已装船字样,并注明船名、装船日期及签字后,变成已装船提单。

2. 按提单收货人的抬头方式划分

(1)记名提单(Straight B/L)。记名提单又称"收货人抬头提单",是指在提单收货人一栏内填写指定收货人名称的提单。这种提单只能由提单上指定的收货人提货,不可转让。一般只有在运输贵重物品或展览品时才使用该提单。银行一般不愿意接受记名提单作为议付的单证。

(2)不记名提单(Open B/L、Blank B/L、Bearer B/L)。不记名提单又称来人抬头提单,是指提单收货人栏内不填写具体收货人名称的提单,该栏或留空白,或填写"To the Bearer"。任何人持有这种提单皆可提货,而且仅凭交付即可转让,因而风险较大,在贸易实务中很少使用。

(3)指示提单(Order B/L)。指示提单是指提单收货人一栏内只填写"凭指示"(To Order)或"凭某人指示"(To the Order of ××)字样的提单,这种提单经背书后可转让。在进出口业务中使用最广。背书的方法有两种,即空白背书和记名背书。前者是仅有背书人(提单转让人)在提单背面上签字盖章,而不注明被背书人的名称;后者是除背书人签章外,还需列明被背书人名称。当前贸易实务中使用最广的是"凭指示"并经空白背书的提单,习惯上称其为"空白抬头、空白背书"的提单。

3. 按提单对货物外表状况有无不良批注划分

(1)清洁提单(Clean B/L)。清洁提单是指货物在装船时外表状况良好,承运人未加注任何有关货物残损、包装不良或其他有碍结汇批注的提单。

(2)不清洁提单(Unclean B/L)。不清洁提单是指承运人在提单上加注有货物表面状况不良或存在缺陷等批注的提单。在国际贸易实务中,卖方有义务提交清洁提单,也只有清洁提单才可以转让。

4. 按运输方式的不同划分

(1)直达提单(Direct B/L)。直达提单是指货物运输途中不转船,而是直接从装运港运至目的港的提单。

(2)转船提单(Transshipment B/L)。转船提单是指在货物需中途转船才能到达目的港的情况下,承运人所签发的提单。提单上注有"转运"或"在某港转运"字样。

(3)联运提单(Through B/L)。联运提单是指货物通过海陆、海空或海海的联合运输时,由第一承运人签发的、包括全程的、在目的地可以凭此提货的提单。各承运人只对自己运程内的货物运输负责。

5. 按船舶营运方式的不同划分

（1）班轮提单（Liner B/L）。班轮提单是指货物由班轮公司承运时所签发的提单。

（2）租船提单（Charter B/L）。租船提单是指承运人根据租船合同签发的提单。这种提单受租船合同条款的约束。

6. 按提单格式的不同划分

（1）全式提单（Long Form B/L）。全式提单是指不仅有完整的正面内容，而且有详细的背面条款的提单。国际贸易中使用的大多为全式提单。

（2）略式提单（Short Form B/L）。略式提单是指仅有正面内容而无背面条款的提单。

7. 按提单使用效力的不同划分

（1）正本提单（Original B/L）。正本提单是指提单上有承运人正式的签字盖章并注明签发日期的提单。这种提单是具有法律效力的单据，上面需注明"正本"字样。一般签发一式两份或多份，凭其中任一份可提货。

（2）副本提单（Copy B/L）。副本提单是指无承运人签字盖章，仅供参考之用的提单。提单上一般标明"副本"字样。

8. 其他提单

（1）过期提单（Stale B/L）。过期提单是指超过信用证规定的期限才交到银行的提单或者晚于货物到达目的港的提单。通常情况下，迟于单据签发日期 21 天才提交的提单算过期提单。银行一般不接受过期提单。在近洋国家间的贸易合同中，一般订有"过期提单可以接受"的条款。

（2）舱面提单（On Deck B/L）。舱面提单又称甲板提单，是指货物装在船舶甲板上时签发的提单。由于货物在甲板上风险较大，所以买方和银行一般不接受甲板提单。

（3）倒签提单（Anti-Dated B/L）。倒签提单是指承运人应托运人要求，使提单签发日期早于实际装船日期的提单。这主要是为了使提单符合信用证对装运日期的规定，以顺利结汇。

（4）预借提单（Advanced B/L）。在信用证规定的装运日期和议付日期已到，而货物却未及时装船的情况下，托运人出具保函，让承运人签发已装船提单，这就属于预借提单。

例题 5-6

1993 年，山西省某外贸公司与美国 AMERICAN PLAYTIME CORP 签订了一批矿产品的出口合同。五六月间，该公司以信用证结算方式出口了两批货物，交单议付后顺利结汇。10 月，又陆续出口 6 批货物，考虑到前几次货物出口收汇情况良好，选择了付款交单（D/P）的托收方式结算，金额合计 26 万美元。但代收行多次催促，国外客商也不付款赎单。

1994 年 3 月，该公司得知货物已被客户凭副本提单提领，于是要求银行退回单据。4 月，该公司凭已退回的正本提单向船公司"AMERICAN PRESIDENT LINES LTD"交涉时，遭到拒绝，理由是该提单为记名提单，按照当地惯例，收货人可以不凭正本提单提货。至此，公司货款两空，蒙受了巨大的经济损失。问：

（1）什么叫记名提单？其性质如何？

（2）从本案中应吸取哪些教训？

分析：

（1）海运提单按提单收货人抬头的不同或是否可以转让分为"记名提单""不记名提单"和"指示提单"。所谓"记名提单"（Straight B/L）是指提单上的收货人（Consignee）栏内具体填明了特定收货人的名称，只能由该收货人提货，不能背书转让的提单。这种提单只是货物收据和运输合同的证明，不是物权凭证，不能代表货物进行流通转让，故又称"不可转让提单""直交式提单"。按照有些国家的惯例，收货人可以不凭正本提单提货而只需证明自己的收货人身份即可。

（2）从本案例中应吸取的教训主要有以下几方面。

① 不重视对客户的资信调查。做国际贸易的风险很大，一定要做好客户的资信调查。本案的进口商资信不佳，经营风险恶劣是导致出口商款货两空的主要因素。当前国际贸易中，国外不法商人诈骗方式越来越隐蔽，而且往往在贸易初期，均采用较好的合作态度以骗取我国出口企业的信任，然后伺机进行诈骗活动，我国出口企业一定要对此引起重视。

② 结算方式选择不妥。国际贸易中，信用证与托收是两种主要的结算方式。前者属于银行信用，后者属于商业信用。在托收的方式下，银行只是代理收款，能否收到货款，完全取决于进口商的信用，银行不承担任何责任。所以，在对进口商的资信不很了解的情况下，应尽量采用信用证的结算方式。

本案中，该出口商与进口商首次进行贸易往来，尽管在贸易往来初期，采用了信用证方式结算，收汇比较顺利，但在以后的货物出口中，盲目乐观，采用了收托方式，造成收汇风险。

③ 提单类型选择不当。提单抬头决定了海运提单的性质和物权的归属，而能否控制物权对于保障出口商货款安全具有极其重要的作用。在本案中，出口商忽视了提单抬头对提单性质的影响，盲目采用记名提单，失去了对物权的控制，使进口商得以既不付款赎单，而同时又提领了货物，从而导致出口商款货两空，这不能不令人深思。

二、铁路运输单据

铁路运输可分为国际铁路联运和国内铁路运输两种方式，前者使用国际铁路联运运单，后者使用国内铁路运单。通过铁路对港、澳出口的货物，由于国内铁路运单不能作为对外结汇的凭证，故使用承运货物收据这种特定性质和格式的单据。

1. 国际铁路货物联运运单

国际铁路货物联运所使用的运单是铁路与货主间缔结的运输契约。该运单从始发站随同货物附送至终点站并给收货人，它不仅是铁路承运货物出具的凭证，也是铁路同货主交接货物、核收运杂费和处理索赔与理赔的依据。该运单副本在铁路加盖承运日期戳记后发还给发货人作为卖方凭此向银行结算货款的主要证件之一。

2. 承运货物收据

承运货物收据（Cargo Receipt）是港澳联运中使用的一种结汇单据。由于内地铁路部门发往港澳货物不能只使用一张单据，因此铁路提供的货物运单不能作为结汇的凭证，改由中国外运公司凭铁路运单以运输承运人的身份另外签发经深圳中转至香港货物的承运收据，交由出口企业凭之向银行或通过银行向收货人收汇。

承运货物收据起到了类似海运提单或国际联运运单副本的作用，既代表货物的所有权，又是香港收货人的提货证明，也是货运双方的运输契约和承运人货物收据。承运货物收据有时还可以用于公路、河运等其他运输方式。

三、航空运单

航空运单是航空公司出具的承运货物的收据，是发货人与承运人之间缔结的运输契约，但不能作为物权凭证进行转让和抵押。此外，航空运单也是海关查验放行的一项基本单据。

收货人在目的港提货不是凭航空运单，而是凭航空公司发出的提货通知单。航空运单共有正本一式三份：第一份正本注明应交托运人，第二份正本注明由航空公司留存，第三份正本注明由航空公司随机带交收货人。其余为副本，由航空公司按规定和需要进行分发，作为报关、结算、国外代理中转分拨等使用。《跟单信用证统一惯例》规定：空运单据的签发日期即为装运日期。若信用证要求实际发运日期，则应对此日期作出专项批准，此日期即为装运日期。

四、邮包收据

邮包收据（Parcel Post Receipt）是邮包运输的主要单据，它既是邮局收到寄件人的邮包后所签发的凭证，也是收件人凭此提取邮件的凭证。当邮包发生损坏或丢失时，它还可以作为索赔和理赔的依据，但它不是物权凭证。

第三节　国际货物装运条款

在国际货物买卖合同中，买卖双方必须对交货时间、装运地、目的地、分批装运、转运、装运通知、滞期、速遣条款等内容做出具体的规定。明确合理地规定装运条款，是保证装运合同顺利履行的重要条件。

一、装运时间

在买卖合同中，货物的装运时间条款是必不可少的。一般关于装运时间的规定有如下几种方法。

（一）规定在某月或跨月装运

此方法即装运时间限于某一段确定时间。例如，Shipment during March 2009（2009 年 3 月装运），即卖方可在 2009 年 3 月 1 日至 3 月 31 日的任何时间装运出口；Shipment during April/May 2009（2009 年 4/5 月装运），即卖方可在 2009 年 4 月 1 日至 5 月 31 日的任何时间装运出口。

（二）规定在某月月底或某日前装运

此方法即在合同中规定一个最迟装运日期，在该日期前装运有效。例如，Shipment at or before the end of August 2009（在 2009 年 8 月底或以前装运），即卖方最迟不能超过 2009 年 8 月 31 日装运；Shipment not later than Jun.15, 2009，即自合同订立之日起，最迟不能迟于 2009 年 6 月 15 日装运。

（三）规定在收到信用证后的一定期限内装运

在对买方资信了解不够或防止买方可能因某些原因不按时履行合同的情况下，可采用此种方法规定装运时间，以保障卖方利益。一般情况下，远洋运输规定不少于 1 个月，近洋运输不少于 20 天。例如，Shipment with in 30days after receipt of L/C，即收到信用证后 30 天内装运。

另外，为防止买方拖延或拒绝开证而造成卖方不能及时安排生产及装运进程的被动局面，合同中一般还同时订立一个限制性条款，即规定信用证的开立或送达期限。例如，The buyers must open the relative L/C to reach the sellers not later than Aug.18，即买方必须不迟于 8 月18 日将信用证开到卖方。

二、装运港和目的港

有关装运港（地）和目的港（地）的规定关系到买卖双方履行义务、划分风险责任、费用结算等问题，因而，必须在合同中做出具体规定。

（一）装运港（地）

一般情况下，装运港（地）由卖方提出，经买方同意后确定，以便卖方安排货物装运。实际业务中，应考虑多方因素，根据合同中使用的贸易术语和运输方式，合理选择装运港（地），具体做法如下。

（1）原则上选择靠近产地、交通方便、费用较低、基础设施较完善的地方。

（2）采用 CFR、CIF 等术语交易时，应多定几个装运港（地），便于灵活选择；采用 FOB 条件时，买方应特别注意装运港（地）的装载条件是否适合。

（3）采用集装箱多式联运，一般以有集装箱经营人收货站的地方为装运港（地）。在买卖合同中，通常只规定一个装运港（地），如"装运港：宁波"（Port of Shipment：Ningbo）。有时因实际业务需要，也可规定多个装运港（地）。如"装运港：上海和宁波"（Port of Shipment：Shanghai and Ningbo）。此时，若签订的是由卖方负责运输的 CFR、CIF 等合同，卖方可根据实际需要，任意选择一个装运港；若是买方负责运输的合同，则卖方应在装运时间之前的合理时间内，将选定的装运港通知买方，以便于买方派船接运或指定承运人。

（二）目的港（地）

在进出口业务中，目的港（地）一般由买方提出，经卖方同意后确定。合同中一般只规定一个目的港（地），必要时也可规定两个或两个以上的目的港（地）或做笼统规定，由买方在装运期前通知卖方。在出口业务中，对于目的港（地）的选择，要考虑如下因素。

（1）要注意不能以我国政府不允许进行贸易往来的国家或地区作为目的港（地）。

（2）目的港（地）必须是船舶可以安全停泊的港口（如非疫、非战争地区），争取选择装卸条件良好、班轮经常挂靠的基本港口。若货物运往无直达班轮或航次较少的港口，合同中应规定"允许转船"的条款。

（3）目的港（地）的规定应明确、具体。一般不宜笼统定为"某某地区主要港口"，如"非洲主要港口"（African Main Ports）等，以免因含义不明给卖方带来被动。

（4）除非以多式联运方式运输，否则一般不接受内陆城市为目的地的条款，如向内陆国家出口货物,应选择离目的地最近且卖方能安排船舶的港口为目的港。

（5）合理使用选择港。采用选择港时,应注意六个方面的问题:第一,选择港数目一般不要超过三个;第二,备选港口应在同一航线上,且是班轮都挂靠的港口;第三,合同中应明确规定买方最后确定目的港的时间;第四,合同中应明确因选择港而增加的运费、附加费等均应由买方承担;第五,运费应按选择港中最高的费率和附加费计算;第六,按一般惯例,如买方未在规定时间通知卖方最后选定的卸货港,船方有权在任何一个备选港口卸货。

（6）注意所规定的目的港（地）有无重名问题。如维多利亚（Victoria）,全世界有 12 个;的黎波里（Tripoli）在利比亚、黎巴嫩各有一个,甚至同一国家的地名也有重的。因此,在此种情况下,应在合同中明确注明目的港（地）所在的国家和所处的方位,以免发生差错。

三、分批装运和转船

分批装运和转运直接关系到买卖双方的利益,交易双方应根据实际需要和可能,在合同中做出具体而明确的规定。

（一）分批装运

这是指一笔成交的货物分为若干批次装运,因此又称分期装运。分批装运的主要特征是分批次装运,分批次到达目的港。同一笔交易货物,在不同地点、不同时间分别装在同一航次、同一条船上,即使分别签发了若干不同内容的提单,也不是分批装运。分批装运的注意事项如下。

（1）对于分批次装运的解释和运用,各国做法不一,有些国家规定,合同未规定允许分批装运,则不得分批装运。国际商会《跟单信用证统一惯例》规定:"除非信用证另有规定,允许分批装运。"因此,为避免争议,交易双方应在合同中订明:是否允许分批装运及每批的具体时间和数量。

（2）《跟单信用证统一惯例》还规定:如信用证规定在指定时期内分批装运,其中任何一批未按批装运,信用证对该批和以后各批货物均告失效,即任何一批次不按时、按量或按批次装运,则本期及以后各期均不得凭以装运收汇。所以,在订约时应充分考虑每批装运的时间、间隔和具体期限以及每批交货数量。

（二）转运

如没有直达船或一时无适当的船舶运输而需要通过中途港转运的,称为转运。货物中途转运不仅延误时间,增加费用开支,而且可能出现货损货差。买方在进口货物时,一般不愿意转运。《跟单信用证统一惯例》规定,除非信用证有相反的规定,可准许转运。订约时买卖双方是否同意转运及有关转运办法、转运费用负担等问题应具体明确地做出规定。出口合同中的分批装运和转船条款应与交货（装运）时间结合订立。例如:

（1）10/11/12 月份装运,允许分批和转运。

（2）2011 年 1/2 月份分两批装运。

（3）2011 年 1/2 月份分两批大约平均装运。

（4）2011 年 1/2/3 月份每月各装一批（限批、限时、不限量）。

（5）2011 年 1/2/3 月份每月平均装运（限批、限时、不限量）。

例题 5-7

某公司向坦桑尼亚出口一批货物,目的港为坦埠。国外来证未明确可否转船,而实际上从新港到坦埠无直达船。问:这种情况下是否需要国外改证加上"允许转船"字样?

分析:不需要,只要信用证没有禁止转船字样,即可视为允许转船。

四、装运通知

装运通知(Shipping Advice)是装运条款中不可缺少的一项重要内容,是在采用租船运输大宗进出口货物的情况下,在合同中加以约定的条款。其目的在于明确买卖双方的责任,促使买卖双方相互配合、相互衔接。按照国际贸易的一般做法,在 FOB 条款下,卖方在约定装船期开始前,一般是 30 天或 45 天,向买方发出货物备妥准备装船的通知,买方接到卖方通知后应及时将船名、船期电告卖方准备装船。

在按 CIF、CFR 条件成交时,卖方应于货物装船后立即将合同号、货物的品名、件数、重量、发票金额、船名及装运日期电告买方,以便买方准备接货、办理进口手续或投保。合同中的交货条款示例如下。

(1) Shipment during May from Shanghai to London. The Sellers shall advise the Buyers,45 days before the month of shipment, of the time the goods will be ready for shipment.(5 月份装运由上海至伦敦。卖方应在装运月份前 45 天通知买方货物备妥可供装运的时间。)

(2) During Jan. -Feb.2021 in two shipments.(2021 年 1—2 月分两批装运。)

五、装卸时间、滞期费和速遣费的规定

(一) 装卸时间

装卸时间一般以天数或小时来表示,其规定方法很多,其中主要有下列几种。

(1) 日(Days)或连续日(Running Days 或 Consecutive Days)。这是指午夜至午夜连续 24 小时的时间,也就是日历日数。这种规定,不论是实际不可能进行装卸作业的时间(如雨天、施工或其他不可抗力),还是周末或节假日,都应计为装卸时间,因此,对租船人很不利。

(2) 累计 24 小时好天气工作日(Weather Working Days of 24 Hours)。这是指在好天气情况下,不论港口习惯作业为几小时,均以累计 24 小时作为一个工作日。如果港口规定每天作业 8 小时,则一个工作日便跨及几天的时间,这种规定对租船人有利。

(3) 连续 24 小时好天气工作日(Weather Working Days of 24 Consecutive Hours)。这是指在好天气情况下,连续作业 24 小时算一个工作日,如中间因坏天气影响而不能作业的时间应予扣除。这种方法一般适用于昼夜作业的港口。当前,国际上采用这种规定的较为普遍,我国一般都采用此种规定。

(二) 滞期费和速遣费

滞期费是指在规定的装卸期限内,租船人未完成装卸作业,给船方造成经济损失,租船人对超过的时间应向船方支付的一定罚金。

　　速遣费是指在规定的装卸期限内,租船人提前完成装卸作业,使船方节省了船舶在港的费用开支,船方应向租船人就可节省的时间支付一定的奖金。按照惯例,速遣费一般为滞期费的一半。

　　注意在合同中规定滞期和速遣条款时应与租船合同相应条款保持一致。

 **基础训练**

一、单项选择题

1. 小件急需品和贵重货物,其有利的运输方式是(　　　)。
　　A. 海洋运输　　　　B. 邮包运输　　　　C. 航空运输　　　　D. 公路运输

2. 仅次于海洋运输的一种主要运输方式是(　　　)。
　　A. 铁路运输　　　　B. 公路运输　　　　C. 航空运输　　　　D. 管道运输

3. 我国内地经由铁路供应港澳地区的货物,向银行输收汇的凭证是(　　　)。
　　A. 国际铁路联运单　　　　　　　　B. 国内铁路联运单
　　C. 承运货物收据　　　　　　　　　D. 多式联运单

4. 在进出口业务中,经过背书能够转让的单据有(　　　)。
　　A. 铁路运单　　　　B. 海运提单　　　　C. 航空运单　　　　D. 邮包收据

5. 我国出口到朝鲜的石油,一般采用的运输方式是(　　　)。
　　A. 公路运输　　　　B. 河流运输　　　　C. 管道运输　　　　D. 铁路运输

6. 承运人收到托运货物,但尚未装船时向托运人签发的提单是(　　　)。
　　A. 已装船提单　　　B. 指示提单　　　　C. 备运提单　　　　D. 舱面提单

7. 国际贸易中最主要的运输方式是(　　　)。
　　A. 航空运输　　　　B. 铁路运输　　　　C. 海洋运输　　　　D. 公路运输

8. 在班轮运价表中用字母"M"表示的计收标准为(　　　)。
　　A. 按货物毛重计收　　　　　　　　B. 按货物体积计收
　　C. 按商品价格计收　　　　　　　　D. 按货物件数计收

9. 按提单收货人抬头分类,在国际贸易中被广泛使用的提单有(　　　)。
　　A. 记名提单　　　　B. 不记名提单　　　C. 指示提单　　　　D. 班轮提单

10. 在规定装卸时间的办法中,使用最普遍的是(　　　)。
　　A. 日或连续日　　　　　　　　　　B. 累计24小时好天气工作日
　　C. 连续24小时好天气工作日　　　　D. 24小时好天气工作日

二、多项选择题

1. 海洋运输的优点是(　　　)。
　　A. 通过能力大　　　B. 载运量大　　　　C. 运输成本低　　　　D. 风险大
　　E. 速度快

2. 规定国内装运港和目的港时,应注意(　　　)。
　　A. 不能接受内陆城市作为装运港或目的港的条件
　　B. 应考虑货物的合理流向并贯彻就近装卸的原则
　　C. 对港口的规定,应明确具体,不宜过于笼统
　　D. 应考虑港口的设施、装卸条件等实际情况
　　E. 应注意国外港口有无重名的问题

3. 对分批装运的叙述正确的有( )。

    A. 一笔成交的货物分若干批次装运

    B. 4 月份装 200 箱,5 月、6 月、7 月再各装 200 箱

    C. 一笔货物一次性装完

    D. 交易双方在合同中应订明是否允许分批装运

    E. 一笔成交的货物,在不同时间和地点分别装在同一航次、同一条船上

4. 买方一般不愿接受的提单有( )。

    A. 已装船提单   B. 备货提单   C. 清洁提单   D. 不清洁提单

    E. 指示提单

5. 下列关于转运的叙述,正确的有( )。

    A. 货物中途转运,会延误时间和增加费用开支

    B. 卖方一般不愿转运

    C. 卖方在商定合同时,可提出订立"限制转运"的条款

    D. 买卖合同中不使用"允许转运"条款

    E.《跟单信用证统一惯例》规定,除非信用证有相反规定,可允许转运

6. 按照提单收货人抬头分类,提单有( )。

    A. 清洁提单   B. 不清洁提单   C. 记名提单   D. 不记名提单

    E. 指示提单

7. 下列对航空运输的描述,不正确的有( )。

    A. 运费通常是按重量或体积计算

    B. 空运比海运计算运费的起点高

    C. 空运能节省包装费

    D. 便于货物抢行应市和卖上好价

    E. 空运要附加大量保险费

8. 下列对我国内地供应港澳地区的货物运输方式的叙述正确的是( )。

    A. 它不同于一般的国内运输,与国际铁路联运相似

    B. 内地供应香港的货物,由产地经铁路运至深圳北站,再转港段铁路运交买方

    C. 内地供应澳门的货物,由产地经铁路运至广州北站,再转船运至澳门

    D. 采用这种运输方式时,国内铁路运单不能作为对外结汇的凭证

    E. 运输方式都为铁路运输

9. 邮包运输的优缺点在于( )。

    A. 手续繁多   B. 费用不太高   C. 运输量大   D. 运费一般较高

    E. 速度快

10. 下列对海洋运输的描述正确的有( )。

    A. 其基本工具是商船   B. 易受自然条件和气候的影响

    C. 航行速度较慢   D. 风险较小

    E. 沿海国家的进出口货物,大部分都采用海洋运输方式

三、简答题

1. 国际货物运输方式有哪些?

2. 班轮运输的特点有哪些?

3. 租船运输有哪几种方式？不同方式下船方收取租金是如何规定的？

4. 简述选择目的港时应注意的问题。

5.《跟单信用证统一惯例》对分批装运有哪些规定？

四、计算题

1. 某公司向海湾国家出口 A 商品 100 箱，每箱体积 40 cm×30 cm×20 cm，毛重 30kg，应付给船公司运费多少？又知货装外轮，查"中租表"：A 商品按货物分级表规定计算标准为 M/W，货物等级为 10 级；又查"中国—海湾地区航线等级费率表"：10 级每运费吨的基本费率为 222 港元，另收燃油附加费 10%。

2. 某公司向澳大利亚出口商品 1 200 箱，目的港为悉尼港，用纸箱包装，每箱毛重 27kg，体积为 0.040 m³，运费的计算标准为 W/M 10 级。试计算下列两种情况下的运费。

（1）用中远直达船直抵悉尼港。中远直达船 10 级货直抵悉尼港，基本运费为 150 元人民币，加币值附加费 36%，再加燃油附加费 29%，港口拥挤附加费 40%。

（2）中国香港中转。10 级货至悉尼港基本运费为 520 港元，加燃油附加费 32%，港口拥挤附加费每运费吨 40 港币。设 HKD1＝CNY0.8。

五、案例分析题

1. 甲商与乙商按 CIF 某港口即期信用证方式付款条件达成交易。出口合同和信用证均规定不准转运，甲在规定的装运期内将货物装上直达目的地班轮，并以直运提单办理了议付，但承运船只在途经某港时，为接载其他货物，擅自将甲的货物卸下，换装其他船只运往目的港，由于换装船只陈旧，抵达目的港的时间比正常直运船的抵达时间晚了 3 个月，影响了乙方使用，为此乙方向甲提出索赔。

理由是甲提交的是直运提单，实际上是转船运输，甲的业务员认为合同用的是"到岸价"，船舶也是由甲方租的，船方擅自转船的风险理应由甲方承担，因此按乙方要求办理了理赔。请问：甲方这样做是否妥当，为什么？

2. 山东某公司向国外出口一批花生仁，国外客户开来不可撤销信用证，证中的装运条款规定："Shipment from Chinese port to Singapore in May，Partial shipment prohibited"。我公司因货源不足，先于 5 月 15 日在青岛港将 200 吨花生仁装"东风"轮，取得一套提单；然后又在烟台联系到一批货源，在我公司承担相关费用的前提下，该轮船又驶往烟台港装了 300 吨花生仁于同一轮船，5 月 20 日取得有关提单。然后在信用证有效期内将两套单据交银行议付，银行以分批装运、单证不符为由拒付货款。问：银行的拒付是否合理？为什么？

六、实训题

请将下列内容填入提单中相应栏内，如将托运人填入提单上 Shipper 栏内。

1. 收货人	2. 总件数、箱数	3. 接货地	4. 船名
5. 托运人	6. 交货地	7. 箱号、箱封号	8. 前一承运人
9. 支付地	10. 装船港	11. 尺码	12. 运费与费用
13. 预付运费	14. 卸船港	15. 申报货价	16. 提单签发日期
17. 正本提单份数	18. 提单签发地	19. 提单签发人	20. 通知方
21. 航次	22. 箱数、件数	23. 货物描述	24. 重量
25. 到付运费	26. 费率		

		B/L NO.		
Shipper		Port to port or combined transport bill of lading RECEIVED by the carrier as specified below in apparent good order and condition unless otherwise started, the goods shall be transported to such place as agreed, authorized or permitted here in and subject to all the term and conditions whether written, typed, stamped, printed, or incorated on the front and reverse side here of which the merchant not with standing. The particulars given below as started by the shipper, the weight, measure, quantity condition, contents and value of goods are unknown to the carrier. In WITNESS where of one(1) original bill of lading has been signed if not otherwise stated below, the same being accomplished the other(s), if any, to be void, if required by the carrier one(1) original bill of lading must be surrendered duly endorsed in exchange for the goods or delivery order ORIGINAL		
Consignee				
Notify party				
precarriage	Place of Receipt			
Vessel Voy No.	Port of loading			
Port of Discharge	Place of delivery			
		PantiCulars furnished by the merchant		
ConCain No./ seal No. marks & number	No of containers or packages	Description of Goods	Gross weight	measurement
Total number of containers or packages(IN word)				
Freight & charges	rate	unit	prepaid	Collect
Excess value declaration	payable			
Number of original bills of lading				
Place of issue				
Date of issue				

第六章

国际贸易货物运输保险

学习目的与要求

1. 了解保险的基本原则,掌握海洋运输货物保险承保的范围。

2. 掌握中国保险条款和《协会货物条款》保险条款中的保险险别。

3. 了解投保的工作流程,能熟练计算进出口货物的保险费,缮制保险单据。

4. 规范并熟练地订立合同中的保险条款。

引导案例

保险条款不明确导致纠纷案

G 公司以 CIF 价格条件引进一套英国产检测仪器,因合同金额不大,合同采用简式标准格式,保险条款一项只简单规定"保险由卖方负责"。一起到货后,G 公司发现一部件变形影响其正常使用。G 公司向外商反映要求索赔,外商答复仪器出厂经严格检验,有质量合格证书,非他们责任。后经商检局检验认为是运输途中部件受到振动、挤压造成的。G 公司于是向保险代理索赔,保险公司认为此情况属"碰损、破碎险"承保范围,但 G 公司提供的保单上只保了"协会货物条款"(C),没保"碰损、破碎险",所以无法索赔。G 公司无奈只好重新购买此部件,既浪费了金钱,又耽误了时间。

资料来源:佚名. 国际货物运输保险典型案例[EB/OL]. https://wenku. baidu. com/view/fb43585dc081e53a580216fc700abb68a982ad02.html,2020-04-20 [2021-04-25].

分析:G 公司业务人员想当然地以为合同规定卖方投保,卖方一定会保"一切险"或伦敦"协会货物条款"(A),按照《国际贸易术语解释通则 2020》的解释,在 CIF 条件下,如果合同没有具体规定,卖方只需要投保最低责任范围险别,即平安和伦敦"协会货物条款"(C)就算履行其义务。

注意:①当进口合同使用 CIF、CIP,由卖方投保的价格术语时,一定有在合同上注明按发票金额的 110% 投保的具体险别以及附加险。②进口合同尽量采用 CFR、CPT 等价格术语,由买方在国内办理保险。③根据货物的特点选择相应险别和附加险。

保险是一种经济补偿制度,从法律角度看,它是一种补偿性契约行为,即被保险人向保险人提供一定的对价(保险费),保险人则对被保险人将来可能遭受的承保范围内的损失负赔偿责任。保险业务涉及的当事人主要有保险公司(保险人)、投保人、被保险人、受益人等。

在国际货物买卖业务中,货物由出口国的卖方所在地转移到进口国的买方所在地,要通过运输、装卸和储存等过程,在此过程中可能会遇到各种难以预料的风险,进而带来损失。进出口企业为了转嫁这种风险,就可以向开展国际货物运输保险业务的保险公司缴纳一定的保险费,风险发生时,若风险属于保险公司承保范围内的风险,便可向保险公司索赔。保险成为一个不可缺少的条件和环节。其中业务量最大、涉及面最广的是海洋运输货物保险。为此需要了解保险的基本原则、风险和损失的种类,明确保险公司不同险别的承保范围,以便合理地向保险公司投保。

第一节 保险的基本原则

一、保险利益原则

保险利益又称可保权益,是指投保人对保险标的具有的法律上承认的利益。对于货物运输保险,反映在运输货物上的利益,是指货物价值、相关费用(运费、保险费、关税和预期利润等)。若保险标的安全到达,被保险人就受益;若保险标的被损坏或灭失,被保险人就受到损害或负有经济责任。可保利益的结构形态包括以下内容。财产利益:包括占有利益、抵押利益、担保利益、债权利益等。收益利益:即期待利益,包括盈利收入、租金、利息等收入。责任利益:包括民事赔偿责任、雇主责任、产品责任利益等。费用利益:包括施救费、救助费用利益等。人际关系利益:包括夫妻、父子、雇佣关系利益。人身利益:包括生存利益、医疗利益、职业利益。

二、最大诚信原则

最大诚信原则是指投保人和保险人在签订保险合同以及在合同有效期内,必须保持最大限度的诚意,双方都应恪守信用,互不欺骗隐瞒,保险人应当向投保人说明保险合同的条款内容,并可以就保险标的或者被保险人的有关情况提出询问;投保人应当如实告知。

对投保人来说,最大诚信原则主要有两方面的要求:一是告知,即保险合同订立之前、订立之时及在合同有效期,投保人对于已知或应知的与标的有关的重要事实向保险人做口头或书面的申报,保险人则应将与投保人利害相关的重要事实通报投保人;二是保证,即被保险人保证履行或不履行某一特定事项,或保证履行某项条件,或者保证某一特定事实情况的存在或不存在。对保险人来说,最大诚信原则要求是弃权与禁止反言。弃权,是指双方当事人任何一方放弃在保险合同中可以主张的某种权利。禁止反言,是指一方当事人放弃了合同中可以主张的权利,日后不得再重新主张这种权利。

例题 6-1

某保险公司于 2019 年 6 月 3 日承保了某甲的机动车辆保险,某甲尚未交付保费,业务员就将保单正本和保费收据一并交给了投保人。此后多次催交保费,某甲均以资金不足为由拖延。同年 10 月 10 日,某甲的车辆肇事发生损毁。事后,在 10 月 11 日某甲立即向保险公司以现金方式补交了全年保费,此时保险公司还不知已发生了事故,就接受了此保费。随后某甲报案,保险公司调查真相后,以某甲在发生事故前未交付保费为由予以拒赔。某甲不服,以保险公司已接受保费为由起诉。

资料来源:佚名. 保险学案例[EB/OL]. https://wenku.baidu.com/view/0d52bbb7580102020740-be1e650e52ea5418ce76.html, 2019-05-19[2021-04-28].

分析:机动车辆保险合同条款中,投保人义务第一项规定,投保人应当在投保时一次性交付保险费。换言之,如未按保险合同约定的时间和金额履行交费义务,则保险合同是不发生效力的。本案中,保险公司在未收保费的情况下,就将正本和保费发票交给投保人,投保人迟迟不履行交费义务。此时保险公司可以采取终止合同的措施,但却放弃了这一权利。保险事故发生后反而不加核实就接受了补交的保费,又一次放弃了应有的权利。根据弃权与禁止反言原则,保险公司应进行赔偿。

三、近因原则

近因原则是指保险人只对承保风险与标的损失之间有直接因果关系的损失负赔偿责任,而对保险责任范围外的风险造成的保险标的的损失,不承担赔偿责任。该项原则是在保险标的发生损失时,确定保险标的是否能获得保险赔偿的一项重要依据。具体包括以下两种情况。

1. 由单一原因造成的损失

如果造成损失的原因只有一个,这个原因又是保险人承保责任范围内的,那么,这一原因就是损失的近因,保险人应负赔偿责任;反之,则不负赔偿责任。例如,货物在运输途中遭受雨淋而受损,如被保险人在投保了平安险或水渍险的基础上加保淡水雨淋险,保险人应负责赔偿,未加保淡水雨淋险,保险人则不予赔偿。

2. 造成保险标的损失是多个原因应做具体分析

(1) 由多个独立发生的原因造成保险标的损失

若造成损失的风险事故先后出现,但前因和后因之间不相关联,即后来发生的风险是另一个新发生且又完全独立的原因造成的,而不是前因造成的直接或自然的结果,保险人的赔偿责任仅取决于各个保险事故是否属于保险人的责任范围。

(2) 由多个连续发生的原因造成保险标的损失

损失由具有因果关系的连续事故造成时,这些原因中没有除外风险,则这些保险风险即为损失的近因,保险人应负赔付责任;当这些原因中既有保险风险,又有除外风险,应区别损失的前因是保险风险还是除外风险。若前因是保险风险,后因是除外风险,且后因是前因的必然结果,则保险人应承担赔付责任;相反,若前因是除外风险,后因是保险风险,且后因是前因的必然结果,则保险人不承担赔付责任。

例题 6-2

某企业投保财产基本险(暴风属于除外责任),保险期限内的某日因暴风吹倒了电线杆,电线短路引起火花,火花引燃其仓库,导致库存财产损失。保险人是否负有赔偿之责?

资料来源:佚名. 保险的基本原则[EB/OL]. https://www.docin.com/p-2452529969.html, 2020-09-10 [2021-04-28].

分析:本案中,从暴风到火灾引起损失之间,是一连串发生的因果关系连续的原因,虽然与库存财产损失最接近的原因是保险风险——火灾,但它发生在除外风险——暴风之后,且是除外风险的必然结果,所以,库存财产损失的近因是暴风而非火灾,保险人不承担赔偿责任。

(3) 多个原因同时发生造成保险标的损失

当造成保险事故的风险原因是多个并同时发生,每个原因对保险标的的损失均有直接的、实质的影响时,若每个原因都属于保险责任范围,保险人应全部承担赔偿责任。如果多个原因中,有的原因属于保险责任范围内,有的属于除外责任,保险人是否承担赔偿责任,要根据损失是否可进行区分来确定。若能划分开,保险人只承担所保风险导致的损失;若不能区分,保险人可与投保人协商赔付。

四、补偿原则

(一)补偿原则的概念

补偿也称赔偿,是指保险标的发生保险责任范围内的损失时保险人给予被保险人的补偿,只能使被保险人在经济上恢复到损失前的状态,而不许被保险人通过索赔损失获得额外利益。补偿的基本要求是,赔偿数额既不能超过保险合同中的保险金额,也不能高于被保险人的实际损失。

补偿原则主要用于各种非寿险业务,人寿保险中的医疗、伤害性保险,由于能够用货币计算也可以进行补偿。

(二)补偿原则的基本内容

保险补偿要实现只能使被保险人恢复到受损前的经济状态,而不能额外多得利益,其关键是正确确定保险补偿数额。由于各种保险的性质不同,确定的根据也不同,以下阐述的是几个主要险种补偿金额的确定。

1. 补偿的确定与扣除

(1)财产保险

财产保险如果是足额投保,当保险标的发生全损时,其补偿金额按标的物损失当时的价值或当地的价值确定。如果是不足额投保,因为被保险人只交纳保险标的价值的部分保费,补偿金额按比例计算。计算公式如下。

$$补偿金额＝保险金额/保险标的的全部价值×保险标的的实际损失$$

(2)海上保险

由于海上保险一般都使用定值保险合同,发生全损时,补偿金额按合同中保险金额确定。发生部分损失,以损失后的价值为基础按比例确定。船舶发生部分损失,补偿金额按修理费确定。

(3)责任保险

责任保险的补偿金额按法院裁决的数额或庭外协商的数额,加上处理赔案所需的各种费用确定。

(4)保证保险

保证保险的补偿金额根据实际的经济损失确定。补偿金额确定后,有免赔规定的要扣除免赔部分。免赔是保险人不予赔偿、由被保险人自己负担的部分。免赔有的规定免赔率,有的规定免赔额。

2. 补偿方式

由于保险标的不同,损失情况不一,对被保险人补偿的方式也不一样,常用的补偿方式有以下几种。

(1)支付现金。这是使用最多的一种方式,支付现金简单方便,了结赔案迅速,深受客户欢迎,也是责任保险唯一可行的补偿方式。

（2）更换，是指更换保险标的的受损部分，这种补偿方式适用于易破碎物品和耐用消费品的保险。采用更换方式补偿，不仅能满足被保险人保留原有标的物的要求，使其在经济上恢复到受损前的状态，也能减少保险人的支出，有利于保险经营。

（3）修理，是指修理保险标的的受损部分。汽车受损主要采用这种补偿方式。通常情况下，保险人根据被保险人的汽车修理结算账单或修理费发票进行补偿。目前，欧洲一些国家的保险人，为了应付修车人漫天要价，建立起了自己的汽车修配厂。我国人民保险公司有的分支公司也逐渐建起了汽车修配厂。

除上述补偿方式外，还有一种重置的补偿方式。国外有的保险人在使用，但是比较谨慎，我国尚未开始使用。

3. 补偿相关问题的处理

防止被保险人通过保险补偿获得额外利益，还需要处理好如下问题。

（1）代位追偿

保险标的发生保险责任范围内的损失是由第三者造成的，如果被保险人向保险人索赔，保险人可以根据合同规定对其损失给予赔偿，同时要求被保险人必须将其向第三者追偿的权利转让给自己，由保险人向责任方追偿。不允许被保险人一方面向保险人索赔，另一方面又向责任方追偿，防止被保险人获得双重赔偿。

（2）权利转让

保险标的发生推定全损时，被保险人如果按全部损失索赔，事先要向保险人进行委付，方可取得全损赔偿。所谓委付是指被保险人放弃受损保险标的的一切权利和义务，而转归保险人。这样做的原因也是防止被保险人获得额外利益。委付主要适用于海上保险。

（3）损余处理

财产保险的标的物如果发生全损，保险人向被保险人履行赔偿义务之后，对标的物的残余价值可做如下处理：将残值转归保险人，由保险人根据规定处理；或者将残值留归被保险人，但要从赔款中扣除。

（4）重复保险

受损标的如果是重复保险，被保险人向保险人索赔时必须说明重复保险的原因和情况，由保险人根据有关规定处理。被保险人如果不如实陈述，即为欺骗，保险人有权拒绝赔款，已经补偿的要追回赔款。

第二节　海上运输货物保险的承保范围

我国海上货物运输保险的不同险别，其承保风险的责任范围是不同的，保险公司不是对任何风险都承保，也不会对发生的任何损失都给予赔偿。为此，要对风险进行分类；当风险发生时，不同的风险造成的损失也是不同的，故要对损失进行分类。风险和损失的分类成为研究海上货物运输保险承保范围的前提条件。

一、风险

海上运输货物保险的风险分海上风险和外来风险两大类。

（一）海上风险

海上风险（Perils of the Sea）又称海难，通常是指船舶或货物在海上运输过程中发生的或随附海上运输所发生的风险，包括自然灾害和意外事故。按照国际保险市场的一般解释，海上风险包括如下内容。

1. 自然灾害

自然灾害（Natural Calamity）是指不以人的意志为转移的自然力量所引起的灾害。但在海上保险业务中，它并不是泛指一切由自然力量所造成的灾害。

按照我国现行的《海洋运输货物保险条款》（Ocean Marine Clauses）中的规定，把恶劣气候、雷电、海啸、地震和洪水作为可保的自然灾害；伦敦《协会货物保险条款》中承保的自然灾害包括地震、雷电、火山爆发、浪击落海及海水、湖水或河水进入船舱、驳船、运输工具、集装箱、大型海运箱或储存处所。

2. 意外事故

意外事故（Fortuitous Accidents）是指偶然的、难以预料的原因造成的事故。我国的《海洋运输货物保险条款》规定的意外事故是指船舶搁浅、触礁、碰撞、爆炸、火灾、沉没或其他类似事故。伦敦保险业协会的《协会货物保险条款》中所承保的意外事故除了包含以上风险，还包括陆上运输工具的倾覆或出轨以及抛弃等。根据国际保险市场的一般解释，海上风险并非局限于海上发生的灾害和事故，那些与海上航行有关的发生在陆上或海陆、河海或驳船相连接处的灾害和事故也属于海上风险。

（二）外来风险

外来风险（Extraneous Risks）是指海上风险以外的其他外来原因引起的风险。外来风险必须是外部因素导致的，包括一般外来风险和特殊外来风险。

（1）一般外来风险是指保险货物在运输过程中由于偷窃、短量、提货不着、淡水雨淋、玷污、渗漏、破碎、串味、受潮受热、钩损、包装破裂和锈损等外来原因引起的风险。

（2）特殊外来风险是指除一般外来风险以外的其他外来因素所致的货物损失，往往是与政治、军事、社会动荡以及国际行政措施、政策法令等有关的风险。常见的特殊外来风险主要有战争、罢工、进口国有关当局拒绝进口或没收等。

二、海上损失

风险发生时会造成损失。海上损失简称海损，是指被保险货物在海运过程中，由于海上风险所造成的损失或灭失。以货物损失程度分，海损分为全部损失和部分损失；以货物损失的性质分，海损可分为共同海损和单独海损。

（一）全部损失

全部损失（Total Loss）是指货物全部灭失，或全部变质，或不可能归还被保险人。它分为实际全损和推定全损。

1. 实际全损

实际全损（Actual Total Loss）有以下四种情况。

（1）被保险货物在保险事故发生后，已完全灭失或损坏。

（2）被保险货物遭受严重损害，已丧失形体、用途和价值。

（3）被保险人对其货物所有权已无可挽回地被完全剥夺。

（4）载货船舶失踪达到一定时期仍无音信。

2. 推定全损

推定全损（Constructive Total Loss）是指货物发生事故后，认为实际全损已不可避免，或者认为避免实际全损所需的费用与继续将货物运抵目的地的费用之和超过保险价值。有以下两种情况。

（1）被保险货物受损后，整理、修理或施救的费用估计要超过复修后货物的价值。

（2）被保险货物受损后，被保险人失去对货物的所有权，而要夺回这一所有权所花的费用将超过收回后该批货物的价值。

发生推定全损时，要办理委付（Abandonment）的手续。委付成立的条件是，发生推定全损；被保险人提出委付申请；对货物处置权交给保险公司。

🍁**课堂讨论**

我公司出口稻谷一批，因保险事故被海水浸泡多时而丧失其原有价值，货到目的港后只能低价出售，这种损失属于哪种损失？有一批出口服装，在海上运输途中，因船体触礁导致服装严重受浸，若将这批服装漂洗后运至原定目的港所花费的费用已超过服装的保险价值，这种损失属于什么损失？

（二）部分损失

部分损失（Partial Loss）是指货物的损失没有达到全部损失的程度。根据货物损失的性质可分为以下两种。

（1）共同海损（General Average）：在海运途中，船舶、货物或其他财产遭遇共同危险，为了解除共同危险，有意采取合理的救难措施，所直接造成的特殊牺牲和支付的特殊费用。构成共同海损要具备如下条件。

① 其危险是共同的，采取的措施是合理的。

② 其危险必须是真实存在的而不是主观臆测的，或者是不可避免地发生的。

③ 其牺牲必须是自动的和有意采取的行为，其费用必须是额外的。

④ 必须是属于非常情况下的损失。

在船舶发生共同海损后，凡属共同海损范围内的牺牲和费用，均可通过共同海损理算，由有关获救受益方（船方、货方、运费收入方），根据获救价值按比例分摊，这种分摊称为共同海损分摊。

（2）单独海损（Particular Average）：仅涉及船舶或货物所有人单方面利益的损失。

单独海损与共同海损的主要区别如下。

① 造成海损的原因不同。单独海损是承保风险所直接导致的船、货损失；共同海损则不是承保风险所直接导致的损失，而是为了解除或减轻共同危险人为地造成的一种损失。

② 承担损失的责任不同。单独海损的损失一般由受损方自行承担；而共同海损的损失则应由受益的各方按照受益大小的比例共同分摊。

例题 6-3

某货轮 2010 年从伊朗阿巴丹港出发驶向中国,船上装有轮胎、钢铁、棉花、木材,当船航行至上海海面时突然着火,经救助后发生了以下各项损失。

① 抛弃全部轮胎价值 10 000 美元,其中 20% 已着火。

② 扔掉未着火的木材及其他易燃物质价值 3 000 美元。

③ 烧掉棉花 5 000 美元。

④ 船甲板被烧 100 平方厘米,修理费用 100 美元。

⑤ 检查费用 100 美元。

求:共同海损与单独海损各为多少?

解:

$$共同海损 = 10\,000 \times 80\% + 3\,000 + 100 = 11\,100(美元)$$
$$单独海损 = 10\,000 \times 20\% + 5\,000 + 100 = 7\,100(美元)$$

三、外来风险发生时造成的损失

外来风险的损失是指海上风险以外的其他各种外来的原因造成的风险所带来的损失。有如下两种类型。

(1) 一般的外来原因所造成的风险和损失:这类风险损失通常是指在运输途中由于偷窃、短量、破碎、雨淋、受潮、受热、发霉、串味、玷污、渗漏、钩损和锈损等一般外来风险所致的损失。

(2) 特殊的外来原因造成的风险和损失:主要指由于军事、政治、国家政策法令和行政措施等原因所致的风险损失。例如,由于战争、罢工、交货不到、拒收等特殊外来风险所造成的损失。

四、费用

(1) 施救费用(Sue and Labor Charges):当被保险货物遇到保险责任范围内的灾害事故时,被保险人或其代理人或保险单上受让人等为防止损失的进一步扩大,而采取措施所付出的费用。无论有无效果都予以赔偿。

(2) 救助费用(Salvage Charges):当被保险货物遇到保险责任范围内的灾害事故时,由无契约关系的第三者采取的救助行动获得成功,而向其支付的报酬;救助行为常与共同海损费用相联系。救助无效果,则无报酬。

第三节　我国海上运输货物保险的险别

一、基本险别

为了促进我国对外贸易的发展,中国人民保险公司根据我国保险业务的实际需要,并参照国际保险市场的习惯做法,自 1956 年起陆续制订了各种不同运输方式的货物运输保险条款以及适用于不同运输方式的各种附加条款,总称为中国保险条款,简称 CIC,其中包括海洋货物运输保险条款等内容。

中国人民保险公司 1981 年 1 月 1 日修订了《海洋运输货物保险条款》《海洋货物运输战争险条款》等内容。1985 年 1 月 1 日，中国人民保险公司再次修订《海洋运输货物保险条款》。海运货物保险起源最早、历史悠久，也是最为复杂的，其他运输方式的保险主要借鉴海运货物保险的做法，为此，对该内容做重点介绍。

我国《海洋运输货物保险条款》中，把保险的险别分为基本险和附加险两大类，其中基本险能单独投保，附加险别不能单独向保险公司投保，需要在投保某一基本险别的前提下才能加保附加险别。

按照《海洋运输货物保险条款》（Ocean Marine Cargo Clauses）规定，海洋运输货物保险的基本险别分为平安险、水渍险和一切险三种。

1. 平安险

平安险（Free from Particular Average，FPA）原文的含义是单独海损不赔。平安险是三种基本险别中的保险人承保责任范围最小的险别。投保人向保险公司缴纳的保险费也是最低的。保险公司对平安险的承保责任范围如下。

（1）被保险货物在运输途中由于恶劣气候、雷电、海啸、地震、洪水等自然灾害造成整批货物的全部损失或推定全损。被保险货物用驳船或运离海轮的，每一驳船所装货物可视为一整批。

（2）由于运输工具遭遇搁浅、触礁、沉没、互撞、与流水或其他物体碰撞以及失火、爆炸等意外事故造成的被保险货物的全部或部分损失。

（3）运输工具已经发生搁浅、触礁、沉没、焚毁等意外事故的情况下，货物在此前后又在海上遭受恶劣气候、雷电、海啸等自然灾害所造成的部分损失。

（4）在装卸或转运时由于一件或数件整件货物落海造成的全部或部分损失。

（5）被保险人对遭受承保责任内危险的货物采取抢救、防止或减少货损的措施而支付的合理费用，但以不超过该批货物的保险金额为限。

（6）运输工具遭遇海难后，在避难港由于卸货所引起的损失以及在中途港、避难港由于卸货、存仓以及运送货物所产生的特别费用。

（7）共同海损的牺牲、分摊和救助费用。

（8）运输合同订有船舶互撞责任条款，根据该条款规定，应由货方偿还船方的损失。

2. 水渍险

水渍险（With Particular Average，W.A 或 W.P.A）是我国保险业沿用已久的名称，其原文的含义是负单独海损责任，它的承保责任范围如下。

（1）平安险所承保的全部责任。

（2）被保险货物在运输途中，由于恶劣气候、雷电、海啸、地震、洪水等自然灾害所造成的部分损失。水渍险通常适用于不易损坏或易生锈但不影响使用的货物。

3. 一切险

一切险（All Risks，A.R）的责任范围是除包括上列平安险和水渍险的各项责任外，还负责被保险货物在运输途中由于一般外来风险所造成的全部或部分损失。

投保人可根据货物自身的特点、运输路线等情况选择投保上述三种基本险别的任意一种。

二、附加险别

附加险是对基本险的补充和扩大,《中国保险条款》中的附加险有一般附加险和特殊附加险两种。

(一)一般附加险

一般附加险(General Additional Risks)承保的是由于一般外来风险所造成的全部或部分损失,由于被保险的货物品种繁多,货物的性能和特点各异,而一般外来的风险又多种多样,所以一般附加险的种类很多,共包括 11 种险别。一般附加险中的 11 种险别不能作为一个单独的项目投保,只能在投保平安险或水渍险的基础上加保其一或数种险别。因一切险的承保范围包括一般附加险,故在投保一切险时,不存在加保一般附加险的问题。

一般附加险主要包括偷窃、提货不着险,淡水雨淋险,渗漏险,短量险,钩损险,混杂、玷污险,包装破裂险,破损、破碎险,锈损险,串味险和受潮受热险(11 种)。

1. 偷窃、提货不着险(Theft Pilferage and Non-Delivery,T.P.N.D)

在保险有效期内,保险公司承保因偷窃行为所致的损失和整件货物提货不着等损失。

2. 淡水雨淋险(Fresh Water and Rain Damage,F.W.R.D)

保险公司承保货物在运输过程中,因直接遭受雨淋或淡水以及冰雪融化所造成的损失,保险公司对损失负责赔偿。

3. 短量险(Risk of Shortage)

保险公司对被保险货物在运输途中,因外包装破裂或散装货物发生数量散失和实际重量短缺的损失负责赔偿,但正常的途耗除外。保险公司必须查清外包装是否发生异常现象,如破口、破袋、扯缝等。

4. 混杂、玷污险(Risk of Intermixture and Contamination)

承保被保险货物在运输过程中,因混杂或被玷污所致的损失,保险公司负责赔偿。

5. 渗漏险(Risk of Leakage)

承保被保险货物在运输过程中,因容器损坏而引起的渗漏损失,或用液体储藏的货物因液体的渗漏而引起的货物腐败等损失,保险公司对损失负责赔偿。

6. 破损、破碎险(Risk of Clash and Breakage)

保险公司对被保险货物在运输过程中因震动、碰撞、受压造成的破碎和碰撞损失负责赔偿。

7. 串味险(Risk of Odor)

承保被保险的食用物品、中药材、化妆品原料等货物在运输过程中因受其他物品的影响,如毛皮、樟脑等异味引起的串味损失,保险公司对相应损失负责赔偿。

8. 受潮受热险(Sweating and heating Risk)

保险公司对被保险货物在运输过程中因气温突变或因船上通风设备失灵致使船舱内水汽凝结、发潮或发热所造成的损失负责赔偿。

9. 钩损险（Hook Damage）

保险公司对被保险货物在装卸过程中因遭受钩损而引起的损失,并对包装进行修补或调换所支付的费用均负责赔偿。例如,粮食包装袋因吊钩钩坏致使粮食外漏所造成的损失,保险公司应给与赔偿。

10. 包装破裂险（Breakage of Packing Risk）

保险公司对被保险货物,在运输过程中因搬运或装卸不慎,导致包装破裂所造成的损失以及为继续运输安全所需要对包装进行修补或调换所支付的费用,均负责赔偿。

11. 锈损险（Risk of Rust）

保险公司对被保险的金属或金属一类货物在运输过程中发生的锈损负责赔偿。

（二）特殊附加险

特殊附加险（Special Additional Risks）是承保由于特殊外来风险所造成的货物的全部或部分损失。

1. 战争险

海运战争险（War Risk）的承保责任范围,包括由于战争、类似战争行为和敌对行为、武装冲突或海盗行为以及由此引起的捕获、拘留、扣留、禁制、扣押所造成的损失,或者各种常规武器（包括水雷、鱼雷、炸弹）所造成的损失以及由于上达原因引起的共同海损牺牲、分摊和救助费用。但对原子弹、氢弹等热核武器所造成的损失不负赔偿责任。战争险的保险责任期限以水面危险为限,即自货物在起运港装上海轮或驳船时开始,直到目的离海轮或驳船为止;如不卸离海轮或驳船,则从海轮到达目的港的当天午夜起算满15天,保险责任自行终止。保险条款还规定,在投保战争险前提下,加保罢工险不另收费。

2. 罢工险

罢工险（Risk of Strike,Riots and Civil Commotions,SRCC）是保险人承保罢工者、被迫停工工人、参加工潮、暴动和战争的人员采取行动所造成的承保货物的直接损失,对间接损失不负责,如由于劳动力短缺或无法使用劳动力,致使堆放码头的货物遭到雨淋日晒而受损,冷冻机因无燃料而中断造成的被保险货物的损失不负责赔偿。

3. 交货不到险

不管任何原因,只要不是承运人的责任范围,货物装船后在6个月以内不能到达目的地交货,保险公司均负责赔偿货物的全部损失,称为交货不到险（Failure to Deliver）。所以本险与提货不着险不同。被保险人如获得本险赔偿后,应将货物权益转移给保险公司。

4. 进口关税险

进口关税险（Import Duty Risk）承保货物已发生保险责任范围内的损失,但被保险人仍需按货物的完好状态完税而遭受的损失,保险人负责赔偿。

5. 舱面险

一般海运货物均装在船舱内,但某些特殊情况的货物,如长度太长、体积过大、易污染其他货物或有毒性等货物,只能装载在舱面上。舱面险（On Deck Risk）则指装载在舱面上的货物因露天保管,风吹、雨淋、暴晒、海水溅湿而遭受的损失。

6. 拒收险

保险人赔偿某些货物到达目的地被进口国家有关当局或政府拒绝进口或被没收造成的损失。投保拒收险(Rejection Risk)必须在进口商已获得进口许可证或进口配额的条件下,保险公司才能负责。

7. 黄曲霉素险

某些商品,如花生等因变质而产生一种有毒的菌素——黄曲霉素,违反了进口国家的有关规定,被没收或禁止进口所造成的损失由保险人负责赔偿。对于上述的拒收险和黄曲霉素险(Aflatoxin Risk),如果损失产生,被保险人有义务对被没收或拒绝进口的货物进行处理,或对所引起的争执申请仲裁。

8. 出口香港(包括九龙)、澳门存仓火险责任扩展条款(Fire Risk Extension Clause for Storage of Cargo at Destination Hong Kong,Including Knowloon,or Macao,F.R.E.C.)

本险别指对香港和澳门地区出口货物直接卸入过户银行指定仓库,其存仓火险责任可延长至过户银行解除货物权益或承运人责任终止后 30 天的扩展责任条款。

三、除外责任

(一)基本险的除外责任

三种基本险别保险公司的除外责任如下。

(1)被保险人的故意行为或过失所造成的损失。

(2)发货人责任造成的损失。

(3)被保险货物的自然损耗、本质缺陷、特征以及市价跌落、运输延迟所引起的损失或费用。

(4)在保险公司的保险责任开始前,被保险货物的品质已经存在不良或数量短差所造成的损失。

(5)由于战争、工人罢工或运输延迟所造成的损失等。

(二)战争险、罢工险的除外责任

1. 战争险的除外责任

在投保战争险的情况下,保险公司对下列原因造成的损失不负责赔偿。

(1)由于敌对行为使用原子弹或热核武器造成被保险货物的损失和费用。

(2)由于执政者、当权者或其他武装集团的扣押、拘留引起的承保运程的丧失或挫折所致的损失。

2. 罢工险的除外责任

在投保罢工险的情况下,罢工引起的间接损失是除外责任,即在罢工期间由于劳动力短缺或不能运输所致被保险货物的损失,或因罢工引起动力或燃料缺乏使冷藏机停止工作所致冷藏货物的损失以及因无劳动力搬运货物致使货物堆积码头雨淋受损,这些损失保险公司是不给与赔偿的。

四、保险公司承保责任的起讫

承保责任的起讫也称保险期间或保险期限,指保险人承担责任开始到结束的时限。

（一）基本险的责任起讫

中国人民保险公司《海洋货物运输保险条款》规定，在海运保险中保险责任的起讫主要执行国际保险业惯用的"仓至仓"条款（Warehouse to Warehouse Clauses，W/W），即保险责任自被保险货物运离保险单所载明的起运地仓库或处所开始运输时生效，包括正常运输过程中的海、陆、内河和驳船运输在内，直至该货物到达保险单所载明的目的地收货人最后仓库或储存处所或被保险人用作分配、分派或非正常运输的其他储存处所为止。需要注意的是，在下列情况下，保险公司承担的责任就不是"仓至仓"。

（1）如在上述 60 天内被保险货物需转运到非保险单所载明的目的地，则以该项货物的保险责任在开始转运时终止。

（2）如果货物在运至保险单上载明的目的港之前，被保险人用作分配、分派，则自该时起保险公司的保险责任终止。

（3）如未抵达上述收货人仓库或储存处所，则以保险货物在最后卸载港全部卸离海轮后满 60 天为止。

（4）若出现保险人无法控制的运输延迟、被迫卸货、航程变更等意外情况，致使被保险货物运到非保险单所载明的目的地时，被保险人应及时通知保险公司，保险公司可按"扩展责任条款"办理。

（5）对某些内陆国家的出口货物，由于内陆运输距离和时间都长，如果在港口卸货后无法在保险条款规定的期限（60 天）内运至目的地，可以向保险公司申请扩展期限，经保险公司同意后可延长，但需加收一定的保险费。

（二）战争险、罢工险的保险责任起讫

战争险的保险责任起讫仅以水面上的危险为限，不采用"仓至仓"的原则，即自货物自保险单所载明的装运港装上海轮或驳船时开始，直至保险单所载明的目的港卸离海轮或驳船为止。如果不卸离海轮或驳船，则保险责任最长延至货物到达目的港之日午夜起满 15 天自行终止。若在中途港转船，无论货物在当地卸货与否，保险责任以船舶到达该港口或卸货地点的当日午夜起满 15 天为止，在此期限内只要货物再装上续运船舶，保险责任继续有效。

罢工险的承保责任起讫与其他海运货物保险险别一样，采取"仓至仓"的原则，即保险人对货物从卖方仓库到买方仓库的整个运输期间负责。

第四节　进出口货物运输保险实务

保险投保人是负责办理合同货物保险的人，既可以是卖方，也可以是买方。这是由买卖双方所选择的贸易术语决定的。在进出口贸易中，买卖双方应根据所选择的贸易术语，由相应的贸易术语规定向保险公司投保的一方办理投保手续。负责办理保险的当事人应根据交易的商品的特点及相关因素，按照投保的程序向保险公司投保。通常我国的出口企业应选择中国人民保险公司投保，按照该公司的货物运输保险条款办理保险，若外商要求按伦敦保险协会的保险条款，我方也可以接受。

一、贸易术语和保险险别的选择

(一)努力争取出口贸易以 CIF、CIP 贸易术语成交

采用不同的贸易方式出口,办理投保的人就不同。凡采用 FOB 及 CFR 条件成交时,在买卖合同中,应订明由进口方投保(to be effected/covered by the buyers)。凡是以 CIF 条件成交的出口合同,均需向保险公司按保险金额、险别和适用的条款投保,并订明由卖方投保。国际贸易价格条件是买卖双方协商决定的,争取以 CIF 或 CIP 贸易术语成交不仅可为国家多收外汇,扩大我国的保险业务,而且有利于出口商。

(1)海洋运输货物保险的责任范围是仓至仓,由出口商投保,货物从仓库出口开始,保险公司就承担责任。相反,以 CFR、FOB 或 CPT、FCA 术语成交,保险由进口商自行购买,由于买卖双方的风险划分是以货物越过发货港船舷为界,所以保险责任也就从这一点开始,这样,从仓库到装上海轮前这一段风险要么由进口商自负,要么由出口商再向保险公司购买保险,陡然增加了出口商的风险或保费负担。

(2)以 CFR 或 CPT 成交,出口商在发货装船时,应向进口商发出"装船通知",以便进口商及时办理保险手续。如果出口商由于疏忽或其他原因漏发、迟发通知,致使进口商未能及时办理投保手续,那么根据国际贸易惯例和某些国家的国内法,在此期间发生的一切风险损失由出口商承担责任。因此,按 CFR 或 CPT 条件成交明显增加了出口商的费用和责任。

(3)在采用 D/P、D/A 付款方式的出口交易,则更应以 CIF 或 CIP 成交。由于已在国内买了保险,即使出口货物在运输途中遭到重大损失,进口商拒绝付款或承兑,出口商也能从保险人手中获得相应的经济补偿。

例题 6-4

有一份 CIF 合同,卖方甲投保了一切险,自法国内陆仓库起,直到美国纽约的买方仓库为止。合同中规定,投保金额是"按发票金额点值另加百分之十"。卖方甲在货物装船后,已凭提单、保险单、发票、品质检验证书等单证向买方银行收取了货款。后来,货物在运到纽约港前遇险全部损失。当卖方凭保险单要求保值 10% 的部分时卖方保险公司拒绝。问题:卖方甲有无权利要求发票总值 10% 的这部分金额?为什么?

资料来源: 佚名. 国际经济法[EB/OL]. https://wenku. baidu. com/view/577a253068dc5022aaea998-fcc22bcd127ff4251.html,2019-03-21 [2021-04-25].

分析:根据本案情况,卖方无权要求这部分赔款,保险公司只能将全部损失赔偿支付给买方。

(1)在国际货物运输保险中,投保加成是一种习惯做法。保险公司允许投保人按发票总值加成投保,习惯上是加成 10%,当然,加成多少应由投保人与保险公司协商约定,不限于 10%。在国际商会的《国际贸易术语解释通则》中,关于 CIF 卖方的责任有如下规定:"自费向信誉卓著的保险人或保险公司投保有关货物运送中的海洋险,并取得保险单,这项保险应投保平安险,保险金额包括 CIF 价另加 10%。"

(2)在 CIF 合同中,虽然由卖方向保险公司投保,负责支付保险费并领取保险单,但在卖方提供符合合同规定的单据(包括提单、保险单、发单等)换取买方支付货款时,这些单据包括保险单已合法、有效地转让给买方。买方作为保险单的合法受让人和持有人,也就享有根据保

险单所产生的全部利益，包括超出发票总值的保险价值的各项权益都应属买方享有。

因此，在本案中，保险公司有权拒绝向卖方赔付任何金额，也有义务向买方赔付包括加成在内的全部保险金额。

（二）我国进口货物在国内办理保险有利于进口商

进口货物以 CFR、CPT 或 FOB、FCA 的价格条件成交，在我国办理保险，不仅可以为国家减少外汇支出，同时我国保险公司对进口货物保险的费率较低于国际市场，从而也降低了进口商的成本。如果发生保险事故，对货损的检验、理赔都在国内，可便捷、迅速地处理。相反，如果在国外投保，发生货损时，还需通过函电往返与国外保险公司交涉，十分不便。

（三）保险险别的选择

保险公司设定的不同的险别，其承保的风险的责任范围是不同的，这是保险公司在发生风险时确定赔偿责任的主要依据。保险险别规定了保险人和被保险人之间的权利和义务，也是计算保险费的依据。不同的险别，被保险货物在遭受风险损失时可能获得的补偿不同，保险费率也不相同。

因此，在向保险公司投保时，需要根据交易货物的特性、用途、运输工具、运输路线或买卖双方合同中保险条款的约定，选择适当的险别，以保证货物既能获得充分的经济保障，又能节省保险费用支出。保险险别的选择可从以下几方面因素来考虑。

（1）根据保险货物的自然属性、特点和种类来选择保险险别。

例如，茶叶可以选择投平安险或水渍险，并加保一般附加险中的串味险；或投保一切险（按中国人民保险公司的《海洋运输货物保险条款》规定）。

（2）根据货物的包装状况选择投保的险别。

（3）根据运输工具、运输路线及港口情况选择投保的险别。

例如，海上运输的风险比陆上运输的风险大。在政局不稳或发生战争国家或地区的海域航行，遭受风险的可能性就增大。

（4）根据运输货物的价值的高低选择适当的投保险别。

（5）运输时的季节也是选择险别要考虑的因素之一。

例如，粮食、果品在夏季时运输容易出现发霉、腐烂或虫害等，因此，在选择险别时要注意季节的影响。

二、保险金额与保险费的计算

在进出口货物运输保险业务中，被保险人在选择确定投保的险别后通常涉及的工作有：确定保险金额，办理投保并交付保险费，领取保险单证以及在发生货损时办理保险索赔。

（一）保险金额的确定

保险金额是指保险人承担赔偿或者给付保险金责任的最高限额，也是保险人计算保险费的基础。投保人在向保险公司投保货物运输保险时，应向保险公司申报保险金额。保险金额是根据保险价值（Insurable Value）确定的。保险价值一般包括货价、运费、保险费以及预期利润等。

国际货物买卖中保险金额通常以发票金额为基础来确定。出口贸易中采用 CIF 或 CIP 贸易术语达成的合同,通常规定保险金额等于发票上的 CIF 或 CIP 价格的总值,另加 10% 的预期利润计算(即加一成投保)。

根据《跟单信用证统一惯例》(UCP600)和《国际贸易术语解释通则 2020》的规定,"除非信用证另有规定,保险单据必须表明最低投保金额应为货物的 CIF 或 CIP 价格的总值加成 10%",即投保最低的金额应为发票的 CIF 或 CIP 加成 10%(一成)。以 CIF(或 CIP)发票金额为计算保险费的基础,表明不仅货物本身且包括运费和保险费都作为投保标的而投保,在发生损失时应该获得补偿。可按下列公式计算保险金额:

$$保险金额 = CIF(或\ CIP)货值 \times (1 + 投保加成率)$$

买卖双方也可以根据不同的情况约定不同的保险加成率。如外商要求提高加成率,也是可以接受的,但由此增加的保险费原则上应由买方负担。

(二)保险费的计算

被保险人投保时须向保险公司缴纳保险费,被保险人缴纳保险费是保险合同生效的重要条件,保险公司收到保险费后才承担合同中规定的责任。保险费是用于支付保险赔款的保险金额的主要来源,它以保险金额为基础乘以一定的保费率计算出来。

保险公司在计算货物的损失率和赔付率的基础上,根据不同的运输工具、目的地、商品和险别,制定出不同的保险费率。我国的费率是由中国人民保险公司参照国际保险市场的费率水平,结合我国进出口贸易的需要确定的。中国人民保险公司制定的保险费率包括以下两种。

1. 出口货物保险费率

(1)一般货物费率

一般货物费率适用于所有海运出口的货物,凡投保基本险别的货物,依照"一般货物费率表"所列的费率核收保险费。

(2)指明货物加费费率

主要是因为某些货物在运输途中因外来风险引起短少、破碎和腐烂等损失率极高,为此而加收的附加费。指明货物加费费率是针对已经损失货物加收的一种附加费,把它们单独列出称为指明货物。

2. 进口货物保险费率

进口货物保险费率包括特约费率和进口货物费率两种。

(1)特约费率

特约费率仅适用于同保险公司签订有预约保险合同的各投保人,它不分国别和地区,对某一大类商品只订一个费率,有时也不分货物和险别,实际是一种优惠的平均费率。

(2)进口货物费率

进口货物费率适用于未与保险公司订有预约保险合同的逐笔投保的客户,分为一般货物费率和特价费率两种。一般货物费率按不同的运输方式,分地区、分险别制定,但不分商品,除特价费率表中列出的商品外,适用于其他一切货物。而特价费率是对一些指定的商品投保一切险时采用的。

3. 保险费的计算

（1）出口货物保险金额和保险费的计算

$$保险金额 = CIF \times (1 + 加成率)$$

$$保险费 = CIF \times (1 + 加成率) \times 保险费率$$

当买卖双方采用 CFR 贸易术语时，用下列公式计算保险金额和保险费：

$$保险金额 = CFR \times (1 + 加成率) \div [1 - (1 + 加成率) \times 保险费率]$$

$$保险费 = CFR \times (1 + 加成率) \div [1 - (1 + 加成率) \times 保险费率] \times 保险费率$$

如我方报 CFR 或 CPT 价，客户要求改报 CIF 或 CIP 价，则 CIF 或 CIP 价可按下列公式换算：

$$CIF \text{ 或 } CIP \text{ 价} = \frac{CFR \text{ 或 } CPT \text{ 价}}{1 - [保险费率 \times (1 + 投保加成率)]}$$

例题 6-5

某批出口商品 CIF 旧金山 2 000 美元/MT，投保加一成，费率合计 0.6%，后客户要求投保加三成，求保险金额。

解：

$$
\begin{aligned}
CFR &= CIF[1 - (1 + 投保加成率)保险费率] \\
&= 2\,000[1 - (1.1 \times 0.6)] \\
&= 1\,986.8(美元) \\
CIF &= CFR/[1 - (1 + 投保加成率)保险费率] \\
&= 1\,986.8/[1 - (1.3 \times 0.6\%)] \\
&= 2\,002.4(美元)
\end{aligned}
$$

投保金额：$CIF(1 + 30\%) = 2\,603.12$ 美元

（2）进口货物保险金额与保险费的计算

$$保险金额 = FOB \times (1 + 运费率) \div (1 - 保险费率)$$

$$保险金额 = CFR \div (1 - 保险费率)$$

$$保险费 = FOB \times (1 + 运费率) \div (1 - 保险费率) \times 保险费率$$

$$保险费 = CFR \div (1 - 保险费率) \times 保险费率$$

三、填写投保单和支付保险费

投保单（Application）是投保人向保险公司提出投保的书面申请，是保险公司接受投保、出具保险单的依据。其内容主要包括被保险人的姓名、被保险货物的品名、标记、数量及包装，保险金额，运输工具名称，开航日期及起讫地点，投保险别，投保日期及签章。

投保人向保险公司投保时应本着最大诚信原则，如实填写投保单。如隐瞒真实情况，保险公司有权解除合同或不承担赔偿责任。投保单上填写的内容要和合同一致，若支付方式为信用证，还要与信用证上的有关规定一致。保险单是依据投保单开具的，如果投保单与合同及信用证不一致，会造成收货人拒绝接受这种保险单，在信用证支付方式下，会因单证不符而遭到银行的拒付。最后，向保险公司支付应缴纳的保险费，取得保险单证。

四、取得保险单证

保险单证（Insurance Policy）指保险公司与被保险人之间订立的由保险公司出具的承保

证明文件,是双方权利义务的契约,是被保险人凭以向保险公司索赔和保险公司理赔的依据。目前,我国进出口业务中使用的保险单证主要有以下几种。

1. 保险单

保险单(Insurance Policy)又称大保单,是正规的保险合同,除载明主要内容(被保险人名称,保险货物项目、数量或重量、唛头,运输工具,保险的起讫点,承保险别,保险金额、期限)之外,还在背面列有保险公司的责任范围以及保险公司与被保险人双方各自的权利、义务等方面的详细条款。

2. 保险凭证

保险凭证(Insurance Certificate)又称小保单,是简化的保险单。其背面没有列入详细保险条款。但其余内容与保险单基本一致,且与其具有同样的法律效力。一般来讲,如果来证要求提供保险单,就不能提供保险凭证。如果信用证要求提供保险凭证,则可以提供保险单。近年来,我国保险公司为了实现单据的规范化,已逐渐废弃此类保险凭证而统一采用大保单。

3. 联合凭证

联合凭证(Combined Certificate)是一种更为简化的保险凭证,我国保险公司只在出口公司的商业发票上加注保险编号、险别、金额,并加盖保险公司印戳作为承保凭证,其他项目以发票所列为准。这种凭证不能转让,目前仅适用于香港、澳门地区的托收业务以及香港部分银行由华商开来的信用证。

4. 预约保险单/总保险单

预约保险单/总保险单(Open Cover/Open Policy)是一种长期性的货物运输保险合同。在合同中规定了承保范围、险别、费率、责任、赔款处理等项目。凡属合同约定的运输货物在合同有效期内自动承保。它往往与保险通知书、保险声明书(Insurance Declaration)一起使用。当交易以 FOB 及 CFR 价格进行出口时,由进口方办理手续。一般来说,进口商和保险公司订有较长期的预约保险单。

每当货物装船后,由出口方将货物装船的详细情况,包括品名、数量、重量、金额、运输工具、运输日期以及信用证中的预约保险单号码直接通知保险公司和进口商,即所谓的Insurance Declaration,并以其作为正式保险单生效的标志。出口商的保险声明书或受益人证明通常将作为议付单据之一,向议付行提交。

5. 批单

批单(Endorsement)是在保险单已经出立后,因保险内容有所变动,保险公司应被保险人要求所签发的批改保险内容的凭证,它具有补充、变更原单内容的作用。保险单一经批改,保险公司须按批改后的内容来承担责任。批改内容如果涉及保险金额的增加和保险责任范围的扩大,保险公司只有在证实货物未发生出险事故的情况下才同意办理。批单一般在保险单已寄往国外的情况下,作为保险单的变更或补充凭证使用。目前,我国出口业务使用的保险单大多是中国人民保险公司出具的海洋货物运输保险单及保险凭证,也有部分贸易使用伦敦保险条款。

五、保险索赔和理赔

保险索赔是在保险责任有效期内,当保险标的遭受保险事故后,被保险货物发生属于保险责任范围内的损失时,被保险人可以向保险公司提出赔偿要求。理赔是指保险公司对索赔的处理。保险的理赔和索赔是一个问题的两个方面。

（一）保险索赔

在索赔工作中，被保险人应做好以下工作。

1. 发出损失通知和进行货损检验

当被保险人知道或发现货物已经遭受保险责任范围内的损失时，应及时通知保险公司或保险单上所载明的保险公司在当地的检验、理赔代理人，并申请检验。尽量保留现场。保险公司或其指定的检验、理赔代理人在接到损失的通知后即应采取相应的措施，确定保险责任和签发检验报告等。检验报告是被保险人向保险公司索赔时要提交的重要证件。

2. 向承运人或有关责任方提出索赔

被保险人及其代理人不仅要向保险公司发出损失通知，还要向承运人、受托人、海关、港务当局索取货损货差的证明，作为向保险公司索赔的证明。确定发生的损失赔偿责任方，分别向保险公司、承运人、装卸公司以函电形式提出索赔，并保留追偿权利，必要时还须延长索赔的时效。

3. 采取合理的防止损失进一步扩大的措施

被保险货物发生损失后，被保险人有责任对受损货物采取必要的施救措施，防止损失扩大。按照有关法律和保险条款规定，被保险人有义务对受损货物进行施救。因抢救、阻止或减少货损的措施而支付的合理费用，可由保险公司负责赔偿，但以不超过该批获救货物的保险金额为限。被保险人能够施救而不履行施救义务，保险公司对于扩大的损失甚至全部损失有权拒赔。

4. 备妥索赔单证

《海洋运输货物保险条款》规定：“被保险人向保险人索赔时，必须提供下列单证：保险单正本、提单、发票、装箱单、磅码单、货损货差证明、检验报告及索赔清单。如涉及第三者责任，还须提供向责任方追偿的有关函电及其他必要的单证或文件。”必要时还需提供海事报告。

（二）保险理赔

保险理赔是指保险公司受理被保险人提出的索赔要求，对保险索赔进行处理的整个过程。保险公司在收到被保险人的提赔通知后，要对被保险人是否具有可保利益，损失是否属于保险公司承保的责任范围造成的，确定货损，计算赔款，代位追偿等进行审定。各国有关保险的保险法和保险条款中，对各类险种都规定索赔时效，必须在规定期限内完成。例如，中国人民保险公司《海洋运输货物保险条款》中规定：“本保险索赔时效，从被保险货物在最后卸货港全部卸离海轮后起算，最多不超过 2 年。”为了防止被保险人获取双重利益，保险公司在履行全损赔偿或损失赔偿后，在其赔付金额内，要求被保险人转让其对造成损失的第三者责任要求全损赔偿或相应部分赔偿的权利，这种权利称为代位追偿权（或代位权）。代位追偿权取得的前提条件是保险公司向被保险人进行赔付。具体做法是，被保险人在获得赔偿时，签署一份利益转让书，作为保险公司取得代位权的证明，保险公司就可向第三责任方进行追偿。

六、合同中保险条款的订立

进出口人在订立合同时，要科学制定保险条款。保险条款是货物买卖合同的重要组成部分,保险条款通常包括以下内容。

1. 投保人

买卖双方采用不同的贸易术语,其投保人不相同,需要结合合同中的贸易术语来确定投保人。合同以 CIF、CIP 条件成交,卖方负责办理保险,条款中应明确规定保险的险别、保险金额的确定方法及按哪个条款投保,并注明该条款的生效日期。例如,Insurance：To be covered by the sells for …% of total invoice value against … as per and subject to the relevant Ocean Marine Cargo Clauses of The People's Insurance Company of China dated 1/1,1981.(保险：由卖方按发票金额的×××%保险××险××险,按照中国人民保险公司 1981 年 1 月 1 日生效的有关海洋货物运输保险条款为准。)

以 FOB、CFR 或 FCA、CPT 条件成交的合同,在保险条款中一般只订明保险由买方自理,保险条款可订为,Insurance：To be covered by the Buyers.(保险：由买方自理。)如果买方委托卖方代为保险,则应明确规定保险金额、投保险别、适用保险条款及保险费由买方负担等。

2. 确定保险险别

按 CIF 或 CIP 贸易术语成交时,根据《国际贸易术语解释通则 2020》的规定,卖方应投保最低责任的险别。在买方要求下,并且由买方承担费用的情况下,卖方为买方加保战争险和罢工险等附加险别。若约定采用英国伦敦保险协会的货物保险条款,也应根据货物的特性和实际需要约定条款的具体险别。一切险是最常用的一个险别,但就保险费而言,其付出的保险费也较多。通常水渍险的费率约相当于一切险的 1/2,平安险约相当于一切险的 1/3。

确定险别时,是否选择一切险作为主险要视货物的实际情况而定。棉、麻丝、毛、服装类和化学类商品可投保一切险;一些低值、裸装的大宗货物如矿砂、钢材等主险投保平安险即可。某些含有黄曲霉素的食物,如花生、油菜籽、大米等食品,出口时应加保特别附加险黄曲霉素险。主险与附加险灵活使用。不同的进口国的保险费率是不同的,如投保一切险,欧美发达国家的费率可能是 0.5%,亚洲国家是 1.5%,非洲国家则会高达 3.5%。货主在选择险种时,要根据市场情况选择附加险,如运往菲律宾、印度、印度尼西亚等地的货物,因为当地码头情况混乱,风险较大,应选择偷窃、提货不着险和短量险作为附加险,或直接投保一切险。

3. 保险金额和保险货币

明确投保加成率,如超过 10%,由此产生的超额保险费应由买方承担。保险货币应与发票货币一致。

例题 6-6

宝利公司向美国 BCD CM 公司出口山地车(Bicycle)100 箱,货物标记为 FCL NEW YORK 1-100,发票号码为 12345,每辆 240 美元 CIF NEW YORK,共计 1 000 辆,合同规定投保一切险加保战争险,请根据上述业务制订合同的保险条款。

解：

条款订立的要求：合同中的保险条款包括投保人、保险公司、保险险别、保险金额和投保货币。要求详细描述出口商品的保险条款。

步骤：分别订立保险条款中的投保人、保险公司与保险条款、保险险别及保险金额和投保货币等内容。

合同文本中的保险条款：由卖方按发票金额的 110%投保一切险和战争险,以 1981 年 1

月 1 日中国人民保险公司《海洋运输货物保险条款》为准。

Insurance：To be covered by the sells for 110% of total invoice value against All Risks and War Risk as per and subject to the relevant Ocean Marine Cargo Clauses of The People's Insurance Company of China dated 1/1,1981.

上述保险条款中，卖方按中国人民保险公司的 CIC 条款加一成投保，应买方要求投保一切险和战争险。

 **基础训练**

一、单项选择题

1. 按保险人承保责任范围的从大到小顺序排列，下列三种险别的顺序是（　　）。

    A. 平安险、一切险、水渍险 　　　　　　B. 一切险、水渍险、平安险

    C. 水渍险、平安险、一切险 　　　　　　D. 一切险、平安险、水渍险

2. 按中国人民保险公司《海洋运输货物保险条款》规定，投保一切险后还可以加保（　　）。

    A. 偷窃、提货不着险 　　　　　　　　　B. 渗漏险

    C. 交货不到险 　　　　　　　　　　　　D. 碰损险

3. 水泥受海水浸泡后结块，丧失原来的使用价值，属于（　　）。

    A. 实际全损 　　　B. 推定全损 　　　C. 共同海损 　　　D. 单独海损

4. 根据我国《海洋运输货物保险条款》规定，一切险包括（　　）。

    A. 平安险加 11 种一般附加险 　　　　　B. 一切险加 11 种一般附加险

    C. 水渍险加 11 种一般附加险 　　　　　D. 11 种一般附加险加特殊附加险

5. 在海洋运输货物保险业务中，共同海损是（　　）。

    A. 部分损失 　　　　　　　　　　　　　B. 全部损失

    C. 有时是部分损失，有时为全部损失 　　D. 推定全损

6. "仓至仓条款"是（　　）。

    A. 承运人负责运输起讫的条款 　　　　　B. 保险人负责保险责任起讫的条款

    C. 出口人负责交货责任起讫的条款 　　　D. 进口人负责付款责任起讫的条款

7. 某货轮在航运途中，A 舱失火，船长误以为 B 舱也失火，命令对两舱同时施救，A 舱共两批货，甲批货物全部焚毁，乙批货物为棉织被单全部遭水浸；B 舱货物也全部遭水浸，以下说法正确的是（　　）。

    A. A 舱乙批货与 B 舱货都属于单独海损

    B. A 舱乙批货与 B 舱货都属于共同海损

    C. A 舱乙批货属于共同海损，B 舱货属于单独海损

    D. A 舱乙批货属于单独海损，B 舱货属于共同海损

8. 船舶在航行途中因故搁浅，船长为了解除船货的共同危险，有意合理地将部分货物抛入海中，使船舶起浮，继续航行至目的港，搁浅和抛货的损失（　　）。

    A. 前者属于共同海损，后者属于单独海损

    B. 前者属于单独海损，后者属于共同海损

    C. 都属于共同海损

    D. 都属于单独海损

二、多项选择题

1. 我国海运货物保险条款将海运货物保险险别分为（　　）两类。
　　A. 基本险　　　　　　B. 附加险　　　　　　C. 平安险　　　　　　D. 水渍险

2. 在海上保险业务中，构成被保险货物实际全损的情况有（　　）。
　　A. 保险标的物完全灭失
　　B. 保险标的物丧失已无法挽回
　　C. 保险标的物发生变质，失去原有使用价值
　　D. 船舶失踪达到一定时期

3. 国际货物买卖合同中的保险条款内容是（　　）。
　　A. 保险金额　　　　　　　　　　　B. 投保险别
　　C. 保险费　　　　　　　　　　　　D. 保险单证和保险适用条款

4. 构成推定全损的情况有（　　）。
　　A. 保险货物受损后其修理费已超过货物修复后的价值
　　B. 保险货物受损后整理和继续运到目的地的费用超过货物到达目的地的价值
　　C. 保险标的实际全损已无法避免，或为了避免需要花的施救费用将超过获救后的标的价值
　　D. 保险标的遭受保险责任范围内的事故使被保险人失去标的所有权

5. 属于海上风险的有（　　）。
　　A. 雨淋　　　　　　B. 地震　　　　　　C. 失火　　　　　　D. 锈损

6. 在海上货物运输保险中，除合同另有约定外，保险人不予赔偿（　　）造成的货物损失。
　　A. 交货延迟　　　　　　　　　　　B. 被保险人的过失
　　C. 市场行情的变化　　　　　　　　D. 货物自然损耗

7. 共同海损分摊时，涉及的受益方包括（　　）。
　　A. 货方　　　　　　B. 船方　　　　　　C. 运费方　　　　　　D. 救助方

8. 下列属于平安险承保范围的是（　　）。
　　A. 意外事故引起的全部损失　　　　B. 意外事故引起的单独海损
　　C. 自然灾害引起的推定全损　　　　D. 自然灾害引起的共同海损
　　E. 合理的施救费用　　　　　　　　F. 共同海损的分摊

三、简答题

1. 共同海损应该具备哪些条件？
2. 共同海损和单独海损的区别有哪些？
3. 中国人民保险公司《海洋运输货物保险条款》中的基本险别有哪几种？分别是什么？
4. 平安险、水渍险和一切险的承保范围分别是什么？
5. 如何进行保险索赔？

四、计算题

1. 我国 A 公司出口某商品，报价为每吨 1 000 欧元 CFR 伦敦，现外商要求改报 CIF 价，投保一切险和战争险，保费率合计为 1.06%，试计算在不影响外汇净收入条件下的 CIF 报价。

2. 我国 B 公司出口某商品，CIF 合同规定按发票金额的 110% 投保一切险和战争险，如出口发票金额为 15 000 美元，一切险保险费率为 0.6%，战争险保险费率为 0.03%，试计算保险

金额和保险费各是多少。

3. 出口到美国的产品 FOB 价格为 1 000 美元,运费为 100 美元,保险费率为 0.85%,后客户要求加一成投保,试计算保险费是多少。

五、案例分析题

1. 某载货船舶装有 A 货主 2 000 箱棉织品、B 货主 100 吨大米、C 货主的 1 000 吨水泥驶往美国旧金山。在海运途中不幸触礁,礁石划破船底,致使船底出现裂缝,海水浸入,造成 A 货主的 500 箱棉织品和 B 货主的 10 吨大米被海水浸湿。由于船舱进水量大,为解除船、货的共同危险,使船舶浮起并及时修理,船长下令把 C 货主的 100 吨水泥抛入海中,船舶修复后继续航行。货轮继续航行,在第三天又遭遇恶劣气候,使 A 货主另外 100 箱货物被海水浸湿。试判别(1)、(2)、(3)各项损失属于单独海损还是共同海损。

(1) 因触礁产生的船底裂缝和 A、B 货主的货物损失。

(2) 使船舶浮起并及时修理抛入海中的 C 货主的损失。

(3) 因恶劣气候导致的 A 货主 100 箱货物的损失。

如果各货主都投保了平安险,保险公司对上述三项损失给予赔偿吗?

2. 某公司从美国进口散装化肥一批,投保一切险。化肥运到目的港后,全部卸到港务公司的仓库。在卸货过程中,该进口企业和装卸公司签订了一份灌装协议,然后开始灌装。某日,由装卸公司根据协议把已灌装成包的大部分化肥堆放在港区内铁路堆场,等候火车转运到其他地点以交付不同的买主。其余的化肥存放在仓库等待灌装,因台风侵袭,致使这部分散装化肥严重受损。该进口公司遂向保险公司就受损的部分提出索赔,遭到保险公司的拒绝。试分析保险公司拒绝赔偿的原因。

3. 中方企业出口蜡烛一批,投保一切险,由于货轮陈旧,航行速度慢,加上该货轮沿途到处揽货,结果航行 3 个月才到达目的港。卸货后,蜡烛因受热时间太长,已经软化变形无法销售。试分析这种损失保险公司是否给予赔偿。

4. 有一份 CIF 合同,卖方在装船前向保险公司投保了"仓至仓"条款的一切险,但货物在从卖方仓库运往码头的途中,发生了承保范围内的货物损失。事后卖方以保险单含有"仓至仓"条款为由,要求保险公司赔偿此项损失,但遭到保险公司的拒绝。保险公司认为货物未装运,损失不在承保范围内。试问在上述情况下保险公司能否拒绝赔偿? 为什么?

六、实训题

根据下述资料,缮制一份保险单。

我国广东省机械进出口公司(GUANGDONG + MACHINERY + IMPORT + & + EXPORT + CORP.)向荷兰罗纳因贸易公司(HOLLAND + RONAYIN + TRADE + COMPANY)出口不锈钢铲头 12 000 件,每件 9.60 美元,CIF 鹿特丹、纸箱包装,每箱 12 件。合同规定按发票金额 110% 投保一切险和战争险,运输标志为 + F.V. + / + ART + NO = 9099 + / + ROTTERDAMI + / + NOS: 1—1000 +。该货物于 2002 年 3 月 20 日在广州装"东方"号轮运往鹿特丹,投保单日期为 2002 年 3 月 19 日,商业发票号为 NM134,合同号为 05MP561009,信用证号为 T-027651。

中国人民保险公司

PICC The People's Insurance Company of China

总公司设于北京　　　　一九四九年创立

Head Office Beijing　　Established in 1949

货物运输保险单

CARGO TRANSPORTATION INSURANCE POLICY

发票号(INVOICE NO.)　　　　　　　保单号次

合同号(CONTRACT NO.)　　　　　　POLICY NO.

信用证号(L/C NO.)

被保险人：

INSURED:

中国人民保险公司(以下简称本公司)根据被保险人的要求,由被保险人向本公司缴付约定的保险费,按照本保险单承保险别和背面所载条款与下列特款承保下述货物运输保险,特立本保险单。

THIS POLICY OF INSURANCE WITNESSES THAT THE PEOPLE'S INSURANCE COMPANY OF CHINA (HEREINAFTER CALLED "THE COMPANY") AT THE REQUEST OF THE INSURED AND IN CONSIDERATION OF THE AGREED PREMIUM PAID TO THE COMPANY BY THE INSURED, UNDERTAKES TO INSURE THE UNDERMENTIONED GOODS IN TRANSPORTATION SUBJECT TO THE CONDITIONS OF THIS POLICY AS PER THE CLAUSES PRINTED OVERLEAF AND OTHER SPECIAL CLAUSES ATTACHED HEREON.

标　记 MARKS&NOS	包装及数量 QUANTITY	保险货物项目 DESCRIPTION OF GOODS	保险金额 AMOUNT INSURED

总保险金额

TOTAL AMOUNT INSURED: _____

保费：　　　　　　　启运日期

PERMIUM：AS ARRANGED　DATE OF COMMENCEMENT：_____

装载运输工具：

PER CONVEYANCE：_____

自　　　　　　　　经　　　　　　　　至

FROM：_____　VIA _____　TO _____

承保险别：

CONDITIONS：

所保货物，如发生保险单项下可能引起索赔的损失或损坏，应立即通知本公司下述代理人查勘。如有索赔，应向本公司提交保单正本（本保险单共有_____份正本）及有关文件。如一份正本已用于索赔，其余正本自动失效。

IN THE EVENT OF LOSS OR DAMAGE WITCH MAY RESULT IN A CLAIM UNDER THIS POLICY, IMMEDIATE NOTICE MUST BE GIVEN TO THE COMPANY'S AGENT AS MENTIONED HEREUNDER. CLAIMS, IF ANY, ONE OF THE ORIGINAL POLICY WHICH HAS BEEN ISSUED IN ORIGINAL(S) TOGETHER WITH THE RELEVANT DOCUMENTS SHALL BE SURRENDERED TO THE COMPANY. IF ONE OF THE ORIGINAL POLICY HAS BEEN ACCOMPLISHED. THE OTHERS TO BE VOID.

中国人民保险公司

The People's Insurance Company of China

赔款偿付地点

CLAIM PAYABLE AT _____

出单日期

ISSUING DATE _____

Authorized Signature _____

第七章

国际贸易货款的支付

学习目的与要求

1. 理解和掌握国际贸易结算的基本概念。
2. 重点掌握国际贸易支付工具中的汇票使用的基本方法。
3. 理解和掌握国际贸易支付方式中跟单托收和跟单信用证的基本内容、流程及类型。
4. 了解本票、支票等其他的支付工具。
5. 了解银行保函和备用信用证。

引导案例

信用证问题带来的纠纷

2019 年 8 月青岛博莱进出口贸易有限公司(以下简称博莱公司)与莫桑比克 MZ 公司(以下简称 MZ 公司)签订一份出口小推车的合同,装运港为青岛港,目的港为马普托。2019 年 8 月 21 日博莱公司收到 MZ 公司开来的不可撤销信用证,号码为 TF0000201908021。信用证中规定: TIME OF SHIPMENT: BETWEEN 20190901 AND 20190930,THE EXPIRY OF L/C: OCT 30,2019。2019 年 9 月 30 日博莱公司装船完毕,承运人签发的海运提单显示装运日期是 2019 年 9 月 30 日。2019 年 10 月 10 日博莱公司去中国银行西海岸分行交单议付,遭到拒绝。银行拒付理由如下:第一,信用证规定的装运日期是 9 月 1 日至 9 月 30 日,博莱公司提交的海运提单上显示的装运日期为 9 月 30 日,不符合信用证要求,单证不符;第二,商业发票和信用证中关于货物描述不一致,发票中商品的名称为 WHELBARROW,而信用证货物描述中产品名称为 WHEELBARROW;第三,原产地证书上的收货人为××公司,海运提单上的收货人为 TO ORDER OF STANDARD BANK SA,单据间的收货人不一致,违反单单一致的原则;第四,信用证的 47A 规定所有单据必须用英文撰写,但博莱公司提交的受益人证明中,在单据的右下角预先用中文印刷上了出口商的公司名称和地址。

博莱公司接到拒付通知后,看到如此多的不符点,且该公司成立不久,对自己的制单能力缺乏自信,第一时间联系了 MZ 公司,希望可以通过降价 5% 的方式让对方放弃不符点,MZ 公司看过不符点之后,立即答应了博莱公司的要求。

资料来源:鞠萍,梁忠环,李宜伟.从一则案例谈信用证下的审单标准[J].对外经贸实务,2021(3):80-82.

分析:

(1) 关于装运日期的问题,《跟单信用证统一惯例》(UCP600)(以下简称《UCP600》)的第三条解释指出,单词 to、until、till、from 和 between 用于装运日期之前时,所述日期应该包含在内,因此单据上显示 9 月 30 日的装运日期并没有违反信用证的规定。

（2）关于商业发票中货物描述和信用证中货物描述不一致的问题，《UCP600》第十四条（d）款指出："单据、信用证以及国际标准银行实务中关于内容的描述不需要完全一致，但也不允许单据之间、单据和信用证之间存在冲突。"此外，在审核跟单信用证项下单据的《国际标准银行实务》以下简称《ISBP745》第 A23 条也做了相类似表述："如果拼写或打字错误并不影响单词或其所在句子的含义，则不构成单据不符。"案例中商业发票产品名称的描述和信用证的产品描述虽不完全一致，但不影响对词义的理解，仅仅是漏掉一个英文字母"E"，很有可能是单词拼写时的误拼。

（3）关于原产地证书的收货人和海运提单的收货人不一致的问题，《ISBP745》第 L5 条指出："原产地证书和运输单据的收货人信息不应该矛盾，但是在'凭指示'的情况下，原产地证书的收货人只要是受益人之外的具体实体就可以。"

（4）关于单据的语言问题，《ISBP754》A21 条款（e）款中指出印章、背书、实体名字或类似数据以及预先在单据上印刷的文本，可以采用信用证规定之外的语言显示。

启示：开证行提出的不符点都可以用《UCP600》和《ISBP745》的相应条款进行反驳，看似不符点较多但并不成立，而受益人对不符点没有进行认真分析就降价，说明对自己的业务能力缺乏信心，对银行的审单工作过于"迷信"。博莱公司在此笔交易中不但没有赚到钱，还赔了钱。货款的顺利收回是一笔交易圆满结束的重要标志，采用什么样的结算方式能够及时、安全收回货款，是每个业务员应当知道的基本常识。在进出口贸易实务中，买卖双方都极力争取有利于自身的结算方式，以便买方融通资金和卖方安全收汇，因此，支付方式成为买卖合同中的重要交易条款。

第一节　支付工具

在国际贸易中，虽然用货币计价和结算，但由于各国对货币几乎都实行严格管制，加以输送上的不便等，所以很少直接用货币进行支付，而多以票据作为实际的支付工具。

一、票据概述

票据是以支付一定数额金钱为目的、用于清偿债权债务的凭证，即由出票人在票据上签名，无条件地规定自己或他人支付确定金额的、可流通的证券。

（一）票据种类

各国法律对票据种类的规定不完全一致，但在国际贸易中使用的金融票据包括汇票（Bill of Exchange，Draft）、本票（Promissory Note）和支票（Check），其中以使用汇票为主。

（二）票据的当事人

一般来说，票据涉及三方面的当事人，即出票人（Drawer）、受票人（Drawee）和收款人（Payee）。票据进入流通领域之后，又派生出流通中的关系人，即背书人、承兑人、持票人等。

出票人是开立票据并交付给他人的人。受票人又称付款人，是根据出票人的命令支付票款的人，是票据的债务人。收款人是收取票款的人，也是票据的债权人。背书人是指收款人或持票人在票据背面签字，并把票据转让给他人的人。付款人对票据做出承兑，即成为承兑人。持票人是持有票据的人；票据的收款人或被背书人是票据的持票人。

（三）票据的特点

1. 无因性（Non-Causative Nature）

票据上权利和义务的发生，都是由某种原因引起的，这种原因称为票据的基础关系。但是，在票据开立之后，票据上的权利和义务即与产生票据的原因相脱离，不论其原因关系是否存在、是否有效，均不影响票据的效力。也就是说，持票人不必询问开立或者转移票据的各种原因，只要票据本身没有问题，持票人就可以取得票据所赋予的权利。

2. 要式性（Requisite in Form）

票据是一种要式证券。票据的要式性是指票据的记载事项、记载方式等必要条件，必须按照法律的规定进行。如欠缺法律规定所必须记载的事项，则票据就不能认为有效。

3. 流通性（Negotiability）

票据是可流通证券，票据的权利可以凭背书交付而转移，不必通知债务人。在票据流通中，受让人的权利优于让与人的权利，不受其前手的权利瑕疵的影响，其不仅获得票据的全部法律权利，还可以以自己的名义提出司法诉讼。

在某些情况下，流通票据也可能失去流通能力。如果票据被加上了限制性批注，如"不得转让""只能付某人"等，那么，这些票据就不再具有流通性了。

二、汇票

汇票作为国际结算最主要的一种票据，是票据的典型代表。各国都在其本国的票据法中做出详细、具体的规定，我国《票据法》也将汇票制度作为重要的内容做了专门规定，并成为整个票据制度中的主体内容。

（一）汇票的含义和基本内容

1. 汇票的含义

我国《票据法》对汇票的解释是："汇票是出票人签发的，委托付款人在见票时或者在指定日期无条件支付确定金额给收款人或者持票人的票据。"

各国广泛引用的《英国票据法》对汇票的解释是，"汇票是由一个人向另一个人签发的无条件的书面支付命令，要求受票人见票时或于未来某一规定的或可以确定的时间，将一定金额的款项支付给某一特定的人或其指定的人或持票人。"

2. 汇票的基本内容

汇票是要式证券，虽然格式上没有统一规定，但是都应当具备必要的形式和内容。

（1）表明"汇票"的字样（B/E）。这样做是为了方便使用者辨认，同时也是为了防止伪造汇票。汇票名称一般使用 Bill of Exchange、Draft，但英国的票据法没有汇票必须使用标准名称的规定。

（2）无条件支付的委托（Pay to the Order of）。这种无条件支付是一次性的支付，不能分期支付。附带条件的支付委托将使汇票无效。

（3）确定的金额（the sum of）。汇票必须明确、具体地规定受票人应付的金额，并注明使用的货币。在国际贸易中，汇票的金额原则上应在合同或信用证金额的范围内，如无特殊规定，其具体金额和货币一般必须与发票金额和货币一致，否则受票人有权拒付。同时，在汇票上记载金额的大小写数字也应该是一致的。

（4）付款人名称（Drawee/Payer）。其又称受票人，即接受支付命令的付款人。在进出口业务中，通常是进口商或其指定的银行。

（5）收款人名称（Payee）。其又称受款人，即领受汇票所规定的金额的人。在进出口业务中，通常是出口商或其指定的银行。

（6）出票日期（Date）。即汇票出具的日期。

（7）出票人（Drawer）签章。出票人就是开出汇票的人，在进出口业务中通常就是出口商。根据各国票据法的一般规则，只有出票人在票据上签章后，汇票才能生效，未经出票人签章的汇票在法律上是无效的。签章可以是签名、盖章或者签名加盖章。

根据我国《票据法》的规定，汇票上未记载前述规定事项之一的，汇票无效。

（8）付款日期（at …）。汇票还需规定明确的付款时间，包括即期汇票和远期汇票，汇票上未记载付款日期的，为即期汇票，见票即付。

（9）出票地点和付款地点。汇票一般应注明出票地点和付款地点，这对涉外汇票具有重要意义，因为这关系到汇票的法律适用问题。如果未记载，出票人的营业场所、住所或者经常居住地为出票地点，付款人的营业场所、住所或者经常居住地为付款地点。

（10）出票依据（Drawn under）。指开具该份汇票的依据，一般分为两种情况：①在信用证支付方式下，主要填写开证行的名称、信用证号及开证日期，如 Drawn under Bank of China L/C No.2675FLC712305 Dated MAY，22，2020（凭中国银行 2020 年 5 月 22 日开出的第2675FLC712305 号信用证，特开立此汇票）；②在托收方式下，可只填写"托收"英文字样，也可填写买卖合同号，如 Drawn under S/C No. HRX07082476，Payment by D/P（凭第HRX07082476 号销售合同，付款交单方式，特开立此汇票）。除此之外，汇票上还可以有一些票据法允许的其他内容的记载，例如，汇票编号、利息和利率、付一不付二（付二不付一）、禁止转让等内容。汇票样式如图 7-1 所示。

图 7-1　汇票样式图

（二）汇票的种类

汇票从不同的角度可分为以下几种。

（1）按照出票人的不同，汇票可分为银行汇票（Banker's Draft）和商业汇票（Commercial Draft）。

① 由银行开立的汇票，即为银行汇票，是一家银行向另一家银行发出的书面支付指令，出票人和付款人都是银行。这种汇票一般由汇款人直接寄交收款人，凭票向付款行取款。银行汇票一般为光票，不随附货运单据。

② 在国际贸易中，凡由出口商签发，向进口商或银行收取货款或其他款项的汇票，都属商业汇票。在国际贸易结算中，使用商业汇票居多，而且多随附货运单据。

（2）按照是否随附货运单据，汇票可分为光票（Clean Bill）和跟单汇票（Documentary Draft）两种。

光票是由出票人开立的不附任何单据的汇票，即只凭汇票付款。银行汇票多为光票。光票在国际贸易中支付佣金、代垫费用以及收取货款尾数时开立。

跟单汇票是指附有货运单据（提单、发票、保险单、产地证明等）的汇票。其作用在于，出票人必须提交约定的货运单据才能取得货款。受款人必须在付清货款或提供一定保证后，才能取得货运单据，提取货物。由此可见，跟单汇票体现了货款和单据对流的原则，出票人如没有提供单据或所提供的单据不合规定，受票人即无付款责任；反之，受票人如不付款或拒绝接受汇票，即得不到货物所有权凭证——提单及其他货运单据。这对买卖双方来说，都提供了一定的安全保障。所以在国际贸易中，大量使用跟单汇票作为支付工具。商业汇票多为跟单汇票。

（3）按照付款时间的不同，汇票可分为即期汇票（Sight Draft/Demand Draft）和远期汇票（Time Bill/Usance Bill）。

① 即期汇票是指持票人向付款人提示后对方立即付款的汇票，又称"见票即付"汇票。银行汇票多是即期汇票。

② 远期汇票是指付款人在将来一个可确定的日期付款的汇票。商业汇票多是远期汇票。远期汇票的付款日期有以下四种规定方法。

a. 见票后若干天付款（at...days after sight），即以付款人见票承兑日为起算日，若干天后到期付款，如见票后 30 天、60 天或 120 天付款。

b. 出票后若干天付款（at...days after date of draft），即以汇票出票日为起算日，若干天后到期付款。

c. 提单签发日期后若干天付款（at...days after date of B/L），即以提单日以后若干天付款。

d. 固定日期付款（fixed date），又称板期汇票，指定未来某确定日期为付款日。

第一种方法的付款时间的起算取决于付款人"见票"的日期，因此，对付款人比较主动，付款人可用避而不见票以推迟付款时间；第二种办法不受付款人见票的限制，而且可节省从出票到见票这段时间，对出票人比较有利，但不易为付款人接受；第三种办法是以货物装运签发提单日起算，比较客观合理，容易为双方接受。在实际业务中，使用什么办法计算付款日期，需由双方洽商协定，并在合同和汇票中加以明确规定。

（4）按照承兑人的不同，汇票可分为银行承兑汇票（Banker's Acceptance Draft）和商业承兑汇票（Commercial Acceptance Draft）。银行承兑汇票是指付款人为银行，由银行为承兑人的远期汇票。银行承兑汇票通常由出口商签发,银行对汇票承兑后即成为该汇票的主债务人。所以银行汇票是建立在银行信用基础之上的,便于在金融市场进行流通。商业承兑汇票是指由银行以外的商号或个人承兑的远期汇票。商业承兑汇票是建立在商业信用的基础之上的。即期汇票无须承兑。

小贴士

在实际业务中,一张汇票往往同时具备几方面的特性。例如,国际贸易中最常用的汇票既是商业汇票,同时又可以是即期汇票和跟单汇票。

(三) 汇票的使用

汇票的使用,即汇票的票据行为。即期汇票一般须经过出票、提示、付款等程序。而远期汇票,受票人在到期付款之前,还必须办理承兑手续。汇票若需流通转让,通常还要经过背书。当汇票遭到拒付时,还会涉及追索的问题。

1. 出票

出票(Issue/to Draw)是指出票人签发汇票并交给收款人的行为。一是由出票人写成汇票并签章;二是由出票人将汇票交付收款人。只有经过交付,汇票才开始生效。

汇票通常需要签发一式两份(银行汇票只签发一份),其中一份写明"正本"(Original)或"第一份汇票"(First of Exchange),另一份则写明"副本"(Copy)或"第二份汇票(Second of Exchange)"。两份汇票具有同等法律效力,但只对其中一份承兑或付款。为了防止重复承兑和付款,均写明"付一不付二"或"付二不付一"(Second or First Unpaid)。

出票是汇票的票据行为中的主票据行为,其他票据行为都是以出票所设立的票据为基础的,是从票据行为。在出票人签发汇票时,必须写明汇票的各项必备内容,对于收款人的填写,可视不同交易的需要,在以下三种方法中选择一种作为汇票的抬头。

(1) 限制性抬头

例如,"仅付给××公司"(Pay … Co.Only)或"仅付给××公司,不准转让"(Pay … Co. Only, Not Transferable),这种限制性抬头的汇票不能流通转让,只能由限定的公司凭汇票收取票款。

(2) 指示性抬头

例如,"付给××公司或其指定的人"(Pay … Co.or Order/Pay to the Order of Co.),这种载有指示性抬头的汇票经过背书可以转让。

(3) 持票人或来人抬头

例如,"付给来人"(Pay to Bearer)或"付给持票人"(Pay to Holder),这种抬头的汇票无须背书仅凭交付即可转让。英国《票据法》规定,允许汇票做成来人抬头。但我国《票据法》及《日内瓦统一法》不允许将汇票做成来人抬头,否则汇票无效。

2. 提示

提示(Presentation)是持票人将汇票提交付款人要求付款或承兑的行为。付款人看到汇票叫作见票(Sight)。提示分为以下两种。

(1) 付款提示(Presentation for Payment)。即汇票的持票人向付款人出示汇票,要求付款人付款的行为。

（2）承兑提示（Presentation for Acceptance）。即远期汇票的持票人向付款人出示汇票，要求付款人承诺到期付款的行为。

提示应在法定期限内进行，对此各国票据法规定不一。我国《票据法》规定：即期和见票后定期付款的汇票自出票日后1个月，定日付款或出票后定期付款的汇票应在到期前向付款人提出承兑；已经承兑的远期汇票的提示付款期限为自到期日起10日内。

3. 付款

付款（Payment）是汇票的付款人向持票人支付汇票金额的行为。即期汇票在付款人见票时即付款；远期汇票在付款人承兑后于到期日付款。持票人获得付款时，应在汇票上签收，并将汇票交给付款人作为收据存查。汇票一经付款，汇票上的一切债权、债务关系就宣告结束。

4. 承兑

承兑（Acceptance）是指远期汇票的付款人承诺在汇票到期日支付汇票金额的行为。按我国《票据法》规定，付款人应当自收到提示承兑的汇票之日起3日内承兑或拒绝承兑。承兑是远期汇票到期之前办理的一道手续，由付款人在汇票的正面写上"承兑"（Accepted）字样，注明承兑日期并签名，交还持票人。

承兑对于付款人来说，就是承诺了按票据的文字付款的责任。因此在承兑前，汇票的主债务人是出票人，承兑后，付款人则成为主债务人，出票人和背书人则是从债务人。

5. 背书

背书（Endorsement）是转让汇票权利的一种法定手续。在国际金融市场上，汇票既是一种支付凭据，又是一种流通工具。除限制性抬头的汇票外，汇票都可以通过议付或贴现，辗转转让。汇票在转让时，除了来人抬头的汇票只需交付汇票，无须办理其他手续外，其他汇票的转让都需要通过背书交付，背书就是由原来的持票人在汇票的背面或者粘单上记载背书文句、签上自己的名字，表示该汇票已转让出去。经过背书，汇票的权利由背书人（Endorser）转给被背书人（Endorsee），即受让人。汇票经转让后，受让人还可以通过背书方式，再次转让。所以一张汇票在市场上，可以有许多背书人，而对于某一个受让人来说，凡是在他以前背书的人，都是他的前手，在他后面的人都是他的后手，前手对后手负有担保汇票必然会被承兑和付款的责任。

背书的方式主要有限制性背书、空白背书和特别背书。

（1）限制性背书

限制性背书（Restrictive Endorsement）也称为不可转让背书，是指背书人对支付给被背书人的指示带有限制性的词语。例如，"仅付给××公司"（Pay … Co. Only）、"仅付给××公司，不准转让"（Pay … Co. Only Not Transferable）等。凡做成限制性背书的汇票，只能由指定的被背书人凭票取款，汇票就不能再继续转让了。在国际贸易中，限制性背书的方式较少采用。

（2）空白背书

空白背书（Endorsement in Blank）又称为无记名背书，指背书人在进行背书时，只在汇票的背面签章，而不记载受让人。这种背书的汇票不但可以自由流通，而且可以无背书转让。我国《票据法》规定：汇票背书转让或者以背书将一定的汇票权利授予他人行使时，必须记载被背书人的名称，即不允许做空白背书，这与国外票据法不同。

（3）特别背书

特别背书（Special Endorsement）又称为记名背书，指背书人在票据背面签名外，还应写明被背书人名称或其指定人。例如，"付给××公司或其指定人"(Pay to ... Co.or Order)、"付给××公司的指定人"(Pay to the Order of ... Co.)。这种特别背书的汇票可经过受让人的再次背书继续转让。在国际市场中，一张远期汇票的持有人如想在付款人付款前取得票款，可以通过背书转让汇票，即将汇票进行贴现。贴现(Discount)是指远期汇票承兑后，尚未到期，由银行或贴现公司从票面金额中扣减按一定贴现率计算的贴现息后，将余款付给持票人的行为。从国际贸易看，汇票的转让，也给买卖双方的资金融通带来方便，它一方面使得卖方可通过汇票的议付或贴现，提前从第三者取得资金，另一方面也给买方提供了一定的付款期限，避免过早地付出资金。

6. 拒付和追索

汇票的转让是以转让人向被转让人保证付款人将承担汇票的付款义务作为前提的。但是汇票遭到付款人拒付的现象时有发生。

拒付(Dishonor)又称退票，包括拒绝付款和拒绝承兑两个方面。前者是指当汇票做提示付款时，被拒绝付款；后者是指当汇票做提示承兑时，被拒绝承兑或未能获得承兑。除此之外，根据票据法的一般规则，下列情况下持票人也可视为被拒付。

（1）承兑人或付款人已死亡、逃匿或避而不见，持票人经过合理努力仍未找到。

（2）承兑人或付款人被依法宣告破产，或因违法经营被责令中止业务活动。

汇票被拒付，持票人除了向承兑人追偿以外，有权向出票人及所有"前手"背书人进行追索(Recourse)，即请求偿还汇票金额及费用。在实际业务中虽然持票人通常向其直接前手进行追索，但是按国际通行规则，持票人有权自由选择追索的对象，可不按照票据债务人先后顺序，而是对其中一人、数人或者全体行使追索权。

在持票人行使其追索权时，应将拒付事实书面通知其前手，并提供拒付的证明或退票理由书。在国外通常要求持票人提供拒绝证书(Protest)，这是一种由付款地的法定公证人或其他依法有权做出这种证书的机构（如法院、银行、公会、邮局等）所做出的证明付款人拒付的文件。我国《票据法》规定，如果发生拒付，承兑人或付款人须出具拒绝证明或退票理由书。如拒付的汇票已经承兑，出票人可以向法院起诉，要求承兑汇票的承兑人付款。因此，汇票的出票人、背书人、承兑人和保证人对持票人承担连带责任。

三、本票

（一）本票的含义和基本内容

1. 本票的含义

我国《票据法》规定：本票(Promissory Note)是出票人签发的，承诺自己在见票时无条件支付确定金额给收款人或持票人的票据。由于本票是出票人向收款人签发的书面承诺，所以本票的基本当事人只有两个，即出票人和收款人，本票的付款人就是出票人自己。这一点与汇票不同，汇票的基本当事人有三个：出票人、收款人和付款人。

2. 本票的基本内容

本票应当具备的内容，各国票据法的规定大同小异。我国《票据法》规定：本票必须记载下述事项：①表明"本票"字样；②无条件支付的承诺；③确定的金额；④收款人的名称；⑤出票日期；⑥出票人签章。本票上未记载出票地的，出票人的营业场所为出票地。本票上未记载付款地的，出票人的营业场所为付款地。本票如图 7-2 所示。

Promissory Note（本票）

（本票金额）____________________ ______________（出票日期地点）

On the ______________（付款时间）fixed by the Promissory Note

We promise to pay the order of ____________________（收款人）

the sum of（大写金额）____________________

______________（出票人）

（Signed）（签章）

图 7-2 本票样式图

（二）本票的种类

按照国外票据法的一般规定，本票可按照出票人的不同分为一般本票和银行本票。一般本票(General Promissory Note)的出票人是工商企业或个人，因此又称为商业本票；银行本票(Banker's Promissory Note)的出票人是银行。一般本票又可以按照付款时间的不同分为即期本票和远期本票。即期本票也就是见票即付的本票；远期本票则是承诺在未来某一规定的或可以确定的日期支付票款的本票。银行本票都是即期的。

按照我国《票据法》的规定，本票仅限于银行本票。除了不承认银行以外的企事业单位、其他组织和个人签发本票以外，还规定本票出票人的资格要由中国人民银行审定。在国际贸易中使用的本票大多是银行本票。有的银行发行见票即付的、不记载收款人的本票或来人抬头的本票，它的流通性类似于纸币。本票从性质上来说属于自付证券，由出票人自己支付本票金额，负有绝对的付款责任，签发本票具有提供信用的性质，实质上相当于信用货币，所以签发本票必须具有相应的经济实力和高度的信用。如果各单位和个人都可以签发本票，就等于扩大了流通中的货币量，从而扰乱金融秩序。

（三）本票的票据行为

在本票的票据行为中，出票、背书、付款等与汇票类似，但是本票还有一些特定的规定。例如，我国《票据法》规定：出票人必须具有支付本票金额的可靠资金来源；本票自出票之日起，付款期限最长不得超过两个月；本票持票人未按规定期限提示见票的，丧失对出票人以外的前手的追索权。

（四）本票与汇票的区别

作为支付工具，本票与汇票都属于票据的范畴，但两者又有所不同，其主要区别如下。

（1）本票的票面有两个当事人，即出票人和收款人；而汇票则有三个当事人，即出票人、付款人和收款人。

（2）本票的出票人即付款人，远期本票无须办理承兑手续；而远期汇票则要办理承兑手续。

（3）本票在任何情况下，出票人都是绝对的主债务人，一旦拒付，持票人可以立即要求法院裁定，命令出票人付款；而汇票的出票人在承兑前是主债务人，在承兑后，承兑人是主债务人，出票人处于从债务人的地位。

四、支票

（一）支票的含义和基本内容

1. 支票的含义

按照我国《票据法》规定：支票(Cheque/Check)是出票人签发的，委托办理支票存款业务的银行或者其他金融机构在见票时无条件支付确定金额给收款人或持票人的票据。

支票的基本当事人和汇票一样，共有三个：出票人、付款人和收款人。但支票的出票人必定是在银行设有往来存款账户的存款户，而付款人必定是该存款户设有户头的存款银行。支票就是存款户对存款银行签发的委托银行在见票时对收款人无条件支付一定金额的票据。支票的本质实际上就是汇票，是以银行为付款人的、即期的特殊汇票。

支票的出票人在签发支票时应在付款银行存有不低于票面金额的存款，否则即为空头支票。各国法律都禁止签发空头支票。

2. 支票的基本内容

我国《票据法》规定，支票必须记载下述事项：①表明"支票"字样；②无条件支付的委托；③确定的金额；④付款人的名称；⑤出票日期；⑥出票人签章。

按照我国《票据法》规定，支票上的金额可以由出票人授权补记，未补记前的支票不得使用。支票上未记载收款人名称的，经出票人授权也可以补记。支票上未记载出票地点的，以出票人的营业场所、住所或经常居住地为出票地。支票上未记载付款地点的，以付款人的营业场所为付款地。出票人的签章应当与其在付款银行预留的签名式样或印鉴相符。支票如图7-3所示。

> **Check（支票）**
> **The Bank of Communication**（账户行）
>
> ＿＿＿＿＿＿＿＿＿（支票号码）
>
> （支票金额）＿＿＿＿＿＿＿＿＿＿＿   ＿＿＿＿＿＿＿＿＿（出票时间地点）
>
> Pay against this Check to the order of（收款人）＿＿＿＿＿＿＿＿＿＿＿＿
>
> the sum of（大写金额）＿＿＿＿＿＿＿＿＿＿＿＿＿＿
>
> ＿＿＿＿＿＿＿＿＿（出票人）
> （Signed）（签章）

图7-3 支票样式图

（二）支票的种类

支票从不同的角度划分，有许多类型。

（1）按照有无收款人姓名记载，分为记名支票和不记名支票。

记名支票(Check Payable to Order)是指在支票的收款人一栏中记载收款人的具体名称，持记名支票取款时，必须由载明的收款人在背面签章。

不记名支票(Check Payable to Bearer)，也称为来人支票或空白抬头支票。这种支票不记载收款人的具体名称,只写明"交付来人",取款时无须收款人签章,持票人仅凭交付即可将支票权利转让。

（2）按照附加的付款保障方式,分为划线支票和保付支票。

划线支票（Crossed Check）是在支票的正面划有两道平行横线的支票。支票经过划线后,只能通过银行收款,不得由持票人直接提款,其目的是使不正当持票人转让支票或领取票款更困难。根据需要,支票既可由出票人划线,也可以由收款人或代收银行划线。

保付支票（Certified Check）是指付款行在支票上加上了"保付"字样并签章的支票。付款银行保付后就必须付款,支票一经银行保付,出票人及其前手背书人就被解除了付款责任。而且持票人可以不受付款提示期的限制,在支票过期后提示,银行仍然要付款。正因为如此,银行在对支票进行保付时,须查核出票人的支票存款账户,并将相应金额转入保付支票户名下,专款专用。支票经过保付后身价提高,有利于流通。

我国《票据法》将支票分为普通支票、现金支票和转账支票三种。按该法规定支票可以支取现金,也可以转账,用于转账时,应当在支票正面注明。这是对普通支票而言的。支票中专门用于支取现金的,可以另行制作现金支票;支票中专门用于转账的,可以另行制作转账支票,转账支票不能领取现金。

（三）支票的票据行为

在支票的票据行为中,对于出票、背书、付款行为和追索权的行使,适用票据法中对汇票的相应行为和权利行使的规定;但对支票的特殊规定除外。例如,我国《票据法》规定,支票的持票人应当自出票日起 10 日内提示付款;异地使用的支票,其提示付款的期限由中国人民银行另行规定;超过提示付款期限的,付款人可以不予付款;付款人不予付款的,出票人仍应当对持票人承担票据责任。

第二节　支付方式

国际贸易支付方式是指贸易资金从付款一方转移到收款一方的具体方式。目前贸易中使用的支付方式各种各样,而且在不断发展。这些方式在付款时间、地点、方法等方面存在差异,对货款的安全和资金周转的影响也不尽相同。按资金的流向与支付工具的传递方向,支付方式可以分为顺汇和逆汇两种。顺汇是指资金的流动方向与支付工具的传递方向相同,汇付采用的是顺汇方法;逆汇是指资金的流动方向与支付工具的传递方向相反,托收采取的是逆汇方法。

一、汇付

汇付（Remittance）又称汇款,指付款人（债务人）主动通过银行或其他途径将款项汇交收款人（债权人）。国际贸易的货款如采用汇付,一般是由买方按合同约定的条件（如收到单据或货物）和时间,将货款通过银行汇交给卖方。

（一）汇付的当事人

（1）汇款人（Remitter）,即汇出款项的人,在国际贸易中,汇款人通常是进口商。

（2）收款人（Payee or Beneficiary）,即收取款项的人,在国际上贸易中,收款人通常是出口商。

（3）汇出行(Remitting Bank)，即受汇款人的委托汇出款项的银行，通常是在进口地的银行。

（4）汇入行(Paying Bank)，即受汇出行委托解付汇款的银行，故又称解付行，通常是出口地的银行。

汇款人在委托汇出行办理汇款时，要出具汇款申请书。此项申请书是汇款人和汇款行之间的一种契约。汇出行一经接受申请，就有义务按照汇款申请书的指示并使用一定的传递方式（如电报、电传、信件、票据等）通知汇入行。汇出行与汇入行之间，事先签订代理合同，在代理合同规定的范围内，汇入行对汇出行承担解付汇款的义务。

（二）汇付的种类

汇款人在汇款时可以采用以下三种不同的方式。

1. 电汇

电汇(Telegraphic Transfer，T/T)是由汇款人委托汇出行用电报、电传、环球银行间金融电信网络(SWIFT)等电信手段发出付款委托书给汇入行，委托它将款项解付给指定的收款人。电汇方法快捷且安全系数高，对出口商来说，可以提早收到货款，但是进口商却要因此负担较高的费用。

2. 信汇

信汇(Mail Transfer，M/T)是由汇款人委托汇出行开具付款委托书，通过邮递寄交汇入行，委托其向收款人付款。信汇的优点是费用低廉，但是资金在途时间长，收款人收到货款的时间要晚一些。电汇、信汇结算业务流程大致相同。

3. 票汇

票汇(Remittance by Banker's Demand Draft，D/D)是以银行即期汇票作为结算工具的一种汇付方式。汇出行应汇款人的申请，开立以其代理行或其他往来银行为付款人的即期汇票，交由汇款人自行寄交收款人，收款人凭票向付款行取款。票汇流程如图7-4所示。

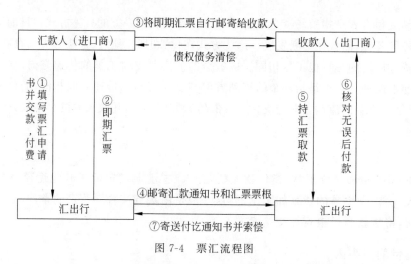

图 7-4　票汇流程图

票汇业务与信汇相同，出口商收到货款的时间都要晚些，所以电汇最受卖方欢迎，电汇对出口商来说可较早收到货款，加速资金周转，增加利息收入，避免汇率变动的风险，是较为有利的,也是目前采用的主要汇付方式。

(三) 汇付的性质及其在国际贸易中的应用

无论采用电汇、信汇还是票汇,其所使用的结算工具(委托书或汇票)的传送方向都与资金的流动方向相同,因此都属于顺汇。汇付是程序较为简单的支付方式,而且银行只提供服务不提供信用,使用汇付方式完全取决于交易双方的信任,并在此基础上向对方提供信用和融资,因此汇付方式从性质上而言属于商业信用。在国际贸易中,汇付方式通常用于货到付款、预付货款等业务。在国际市场竞争激烈、买方市场为主的情况下,要想争取预付货款并非易事,因此应用更多的是货到付款。

1. 货到付款

货到付款(Payment after Arrival of the Goods)是指出口商没有收到货款以前,先交出单据或货物,然后由进口商主动汇付货款的方法,如交货付现(Cash On Delivery,C.O.D.)。货到付款属于赊销交易(Open Account,O/A),对于进口商有较大的好处,一般说来可以先取得代表货物的装运单据或货物本身,甚至于将货物销售之后再付款。出口商能否按时顺利收回货款,取决于进口商的信用。

这样有利于资金周转,并且可以节省采用其他方式(如信用证)所要支出的费用。因此,采用这种汇付方式,有利于扩大出口。但同时出口商要承担极大的风险。如果进口商收货后拒不付款或拖延履行付款义务,出口商就要发生货款两空的严重损失或晚收款的利息损失。因此使用 O/A 方式要格外慎重,除非进口商信誉可靠,出口商一般不宜轻易采用此种方式。

2. 预付货款

预付货款(Payment in Advance)是指进口商先将货款汇付给出口商,出口商收到货款后再发货的方法,如随订单付现(Cash With Order)。预付货款方式对出口商较为有利,因为进口商预先履行付款义务,货物的所有权并没有在付款时转移,在 CIF 等装运港交货的条件下,出口商在没有交出装运单据以前,货物的所有权仍归其所有。因此,预付货款使进口商过早地垫出资金,并承担出口商可能延迟交货或不交货的风险。为了降低风险,进口商也会采取相应的措施,如要求出口商提供银行保函或者备用信用证等担保,以便督促出口商履行合同义务。

例题 7-1

我国某出口企业 A 与另一国的进口企业 B 之间签订了一份进出口贸易合同,合同中规定:支付条款为装运月前 15 天电汇付款。但是,在后来的履约过程中,B 方延至装运月中才从邮局寄来银行汇票一张,并声称货款已汇出。为保证按期交货,我出口企业于收到汇票次日即将货物托运,同时委托 C 银行代收票据。1 个月后接到 C 银行通知,因该汇票是伪造,已被退票。此时,货物已抵达目的港,并已被进口方凭出口企业自行寄去的单据提走。事后我出口企业 A 进行了追偿,但进口方 B 早已人去楼空,我方承受了较大的损失。

我方在本案中的失误是什么?采用票汇方式时应注意什么问题?

资料来源:马祯,毛青.国际贸易实务[M].北京:对外经济贸易大学出版社,2020:7.

分析: 我方在进口商 B 随意将支付条件从电汇改为票汇时,没有引起注意和重视。即使默认这种改变,也应该首先鉴别汇票的真实性,不应贸然将货物托运并自行寄单。同时,这也是汇付本身固有的弊端。因为汇付所依托的是商业信用,完全依赖于进口商的自信,如果出口商不是很了解进口商,不能随便使用汇付。

采用票汇方式时应注意检查汇票的真实性和有效性。如果票据中规定的付款行并非出口人所在地银行,就会给出口商带来风险。那么出口商须将票据交当地银行,委托其向付款行代收票据。一方面要防止进口方出具票据进行诈骗,另一方面还要注意票据的有效付款期,不要错过。

二、托收

托收(Collection)是指出口商委托银行向进口商收取货款的结算方式。银行托收的基本做法是,出口商先行发货,取得货运单据后,开立汇票(或不开汇票)连同货运单据,委托出口地的银行(托收行,Remitting Bank),由银行根据出口商填写的委托申请书规定的条件,通过其国外代理行或往来行(代收行,Collecting Bank)向进口商收取货款。

（一）托收的当事人

1. 委托人

委托人(Prineipal),即委托银行向国外付款人代收货款的人,通常为出口商。

2. 托收行

托收行(Remitting Bank),即接收出口商的委托代为收款的出口地银行,它与委托人之间是委托代理关系,因此对单据的正确性不负责任,对发生的一切费用和风险也不负责任。

3. 代收行

代收行(Collecting Bank),即接受托收行的委托向付款人收取票款的进口地银行,它通常是托收行的国外分行或代理行。代收行遵照托收行的指示,尽快向付款人提示汇票,要求其付款或承兑,并在付款或承兑后,及时通知托收行。

4. 提示行

提示行(Presenting Bank),即向付款人提示汇票和单据的银行。代收行可以自己兼任提示行,也可以委托与付款人有账户往来关系的银行做提示行。

5. 付款人

付款人(Drawee),即汇票的受票人,通常为进口商。

在托收业务中,如发生拒付,委托人可指定付款地的代理人代为料理货物存仓、转售、运回等事宜,这个代理人叫作“需要时的代理”(Customer's Representative in case of Need)。

（二）托收的种类及其业务程序

托收可根据汇票是否附有货运单据,分为光票托收和跟单托收两种。光票托收是指不附带商业单据的托收,一般使用在合同尾款、佣金、样品费等款项的收取,不是货款托收的主要方式。货款托收一般采用跟单托收,即托收时附带商业单据的托收。跟单托收根据代收行向进口商交单条件的不同,可分为以下两种。

1. 付款交单

付款交单(Documents against Payment,D/P)是指出口商在托收时指示银行,只有付清全部货款时才能交出货运单据,如果进口商拒付,就不能从银行取得货运单据,无法提取货物。

在这种方式下,进口商只有按照规定付款,才能取得装运单据,转售货物。付款交单按照支付时间的不同还可分为即期付款交单和远期付款交单两种。

（1）即期付款交单是指由出口商开具即期汇票,银行向进口商提示后即需付款,并在付清货款时领取货运单据。

（2）远期付款交单是指由出口商开具远期汇票,银行向进口商提示,进口商见票后在汇票上做出承兑,并于汇票到期日由代收行再次向其提示时付款,付款后领取货运单据。

2. 承兑交单

承兑交单（Documents against Acceptance,D/A）是指出口商在托收时指示银行,在进口商承兑汇票后,即可交出货运单据,待汇票到期日再付款。承兑交单只适用于远期汇票托收。

在付款交单中,不论是即期付款交单还是远期付款交单,进口商都必须在付清货款之后才能取得单据、提取或转售货物,这是付款交单的原则。在远期付款交单的条件下,如果付款日期和实际到货日期基本一致,仍不失为对进口商提供的一种资金融通,可以不必在到货之前就提前付款而积压资金。但是如果付款日期晚于到货日期,则进口商在没有付清货款以前,仍然无法取得货物。在这种情况下,进口商为了抓住有利行市,不失时机地转售货物,可以采取两种做法:一种做法是提前付款赎单,在这种情况下,进口商一般可因提前付款而享受一定的现金折扣,即扣除提前付款日至原定付款日之间的利息。另一种做法,也是更常见的做法,就是凭信托收据（Trust Receipt）向银行借单,于汇票到期时才付清货款。

所谓信托收据是进口商向银行出具的,表示愿意以银行受托人（Trustee）的身份代银行保管货物,承认货物所有权属于银行,银行有权随时收回货物,并承诺货物出售后所得货款应交给银行的一种书面文件。凭信托收据借单是银行给予其客户的一种常见的通融办法。通过这个办法,进口商即可在付款之前取得并转售货物,然后用转售所得的货款在汇票到期日偿还代收行。也就是说,可以完全不必动用自身的资金就赚得利润。正因如此,远期付款交单经常伴有凭信托收据借单的做法。这种做法纯粹是代收银行自己向进口商提供的信用便利,与出口商和托收银行无关。所以对于代收行而言是有风险的,如果汇票到期后进口商拒不付款,那么代收行要对出口商和托收银行负全责。但是如果凭信托收据借单提货的做法是经过出口商同意或由出口商主动授权银行办理的,那么日后进口商在汇票到期时不能付款,这时责任完全由出口商承担,与银行无关,这种托收方式称为远期付款交单凭信托收据借单（D/P.T/R）。这种做法的性质实际上与承兑交单相同。托收的业务程序如图 7-5 所示。

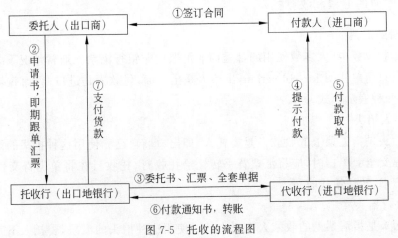

图 7-5　托收的流程图

例题 7-2

（1）我国某外贸进出口公司与比利时某贸易公司洽商某商品的出口交易，我方提出付款条件为 30% 定金，货物装运后凭 T/T 付款，比利时商人要求降价，否则付款条件应修改为 D/P 90 天，并通过其指定的代收行代收方可接受。

比利时商人提出修改付款条件的意图是什么？为什么必须通过其指定的代收行代收方可接受？

分析：比利时商人提出修改付款条件，将 T/T 改为 D/P 90 天，其目的在于推迟付款，争取了 90 天的资金周转时间。比利时商人要求指定代收行，其目的在于凭信托收据向代收行借单，及早提货销售。

资料来源：余世明.国际贸易实务［M］.广州：暨南大学出版社，2006：9.

（2）我国某外贸企业与某国 A 进口商达成一项出口合同，付款条件为付款交单见票后 45 天付款。当汇票及所附单据通过托收行寄抵进口地代收行后，A 进口商及时在汇票上履行了承兑手续。货抵目的港时，由于用货心切，A 进口商出具信托收据向代收行借得单据，先行提货转售。汇票到期时，A 进口商因经营不善，失去偿付能力。代收行以汇票付款人拒付为由通知托收行，并建议由我国外贸企业向 A 进口商索取货款。

代收行的建议是否合理？我国外贸企业应如何处理？

资料来源：佚名.国际贸易支付案例［EB/OL］. https://wenku. baidu. com/view/c52285d84228915-f804d2b160b4e767f5acf8063. html? fr ＝ search-1-wk ＿ sea ＿ esX-income6 ＿ slotid ＿ 47&.fixfr ＝ QU5%2FhT1WFn6eNtAVwk8lxw%3D%3D,2020-01-16［2021-05-10］.

分析：信托收据借单是代收银行向进口商提供的信用便利，与出口商和托收银行无关。如果汇票到期后进口商拒不付款，那么代收行要对出口商和托收银行负全责。但是如果凭信托收据借单提货的做法是经过出口商同意或由出口商主动授权银行办理的，那么日后进口商在汇票到期时不能付款，这时责任完全由出口商承担，与银行无关。

本案中，如果代收行在没有得到我国外贸企业授权或同意的情况下，凭进口商的信托收据将单据借给进口商，汇票到期后进口商无力付款，由此造成的损失应该由代收行承担。我国外贸企业应要求代收行赔偿。如果代收行是在我国外贸企业同意的情况下借单，则由此造成的损失应该由我国外贸企业自行承担。

（三）托收时的汇票和收款指示

1. 托收时的汇票

在跟单托收业务中，大多数使用的都是商业汇票而非银行汇票。通常情况下，托收项下汇票的出票原因只简单注明 for collection，出票人是出口商，付款人是进口商，而收款人（汇票的抬头）有以下两种表示形式。

（1）出票人抬头

出票人抬头是指汇票上的收款人是委托人，即出口商自己。使用这种抬头的汇票，委托人在向托收行提交全套单据时，应将汇票背书转让给托收行，托收行在将单据寄交代收行时，再对汇票进行背书，转让给代收行。

（2）托收行抬头

托收行抬头是指汇票上的收款人是托收行。使用这种抬头的汇票，委托人不需背书，只需托收行进行背书,转让给代收行。目前在我国的托收业务中,一般都使用托收行抬头的汇票。这种汇票往往是由银行事先印好存放在收款人处,例如,Pay to the order of Bank of China, Tianjin Branch,收款人只需填写其他内容。

2. 托收时的收款指示

托收时的收款指示是托收委托书中的一项重要内容,用来明确银行之间的头寸如何划拨的问题,即代收行应如何将收妥的款项拨付给托收行,类似于汇款中的偿付路径。

根据托收行与代收行之间账户开设情况的不同,托收中的收款指示有以下三种情况。

(1) 托收行在代收行开立账户

托收行给代收行的收款指示为,Please credit the amount to our A/C with you under advice to us(请将款项贷记我行在你行账户,并通知我行)。当代收行将收妥的款项贷记托收行账户后,即发出贷记报告单,托收行凭贷记报告单"交款"给委托人(贷记委托人账户),完成托收业务。

(2) 代收行在托收行开立账户

托收行给代收行的收款指示为,Please authorize us to debit your A/C with us(请授权我行借记你行在我行账户)。代收行在收妥款项后,即向托收行发出借记报告单,授权托收行借记其账户,托收行先借记代收行账户,再贷记委托人账户,完成托收业务。

(3) 托收行与代收行相互之间都未开设账户

需要两个银行都在另外一个银行分别开有账户。托收行给代收行的收款指示为,Please collect and remit the proceeds to ×× Bank for credit our A/C with them under advice to us(请代收款项,汇至××银行贷记我行在该行的账户,并通知我行)。代收行收妥款项后,向××银行发出授权借记报告单,××银行借记代收行账户并将相同款项贷记托收行账户,并向托收行发出贷记报告单。据此,托收行再贷记委托人账户,完成托收业务。若托收行与代收行同为 CHIPS 的会员时,托收委托书中的收款指示为,Please pay the amount to Bank of China, New York Branch via CHIPS ABA No. ... for credit our account UID No. ... with them under advice to us(请通过 CHIPS 将款项付给中行纽约分行,我行的 ABA 代码为 ……,贷记我行的账户,我行在 CHIPS 的 UID 代码为 ……,并在贷记后通知我行)。

(四) 托收的性质及风险

托收业务中,委托人和托收银行的关系是委托代理关系。委托的内容及双方的责任范围都体现在委托人填写的托收申请书中。托收银行接受托收申请书后,就构成双方之间的合同关系。托收行和代收行之间的关系同样也是委托代理关系。它们之间通常订有代理合同,规定双方委托代办的范围和一般条款。至于每笔委托业务的具体事项,则根据托收行对代收行发出的托收委托书办理。付款人与代收行之间不存在任何合同关系。

付款人(通常为进口商)向代收银行付款,并不是基于它与银行之间存在任何合同关系,而是出于他与出口商所签订的买卖合同。因此,付款人如果拒付,代收行不能直接追偿,也不能以代收银行身份的名义对付款人提起诉讼,只能把拒付的情况通知委托人,由委托人根据买卖合同,直接与付款人办理交涉。

以上各方当事人的关系说明,托收虽然是通过银行办理,但是,银行只是作为出口商的受托人行事。因此,它并没有承担付款的责任,不过问单据的真伪,如无特殊约定,也不对已到达目的地的货物负提取和看管的责任。由此可见,托收这种支付方式仍然是建立在商业信用基础上的。毋庸讳言，托收方式对出口商而言是有一定风险的，为了保证收汇的安全及时，在使用托收这种方式出口时，仍需注意下列几个问题。

（1）注意了解进口商的资信情况，成交金额不宜超过其经营能力和信用程度。

（2）根据各种商品的具体情况考虑，托收一般比较适用于市场价格相对平稳、品质比较稳定，交易金额不太大的商品。

（3）注意了解进口国家的外汇管制规定，防止货到目的地后不准进口或收不到外汇而造成损失。

（4）了解有关国家的银行对托收的规定和习惯做法。国际上处理托收业务的主要根据是《URC522》，但是，某些国家或地区的银行仍有一些特殊的规定和做法，例如，拉丁美洲许多国家的银行对于托收的汇票，无论是付款交单还是承兑交单，一律在货到后才提示付款或承兑。中东一些国家的银行也有类似规定。这些都值得我们注意。

（5）加强核算。在使用远期托收时，应当根据国际上的习惯做法，规定适当的利息，或适当提高出口价格，以弥补晚收汇的利息损失。

（6）在使用托收收款时，应该尽量争取按 CIF 或 CIP 条件签订合同，由出口商办理保险。以免货物途中发生损失或灭失，对方漏保，使出口商遭到损失。但有些国家或地区规定必须由进口商办理保险的交易，除应在货物装运后及时通知对方投保外，可由出口商另行加保"卖方利益险"（contingency insurance clause covers Seller's interest only），以防万一货物遇险，进口商未投保又不付款赎单时，可由出口商向保险公司索赔。卖方利益险是货物运输保险业务中的一种特殊的独立险别，按规定，在进口商不支付受损货物的价款时，保险公司对出口商利益承担责任。卖方利益险只适用于托收（D/P 或 D/A）或赊销（O/A）交易。

（7）采用托收业务时，要严格按照出口合同规定装运货物、制作单据，以防止被进口商找到借口而拒绝付款。总之，托收业务对于出口商而言风险较大，资金负担也较重，所以一定要慎重。

三、信用证

信用证（Letter of Credit，L/C）支付方式是随着国际贸易的发展，银行在参与货款结算、逐渐地从仅提供服务演变到既提供服务又提供信用和资金融通的过程中形成的。这种支付方式把由进口商履行付款责任转为由银行来付款，保证出口商安全迅速收到货款，进口商按时收到装运单据。目前信用证支付方式已成为国际贸易结算中被广泛使用、最受出口商欢迎的一种结算方式。

（一）信用证的含义

根据国际商会《跟单信用证统一惯例》的解释，信用证是一种银行开立的凭装运单据付款的书面承诺。具体而言，信用证是指由银行（开证行）依照客户（申请人）的要求和指示或自己主动，在符合信用证条款的条件下，凭规定单据向第三者（受益人）或其指定的人进行付款，或承兑和（或）支付受益人开立的汇票；或授权另一银行进行该项付款，或承兑和支付汇票；或授权另一银行议付。

信用证的业务流程如图 7-6 所示。

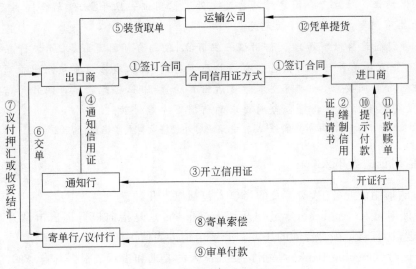

图 7-6 信用证业务流程图

（二）信用证的特点及作用

信用证是一种银行信用，实行的是凭单付款原则，银行处理的是单据，而不是单据可能涉及的货物、服务或履约行为。信用证是独立于其他合同之外的一种自足的法律文件，银行只对信用证负责，不受买卖合同或其他合同的约束。

采用信用证支付方式，在很大程度上缓解了进出口双方彼此不信任的矛盾，并给进出口双方以及银行都带来了一定的好处。

1. 对出口商的作用

出口商可凭单取得货款，只要提交的单据与信用证条款相符，银行就保证支付货款。同时，使出口商得到外汇保证并取得资金融通，有利于出口商的资金周转和扩大出口。

2. 对进口商的作用

进口商可以通过控制信用证条款来约束出口商交货的时间、品质和数量，确保取得出口商履行买卖合同的证据。同时，如采用远期信用证，进口商还可以凭信托收据（Trust Receipt）向银行借单，先行提货、转售，到期再付款，相当于取得了资金融通的便利。

3. 对银行的作用

进口商在申请开证时要向银行交付一定比例的开证押金或担保品，为银行利用资金提供便利。同时，银行每做一项服务均取得各种收益，如开证费、通知费、议付费、保兑费等。

例题 7-3

国内某公司从国外进口一批钢材，货物分两批装运，每批分别由中国银行开立一份 L/C。第一批货物装运后，卖方在有效期内向银行交单议付，议付行审单后，即向外国商人议付货款，然后中国银行对议付行做了偿付。我方收到第一批货物后，发现货物品质与合同不符，因而要求开证行对第二份 L/C 项下的单据拒绝付款，但遭到开证行拒绝。开证行这样做是否有道理？我方怎样才能保证货物质量符合合同要求？

　　提示：信用证是独立于合同之外的自足文件。信用证一旦开立，便与合同再无联系，即合同所涉及的品质问题与信用证付款无关。

　　分析：开证行这样做有道理。信用证一旦开立，便与合同再无联系，开证行在单证相符时必须付款，不管货物是否与合同相符。有关品质不符的问题，我方应直接向出口商索赔。为保证货物质量符合合同要求，我方可要求验货后出具验货证明，将此验货证明作为信用证项下的一种单据，使得只有保证货物符合合同要求的前提下才能付款。

　　资料来源：马祯，毛青.国际贸易实务［M］.北京：对外经济贸易大学出版社，2020：7.

（三）信用证的当事人

　　在一般的信用证业务中，所涉及的当事人包括以下几种。

　　（1）开证申请人（Applicant），又称开证人（Opener），是指向银行提出申请开立信用证的人，一般为进口商，就是买卖合同的买方。开证申请人为信用证交易的发起人。

　　（2）开证行（Opening Bank），是指接受开证人的要求和指示或根据其自身的需要，开立信用证的银行，一般是进口地的银行。开证人与开证行的权利和义务以开证申请书为依据。信用证一经开出，按信用证规定的条款，开证行负有承担付款的责任。

　　（3）受益人（Beneficiary），是指信用证上所指定的有权使用该信用证的人，一般为出口商，也就是买卖合同的卖方。受益人通常也是信用证的收件人（Addressee），他有按信用证规定签发汇票向所指定的付款银行索取价款的权利，在法律上以汇票出票人的地位对其后的持票人负有担保该汇票必获承兑和付款的责任。

　　（4）通知行（Advising Bank/Notifying Bank），是指受开证行委托，将信用证通知（或转递）给受益人的银行。通知行一般是出口商所在地的银行，而且通常是开证行的代理行。通知行如愿意将信用证通知受益人，则应合理审慎地鉴别信用证的表面真实性。

（四）信用证的主要内容及流转程序

1. 主要内容

　　信用证的内容就是买卖合同条款的单据要求加银行的付款保证，主要有以下各项。

　　（1）对信用证本身的说明。包括信用证的种类、性质、信用证号码、开证日期、有效期和到期地点、交单期限等。

　　（2）对汇票的说明。如使用汇票，要明确汇票的付款人、汇票金额、汇票期限、主要条款等。

　　（3）对装运货物的说明。应列明货物名称、规格、数量、单价等，且这些内容应与买卖合同规定一致。

　　（4）对运输事项的说明。应列明起运地、目的地、装运期限以及可否分批、转运等。

　　（5）对装运单据的说明。应列明所需的各种装运单据，主要规定应提交哪些单据（如发票、提单、保险单、装箱单、重量单、产地证及商检证书等），各种单据的份数以及这些单据应表明的货物的名称、品质规格、数量、包装、单价、总金额、运输方式、装卸地点等。

　　（6）其他事项。包括开证行对议付行的指示条款，开证行保证承付的文句，开证行的名称及地址，其他特殊条款（如限制船舶国籍和船舶年龄，限制航线和港口）等。

2. 流转程序

　　虽然不同类型信用证的流转程序在具体细节上有所不同，但其基本环节大致相同，一般的流转程序如图 7-7 所示。

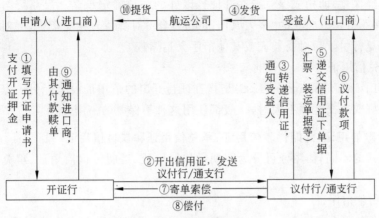

图 7-7　信用证流转程序

（五）信用证的种类

信用证可根据其性质、期限、流通方式等特点，分为以下几种。

1. 跟单信用证和光票信用证

以信用证项下的汇票是否附有货运单据划分，可分为跟单信用证和光票信用证。

（1）跟单信用证

跟单信用证（Documentary L/C）是开证行凭跟单汇票或仅凭单据付款的信用证。单据是指代表货物或证明货物已交运的单据。前者指提单，后者指铁路运单、航空运单、邮包收据等。国际贸易所使用的信用证大部分是跟单信用证。

（2）光票信用证

光票信用证（Clean L/C）是指开证行凭不附单据的汇票付款的信用证。有的信用证要求汇票附有非货运单据，如发票、垫款清单等，也属光票信用证。在采用信用证方式预付货款时，通常是用光票信用证。

2. 不可撤销信用证和可撤销信用证

以开证行所负的责任为标准，信用证可以分为不可撤销信用证和可撤销信用证。

（1）不可撤销信用证

不可撤销信用证（Irrevocable L/C）是指信用证一经开出，在有效期内，未经受益人及有关当事人的同意，开证行不得片面修改和撤销，只要受益人提交的单据符合信用证规定，开证行必须履行付款义务。这种信用证对受益人较有保障，在国际贸易中，使用最为广泛。

（2）可撤销信用证

可撤销信用证（Revocable L/C）是指开证行对所开信用证不必征得受益人或有关当事人的同意有权随时撤销或修改的信用证。可撤销信用证应在信用证上注明"可撤销"（Revocable）字样。

3. 保兑信用证和不保兑信用证

按有没有另一银行加以保证兑付，信用证可分为保兑信用证和不保兑信用证。

（1）保兑信用证

保兑信用证（Confirmed L/C）是指开证行开出的信用证，由另一银行保证对符合信用证条款规定的单据履行付款义务。对信用证加保兑的银行叫作保兑行(Confirming Bank)。

信用证一经保兑,即构成保兑行在开证行以外的一项确定承诺。保兑行与开证行一样承担付款责任,保兑行是以独立的"本人"(Principal)身份对受益人独立负责,并对受益人负首先付款责任。保兑行付款后对受益人或其他前手无追索权。

(2) 不保兑信用证

不保兑信用证(Unconfirmed L/C)是指开证行开出的信用证没有经另一家银行保兑。当开证行资信较好或成交金额不大时,一般都使用这种不保兑的信用证。

4. 即期付款信用证、延期付款信用证、承兑信用证和议付信用证

按付款方式的不同,信用证可分为即期付款信用证、延期付款信用证、承兑信用证和议付信用证。

(1) 即期付款信用证

即期付款信用证(Sight Payment L/C)是指采用即期兑现方式的信用证,证中通常注明"付款兑现"(Available by Payment at Sight)字样。即期付款信用证的付款行可以是开证行,也可以是出口地的通知行或指定的第三国银行。以出口地银行为付款人的即期付款信用证的交单到期地点在出口地,便于受益人交单取款,可以及时取得资金。所以,这种信用证对受益人最为有利。而付款行为开证行本身或第三国银行,交单到期地点通常规定在付款行所在地,受益人要承担单据在邮寄过程中遗失或延误的风险。

(2) 延期付款信用证

延期付款信用证(Deferred Payment L/C)是指开证行在信用证中规定货物装船后若干天付款,或开证行收单后若干天付款的信用证。延期付款信用证不要求出口商开立汇票,所以出口商不能利用贴现市场资金,只能自行垫款或向银行借款。

(3) 承兑信用证

承兑信用证(Acceptance L/C)是指付款行在收到符合信用证规定的远期汇票和单据时,先在汇票上履行承兑手续,待汇票到期日再行付款的信用证。承兑信用证的汇票付款人可以是开证行或其他指定的银行。由于承兑信用证是以开证行或其他银行为汇票付款人,故这种信用证又称为银行承兑信用证(Banker's Acceptance L/C)。

(4) 议付信用证

议付信用证(Negotiation L/C)是指开证行邀请其他银行预先买入汇票及/或单据的信用证,即允许受益人向某一指定银行或任何银行交单议付的信用证。议付是指由议付行对汇票和(或)单据付出对价。议付信用证在我国出口业务中应用最为普遍。

议付信用证分为公开议付信用证和限制议付信用证。公开议付信用证是指开证行对愿意办理议付的任何银行作公开议付邀请和偿付承诺的信用证,即任何银行均可按信用证条款自由议付的信用证;限制议付信用证是指开证行指定某一银行进行议付的信用证。

5. 即期信用证和远期信用证

根据付款时间的不同,信用证可分为即期信用证和远期信用证。

(1) 即期信用证

即期信用证(Sight L/C)是指开证行或付款行收到符合信用证条款的跟单汇票和单据后,立即履行付款义务的信用证。这种信用证的特点是出口人收汇迅速、安全,有利于资金周转。

（2）远期信用证（Usance L/C）

远期信用证是指开证行或付款行收到信用证的单据时，在规定期限内履行付款义务的信用证。远期信用证主要包括承兑信用证（Acceptance L/C）和延期付款信用证（Deferred Payment L/C）。

6. 可转让信用证和不可转让信用证

根据受益人对信用证的权利可否转让，信用证分为可转让信用证和不可转让信用证。

（1）可转让信用证（Transferable L/C）

可转让信用证是指信用证的受益人（第一受益人）可以要求授权转让的银行（授权付款、承担延期付款责任、承兑或议付的银行）将信用证全部或部分转让给一个或数个受益人（第二受益人）使用的信用证。可转让信用证通常适用于有中间商存在的情况。

（2）不可转让信用证（Non-transferable L/C）

不可转让信用证是指受益人不能将信用证的权利转让给他人的信用证。凡信用证中未注明"可转让"（Transferable）者，就是不可转让信用证。

7. 循环信用证（Revolving L/C）

循环信用证是指信用证被全部或部分使用后，其金额又恢复到原金额，可再次使用，直至达到规定的次数或规定的总金额为止。这种信用证通常在分期交货的情况下采用。循环信用证又分为按时间循环信用证和按金额循环信用证。

（1）按时间循环的信用证是受益人在一定的时间内可多次支取信用证规定的金额。

（2）按金额循环的信用证是信用证金额议付后，仍恢复到原金额可再次使用，直至用完规定的总额为止。

8. 对开信用证（Reciprocal L/C）

对开信用证是指两张信用证的开证申请人互以对方为受益人而开立的信用证。两张信用证的金额相等或大体相等，两证可同时互开，也可先后开立。对开信用证多用于对销贸易或加工贸易。

总之，信用证的种类繁多，交易双方应根据交易具体情况合理选择，并在合同中做出明确的规定。

（六）信用证中的软条款

信用证软条款是开证申请人在信用证中设置的条款，这样的条款会导致受益人贸易地位的丧失，安全收汇受到威胁，而给申请人带来交易主动权或骗取货物及预付款项的利益，具有极大的隐蔽性。信用证中常见的"软条款"有以下几种。

（1）暂不生效信用证。例如，"在进口许可证签发通知后，本证才生效""货物须经开证人确认后再通知，信用证才能生效"等。

（2）限制性付款条款。例如，"信用证下的付款必须在货物清关后支付""货物经检验合格以后开证行才可支付""货物到达时未接到海关禁止进口通知，开证行才可付款"等。

（3）限制性单据条款。例如，"出口货物必须经开证申请人派人检验，待检验合格出具检验认可的证书""须先寄开证申请人认可货物样品"等。

（4）对装运的限制。例如，"货物的装运日期、装运港、目的港须开证人同意，由开证行以修改书的形式另行通知"等。

第三节　银行保函和备用信用证

国际贸易中,信用证为进口商向出口商提供了银行信用作为付款保证,但不适用于需要为出口商向进口商作担保的场合,也不适用于国际经济合作中货物买卖以外的其他各种交易方式。然而在国际经济交易中,合同当事人为了维护自己的经济利益,往往需要对可能发生的风险采取相应的保障措施,银行保函和备用信用证就是以银行信用的形式所提供的保障措施。

一、保函

（一）保函的定义

保函(Letter of Guarantee,L/G)又称保证书,是指担保人(保函的出具人,Guarantor,可以是银行、保险公司、担保公司或个人)以自身的信用,应合约、交易的一方当事人(即委托人或申请人)的要求,向合约、交易的另一方当事人(即受益人)开立的书面保证,承诺一旦委托人未能履行合同规定的义务或受益人已经履行了合同义务后,则由担保人向受益人在一定期限内、承担一定金额的赔偿或付款责任。

在国际经济交往的活动中,保函概念是广义的,只有当担保人是银行时,这份保函才称为银行保函(Banker's Letter of Guarantee),作为担保人的银行则被称为担保行。由于国际经济交往中往往使用由银行作为担保人、具有银行信用的银行保函,所以下面主要围绕银行保函进行讨论。

（二）银行保函的种类

银行保函包括履约保函、预付款保函、投标保函、维修保函、预留金保函、税款保付反担保函、海关风险保证金保函等。

1. 履约保函

履约保函是指应劳务方和承包人(申请人)的请求,向工程的业主方(受益人)所做出的一种履约保证承诺。倘若履约责任人日后未能按合约的规定按期、按质、按量地完成所承建的工程以及未能履行合约项下的其他业务,银行将向业主方支付一笔不超过担保金额的款项。该款项通常相当于合同总金额的5%～10%。履约保函能满足企业之间履行工程合同方面担保的需要。

2. 预付款保函

预付款保函又称还款担保,是指向工程业主(受益人)保证,如申请人未能履约或未能全部按合同规定使用预付款时,则银行负责返还担保函规定金额(或未还部分)的预付款。预付款担保的担保金额不应超过承包人收到的工程预付款总额。预付款保函能满足企业之间偿还预付款方面担保的需要。

3. 投标保函

投标保函是指向投标人(申请人)做出保证,在投标人报价的有效期内,投标人将遵守其诺言,不撤标、不改标,不更改原报价条件,并且在其一旦中标后,将按照招标文件的规定及投标人在报价中的承诺,在一定时间内与招标人签订合同,如投标人违约,银行将在担保额度的范围内向招标人支付约定金额的款项。该金额数通常为投标人报价总额的 1%～5% 不等。投标保函能满足企业之间投标方面担保的需要。

4. 维修保函

维修保函是指应承包方(申请人)的请求,向工程业主(受益人)保证,在工程质量不符合合同规定,承包方(申请人)又不能维修时,由银行按担保函规定金额赔付工程业主。该款项通常为合同价款的 5%～10%。维修保函能满足企业之间履行维修责任方面担保的需要。

5. 预留金保函

预留金保函又称留滞金担保,是指应承包方(申请人)的请求,向工程业主(受益人)保证,在承包方(申请人)提前支取合同价款中尾欠部分款项而不能按期归还时,由银行负责返还担保函规定金额的预留金款项。通常为合同价款的 5%～10%。预留金保函能满足企业之间归还预留金方面担保的需要。

6. 税款保付反担保函

税款保付反担保函是指对在银行开户的加工贸易企业,银行可为该企业出具以中国银行为受益人的反担保函。加工贸易企业在开展加工贸易业务中为免向海关缴纳税款保证金,需委托中国银行出具以海关为受益人的税款保付保函。

税款保付反担保函,能满足银行开户的加工贸易企业在中国银行为其向海关出具税款保付保函后,出具以中国银行为受益人的反担保函的需要。

7. 海关风险保证金保函

海关风险保证金保函是指企业在开展加工贸易业务中需要向海关缴纳风险保证金时,向银行申请出具以海关为受益人的保函业务。海关风险保证金保函能满足企业因开展加工贸易为免向海关缴纳风险保证金提供担保的需要。

(三) 银行保函的作用

银行保函可用于那些复杂的、高风险的结算,为承担风险的一方提供保障,当委托人因违约或过失而未履行合约的全部或部分义务时,银行作为担保人应承担赔偿或付款的偿付责任。依据银行保函依赖合约的不同关系,担保人将分别承担不同的偿付责任,即第一性的偿付责任或第二性的偿付责任。

1. 第二性的偿付责任

第二性的偿付责任(Second Obligation)又称从属的偿付责任(Accessory Obligation),是指担保人的偿付责任从属于或依附于委托人在合同项下的责任和义务,需以合同条款来判断保函项下的偿付条件是否成立。根据合同条款,若委托人已履约或已被解除履约责任(合同无效),担保人被免除对受益人的偿付责任;若委托人违约,则首先应由委托人承担赔偿责任,仅当委托人无法承担赔偿责任时,受益人才能凭保函向担保人索赔。

在这一类保函项下,担保人的责任是从属于合约的,担保人承担第二性的偿付责任,与承担从属的偿付责任相对应的银行保函也被称为从属性保函(Accessory Guarantees),又称有条件保函(Conditional L/G)。从属性保函的法律效力依附于交易合同的存在、变化、灭失而存在、变化、灭失。传统的银行保函及各国国内交易使用的银行保函往往是从属性保函,均承担第二性的偿付责任。

2. 第一性的偿付责任

第一性的偿付责任（Primary Obligation）又称为独立的付款承诺（Independent Undertaking of Payment），是指担保人的偿付责任独立于委托人在合同项下的责任和义务，一旦受益人索偿，只要保函自身规定的偿付条件已经具备，担保人就必须承担对受益人的偿付责任，而无论委托人是否同意，也无须调查合同履行的事实（如委托人是否尚未履约，是否已被合法地解除了履约责任）。

与承担此类独立的付款承诺相对应的银行保函称为独立保函（Independent Guarantees），又称无条件保函（Unconditional L/G）或见索即付保函（Demand Guarantees）。虽然独立性保函是根据合同而出具，但其并不依附于合同而独立存在，担保人的偿付责任独立于委托人在合同项下的责任，其偿付责任仅以保函自身规定的条款为准。当今的国际经济活动中，所采用的银行保函绝大多数往往是独立保函，承担第一性的偿付责任。

3. 独立保函的意义

（1）从受益人的角度出发，是为了消除担保人和委托人所在国的相关法律出于保障合同法的正当权益的顾虑，不至于使保函失去存在的意义，期望银行保函独立于合同而成为独立保函。

（2）从担保人的角度出发，从属性保函发生索赔时，担保银行需调查基础合同履行的真实情况，这是其人员和专业技术能力所不能及的，而且会因此被卷入到合同纠纷甚至诉讼中。银行为自身利益和信誉考虑，绝不愿意卷入到复杂的合同纠纷中，使银行的利益和信誉受到损坏。为了避免在从属保函项下被卷入合同纠纷，银行更愿意开具那种在其偿付时可不必考察合同履行情况的独立保函。

由于以上这两方面的因素，加上第二次大战后，为适应经济活动的多样化发展，独立性保函开始形成，并逐步成为当今国际担保业务中所采用的主要形式。

4. 银行保函的信用担保作用

（1）保证合同项下款项的支付，如付款保函、租赁保函、借款保函等，均是银行向受益人保证交易的对方将按期支付合同的价款。

（2）保证合同的履行，如履约保函、投标保函、预付款保函、保释金保函等。

（3）此外，保函还可用于非贸易方面的担保。

（四）银行保函涉及的当事人

1. 基本当事人

（1）委托人

委托人（Principal）即保函的申请人（Applicant），是指向银行（作为担保人）提出申请并委托银行向被担保人（作为受益人）开出保函的当事人。委托人通过开立保函的形式向合同的另一方当事人（被担保人）做出履行合同的承诺，一旦自己违约，担保人对开出的保函向被担保人做出赔偿后，向担保人给予足够补偿。

委托人填写《保函申请书》要求担保人开立保函，担保人往往除了要求委托人事先交付一定比例的保证金外，还会要求委托人提供相关的抵押物或出具反担保，委托人还需缴纳相关的银行费用。委托人有时是投标人，有时是买方或卖方，有时是承租人等。

（2）受益人

受益人（Beneficiary）是指接受保函并有权在委托人不履行或不能完全履行合同规定的义

务时,根据保函规定的条款向担保人提出索偿(而不顾委托人反对)的当事人。

（3）担保人

担保人（Guarantor 或 Surety）是指接受委托人的申请向受益人开立保函,承担有条件或无条件赔偿责任的银行。在受益人提出符合保函规定条款的索偿要求时(需证明委托人已违约或自己已履约),应立即付款,同时也可立即向委托人要求补偿。如果委托人不能立即偿还担保人的付款,担保人有权处置委托人提交的保证金、抵押物或向反担保人提出补偿的要求。

2. 相关当事人

（1）通知行

通知行（Advising Bank）也称传递行（Transmitting Bank）,是指受担保人的委托将保函交给受益人的银行。担保行开出保函后,可直接交给受益人,也可通过受益人所在地银行通知,以确保其真实性。通知行的责任就是负责核实印鉴或密押以确定保函表面的真实性,不承担保函项下的任何支付。通知行对保函内容正确与否、保函在传递中的延误、遗失均不负责任,也不承担赔付责任,有权按规定向担保人或委托人或受益人收取一定的通知费。

（2）反担保人

担保人为了规避自身的风险,常常要求除委托人以外的第三者向担保人进行再担保,一旦自己向受益人偿付了款项后,转而向委托人索要相应款项被拒付时,可依据反担保函向反担保人（Counter Guarantor）索赔。反担保人就是应委托人的要求向担保人出具反担保函的人。

（3）保兑行

保兑行（Confirming Bank）是指应担保行的要求,以自身的信用对担保人的偿付承诺予以保证的银行,一旦担保人未能按保函规定付款,则由保兑行代其履行付款义务。保兑行付款后,有向担保人追索的权利。这与信用证业务中的保兑行类似,当受益人对担保人的信用存有疑虑或由于受益人所在国法规有特别规定时,就可要求另一家信用卓著的银行对保函加具保兑。保兑行通常为受益人所在地的银行。

（4）指示行

指示行（Instruction Bank）是指除了反担保人以外的指示开立保函或反担保函的银行。由于法规等原因,受益人有时只接受本国银行出具的保函,而保函委托人要求受益人所在地的银行开具保函又不现实,委托人只有通过本国的往来银行转而指示受益人所在地的银行作为担保人,凭委托人的往来银行的反担保开出所要求的保函。指示行负责偿付担保人或反担保人。

注意

委托人的往来银行不直接向受益人开具保函,而是指示受益人所在地的银行凭其反担保向受益人出具保函,所以称该委托人的往来银行为指示行。所以派生了后面将提到的"转开"保函。

（五）银行保函的内容

根据《见索即付保函统一规则》(《URDG758》)的要求,保函和保函的修改应当清楚、准确、简洁。虽然交易的合约不同、保函的种类不同、各国的习惯不同,保函的格式会有多种多样,但所有的保函都包括两部分的内容：一是《URDG758》规定的基本内容,二是附属内容。

1. 银行保函的基本内容

在实际保函业务中使用的银行保函种类虽然很多，但不同类别的保函具有一些基本相同的内容，根据《URDG758》，任何一份保函通常至少都会包括以下八个方面的基本内容。

（1）有关当事人的名称和地址

保函应清楚地表明委托人、受益人及担保人的名称、地址，如果有通知行、转递行等，也可以将其名称和地址列出。

（2）开立保函的原因、种类

保函中应对交易加以描述，包括合约的编号、签订日期、事由（供应货物的名称、数量、工程项目名称等）及当事人等。虽然保函与交易合约是相互独立的，但开立保函毕竟是为了担保委托人履行合约下的义务，而不同的合约中委托人的义务是各不相同的，所以要求保函注明其起源的交易。

（3）保函的担保金额和所采用的货币

通常保函将规定一个最高限额，而非确定金额，因为在开立保函时，事先不能知道委托人违约给受益人造成损失的程度。担保金额随履约的比例应该逐步减少，在保函中需加列递减条款。一般保函中使用的货币要与合同规定的货币一致。

（4）保函的到期日和/或到期事件

保函的到期日也称保函的有效期，是受益人提出索赔的截止期限，非实际付款日期。受益人只有在到期日之前向担保人提出索偿才能得到支付款。保函效期有两种表示方式：一是规定确定的到期日，如 2020 年 11 月 20 日；二是规定失效事件，即以某事件的发生之日为到期日，如施工完毕、验收合格、交货结束等。如果保函同时规定了到期日和失效事件，保函的到期日以两者较早发生者为准。

（5）保函的赔付条款

赔付条款是指保函的付款承诺或索赔条件。赔付条款必须"单据化"，担保人仅在受益人向其提交了与保函规定的条款相符的书面索赔书或证明文件（如仲裁裁决书、质量鉴定书、验收报告、检验证书等广义单据，这些文件或单据需由保函及合同之外的第三方出具）后，才向其承担付款或赔偿。这样既可以防止受益人的不正当索赔，也可以避免担保人去验证客观事实而陷入合同纠纷。有时保函还要求受益人提出付款或索赔时出具汇票。

（6）索偿办法

说明受益人向担保行提出索偿的方式（如信索或电索）和路径（是否通过通知行）等。

（7）保函金额递减条款

保函可以明确规定，在某个规定的日期或向担保人提交了保函所规定的单据时，保函的金额可以减少某一规定的金额或可以确定的某个金额。如履约保函就可以规定，当工程完成至某一进度时，凭项目监理的进度证明文件，保函的金额可以降至某一金额，当保函金额减少时，担保人应及时通知委托人或指示人。

（8）其他条款

其他条款包括与保函有关的保兑、修改、撤销及仲裁等内容。

2. 银行保函的附属内容

（1）保函的编号、开立日期和地点。

（2）保函的种类，如是投标保函、履约保函还是预付款保函等。

（3）保函的生效条款。保函有生效日（受益人有权提出索赔或付款要求的起始日），一般情况下保函是自开出之日起生效，但也可规定一个较晚的生效日，这个日期可以是一个指定日期，也可以是规定一个生效事件（如履约保函以收到预付款为生效条件）。

（4）担保人的责任条款。为明确担保行的责任，防止日后发生争议，保函通过此条款体现出担保人的第一性或第二性的付款责任。

（5）适用的法律或仲裁条款。大多数国家的法律及国际商会关于保函的统一规则都规定：除非另有说明，管辖保函的法律应是担保人所在地的法律，如果担保人有多处营业地址，则以开立保函的营业地的法律为准。

（6）保函适用的国际惯例。

（六）银行保函的业务流程

一笔银行保函业务的基本程序大致有以下几个环节：委托人（申请人）向担保人申请开立保函，担保行审查后开出保函，受益人凭保函索赔，担保行对申请人或反担保人追索，保函注销。

1. 委托人申请开立保函

委托人向银行申请开立保函时，须填写保函申请书并与担保行签订委托担保协议书，提交保证金、抵押物权属证明、反担保有关的业务参考文件。

（1）保函申请书。需银行提供保函时，申请人应提前向担保人提出申请（这是给银行的审查和处理时间），并填写书面的《开立保函申请书》，申请书的格式是银行印就的。该申请书是担保银行与申请人之间的契约，也是银行对外开立保函的法律依据。保函申请书一般应包括以下内容。

① 申请人的名称、地址；受益人的名称、地址。

② 保函的类别；保函的金额、币别。

③ 与保函有关的协议，如投标文件或合同等的名称、日期及号码等。

④ 有关商品或工程的名称、数量等。

⑤ 保函的开立方式。

⑥ 保函的有效期。

⑦ 申请人的责任保证，即当保函的受益人按保函规定的条件向担保行提出索赔时，申请人要对担保行进行偿付，并注明偿付的方法。

⑧ 申请人必须声明担保行的免责事项，即担保行只处理保函所规定的单据和证明，而对其所涉及的合同项下的货物不负责；并且对单据、文件或证明的真伪及在邮递中可能出现的遗失和延误等不负责；对发出的要求通知、转开、保兑的指示未被执行而造成的损失也不负责。

⑨ 申请人的联系电话、开户银行及账号等。

⑩ 申请书附件的名称及件数。

（2）交付保证金或提供抵押物或反担保。担保人为降低风险，有权要求申请人提供足够的保证金或提供不动产作为抵押物，否则，需提供反担保。

（3）申请人在提交保函申请书的同时，还应提供项目的有关批准文件、合同副本、反担保文件等，送交担保人审查。

2. 担保人审查及开立保函

银行在开出保函前通常要认真审查委托人的资格、保函申请书及委托担保协议书、有关的业务文件如合同标书、抵押或其他反担保文件等。

（1）担保行审查

银行在接到保函申请书后，要进行多方面的审查，方可决定是否接受委托人的申请开出保函。重点审查的项目如下。

① 对抵押物或反担保的审查，若是以实物抵押，应了解抵押物的所有权、可转让性及实际价值；反担保人必须具备资格，拥有足够的资金。

② 对项目可行性分析和效益的审查，如审查申请人的履约能力、资信状况、经营作风，受益人的信誉、资本情况、经营管理能力或履约能力，项目的先进性，项目所需资金的来源，项目的投入产出、价格、成本及行情等。

③ 对申请书的审查，即结合有关的合同、标书等的要求审查申请书的有关内容。

④ 有关责任条款是否明确。

⑤ 审查保函格式，当保函的相关格式与内容是由受益人提供和指定时，要注意是否存在无理、不利条款，否则，要建议申请人与受益人商议修改。

（2）担保行开立保函

担保行应根据申请人的要求以"直开"或"转开"的形式出具保函。

① 直开。直开是指担保行应委托人的申请，直接向合同的对方（作为受益人）开立的承担赔偿或偿付责任的保函。在这种开立方式下，当事人只有委托人、受益人、担保行三方。担保行开出保函后，可采取直交或转递两种传递方式转交给受益人。直交是由担保行直接交给受益人或由委托人交给受益人，而转递是通过受益人所在地的某代理银行（作为通知行）交给受益人。通常也被称为"直接保函"。

② 转开。由于有的国家规定不接受国外银行的保函或受益人只接受本国银行出具的保函（见"指示行"的内容），所以派生了转开形式出具的保函。

转开是指委托人所在地的往来银行并不直接向受益人开具保函，而是"指示"受益人所在地的银行（作为担保行）凭其反担保向受益人开立保函（所以称该委托人所在地的往来银行为指示行），对受益人承担赔偿或偿付责任。通常也被称为"间接保函"。

间接保函的受益人只能向担保人提出索赔，而不能越过担保人向指示行（作为反担保人）提出索赔；指示行同样也只对担保人承担责任，而不直接对受益人承担责任。间接保函有四个当事人：委托人、指示行（作为反担保人）、担保行、受益人。

3. 受益人凭保函要求偿付或索赔

担保行履行偿付或索赔责任的依据是受益人须在保函规定的失效日期或失效事件前提交书面形式的索赔文件（包括保函中规定的单据）和书面声明（包括委托人未能履行合同的第三方证明文件——未付款、未履约、毁约、延迟履约等）。按照《URDG758》，担保人独立承担第一性的偿付责任，根据受益人提交的符合保函规定的索赔文件，担保人享有在合理时间内审核保函项下索赔书及单据的权利，以决定是否向受益人偿付或赔偿，若担保人审核单据无误，应向受益人偿付（不超过保函金额）。如果担保人决定拒绝索赔要求时，应立即用电信方式或其他快捷方式将拒绝付款理由通知受益人，并保存保函项下提交的所有单据听候受益人处理。当受益人在收到拒付通知后，发现拒付仅仅是由于单据不符引起的，受益人还可以在保函的有效期内重新提交更正后的相符单据再次进行索偿。

4. 担保人对委托人或反担保人的追索

担保人在向受益人履行赔付后，应取得代位追偿权（Subrogation），并将受益人的索赔书和相关单据转交给委托人或反担保人,凭以向委托人或反担保人索取赔偿。担保人根据担保申请书向委托人索赔;担保人根据反担保协议向反担保人索赔。

在直接保函中,担保人将单据转递给委托人;在间接保函中,担保人必须将单据转递给指示行,再由指示行将单据转递给委托人。

5. 保函的注销

通常保函在下列情况下可以注销:保函的有效期已到、合同终结、委托人履约、受益人退回保函正本、受益人签章放弃保函项下的一切权利、保函项下担保余额已全部支付。此后担保行将不再对任何索赔承担责任,担保行的担保责任即可解除,保函也随之被自动注销,而不必另行通知。担保行要求受益人交回保函的正本。

注意

约旦、巴基斯坦、泰国等国的法律规定,保函到期后的规定时间内(如3~5年不等),只要受益人提出赔偿,担保人仍有义务受理并付款。

二、备用信用证

备用信用证(Standby L/C)简称备用证,起源于19世纪晚期的美国,根据《美国联邦银行法》规定:无论是在联邦还是在各州注册的银行均不得开立保函、禁止参与担保业务,各种保函只能由作为准金融机构的担保公司出具。而世界上其他各国的商业银行却没有这一限制,为了满足储户的需求、招揽担保一类的银行业务、与担保公司和他国银行展开竞争,同时还要避开法律的限制,聪明的美国银行家们采取了一种变通的做法,开立实际上具有保函性质的备用信用证,以备用信用证代替保函。时至今日,虽然美国限制商业银行开立保函的法律早已取消,但由于备用信用证具有独立性、单据化和见索即付的特点,因此较保函而言,备用信用证更易为银行和进口商所接受,在世界范围内得到广泛应用。

备用信用证除了起到担保的商业用途外,还在很大程度上用于国际结算甚至"资金融通",特别是"项目融资"。备用信用证成为集国际结算、担保、融资为一体的多功能金融产品,因其用途广泛及运作灵活,在国际商务活动中得以普遍应用,但目前在我国应用还不多。

(一)备用信用证的定义

根据美联储的定义,备用信用证是代表开证行对受益人承担一项义务的凭证,在此凭证中,开证行承诺偿还开证委托人的借款或对开证委托人的放款,或在开证委托人未能履约时保证为其支付。备用信用证是指银行根据合约一方当事人(申请人)的要求而向另一方当事人(受益人)所出具的、目的在于保证委托人履行某种义务,并在其"未履约"时,凭受益人所提交的(表面上单单一致、单证一致)单据或文件,代委托人向受益人做出支付一定金额的付款保证的书面承诺。

可以看出备用信用证的定义完全与保函一样,所以有人将备用信用证称为"担保信用证",也有人称其为"具有信用证形式的银行保函"或"具有银行保函性质的信用证"。

(二)与备用信用证有关的国际惯例、公约

1. 跟单信用证统一惯例(UCP)

ICC在1984年颁布实施的出版物《UCP400》中,将备用信用证第一次列入信用证的范围,

在 1993 年颁布实施的出版物《UCP500》中又进一步明确指出：跟单信用证包括在其适用范围的备用信用证，而把跟单信用证和备用信用证统称为信用证，甚至连《UCP600》也规定在其可适用的范围内包括备用信用证。

2. 见索即付统一规则（URDG）

由于备用信用证又具有保函的功能，所以备用信用证也一直适用于 ICC 在 1992 年颁布的出版物《见索即付统一规则》以下简称《URDG458》指出：备用信用证在技术上可属本规则范围之内，开立者如为方便起见，也可规定适用本规则。

3. 保函与备用信用证公约

联合国于 1995 年 12 月 11 日颁布、2000 年 1 月 1 日开始实施的《独立性保函和备用信用证的联合国公约》（简称《保函与备用证公约》）是管辖独立保函和备用信用证的国际公约。

4. 国际备用信用证惯例（ISP）

在很多方面 UCP 和 URDG 并未对备用信用证做出具体的规定，这两个国际惯例中都只有部分内容适用于备用信用证，加之各国相关法律的差异，备用信用证在实际应用时出现了很多问题。因此，ICC 在 1998 年颁布了第 590 号出版物《国际备用信用证惯例》（International Standby Practice，《ISP98》），于 1999 年 1 月 1 日开始实施。

《ISP98》是在参照《UCP500》和《URDG458》的基础上，结合备用信用证的特点而专门制定的，《ISP98》对《UCP500》和《URDG458》中单独对于备用信用证未加说明的、说明不完善的、容易混淆的事项都进行了解释、补充、修改、规定，而成为备用信用证的国际惯例。其颁布与实施统一了备用信用证的定义、操作和赖以遵循的规则，有利于减少与避免使用备用信用证时可能产生的纠纷，推动了备用信用证的使用和发展。

《ISP98》在制订时已经充分注意到与《保函与备用证信用公约》的兼容。根据《ISP98》第1.02（a）指出的"本规则在不被法律禁止的范围内对适用的法律进行补充"规定，显然《保函与备用信用证公约》应该优先适用。备用信用证遵循国际惯例的优先顺序首先是《ISP98》，其次是《UCP500》，最后才是《URDG458》（虽然备用信用证具有保函性质）。

（三）备用信用证的性质

备用信用证一方面具有跟单信用证的性质，另一方面又具有保函的性质，备用信用证是银行信用，具有独立性、单据性的特征。

（1）备用信用证是银行信用，由开证行承担第一性的付款责任（其实应该认为是"第二性"的付款责任，在委托人不付款、不履约时，承担付款责任）。

（2）备用信用证的独立性：开证行履行其对于备用信用证的付款义务独立于交易合同，开证行只是凭单据、凭证明文件付款，而不管合同以及合同的执行情况。

（3）备用信用证的单据性：开证行在履行其对于备用信用证的付款义务取决于受益人提示的单据和证明文件。其实，这些特征与跟单信用证和保函都不尽相同。首先，保函的付款义务取决于合同及合同的执行情况。而备用信用证则不然，备用信用证的付款并不取决于合同及合同的执行情况（这一点与跟单信用证相类似）。其次，跟单信用证是在受益人履行了合同义务后以单据证明自己履约向开证行议付，而备用信用证是在开证申请人没有履约时，由开证行向受益人付款（这一点又与保函相类似）。

在国际贸易的交易中，备用信用证仅在委托人不付款、不履约时才有付款义务，而在委托人付款、履约后备用信用证就无须付款了,大多数情况下备用信用证往往是备而不用,因此得名为备用信用证。

(四) 备用信用证的当事人

(1) 委托人,申请开立备用信用证的人。

(2) 受益人,根据备用信用证有资格获得付款的人。

(3) 开证行,接受委托人的申请开出备用信用证的银行。

(4) 其他指定人,与跟单信用证一样,开证行可以在备用信用证中指定其他人对备用信用证进行通知、提示、保兑、付款、议付、偿付、承兑、转让。

(五) 备用信用证的业务流程

备用信用证的业务流程与跟单信用证的业务流程(作为商业备用信用证使用时)和保函的业务流程(作为违约付款备用信用证使用时)大体相同。

(六) 备用信用证的种类

备用信用证用途广泛、方便灵活,提供商业单据与否均可,付款与担保功能兼而有之,可成为跟单信用证和银行保函的替代结算方式。根据《ISP98》的划分,常用的备用信用证有以下几种。

(1) 履约备用信用证(Performance Standby L/C),用于担保履约责任而非担保付款,包括对委托人在基础交易中违约所造成的损失进行赔偿的保证。

(2) 投标备用信用证(Tender Bond Standby L/C),用于担保委托人中标后签约的责任和义务,否则开证人须按备用信用证的规定向受益人履行赔款义务。投标备用信用证的金额一般为投标报价的 1%～5%。

(3) 预付款备用信用证(Advance Payment Standby L/C),用于担保委托人对受益人的预付款所承担的责任和义务。预付款备用信用证常用于国际工程承包项目中业主向承包人支付的合同总价 10%～25% 的工程预付款以及国际贸易中进口商向出口商的预付款。

(4) 反担保备用信用证(Counter Standby L/C),又称对开备用信用证,用于担保反担保备用信用证受益人所开立的另外的备用信用证或其他承诺。

(5) 保险备用信用证(Insurance Standby L/C),用于担保委托人的保险或再保险义务。

(6) 直接付款备用信用证(Direct Payment Standby L/C),用于担保到期付款,尤指到期没有任何违约时支付本金和利息。直接付款备用信用证主要用于担保企业发行债券或订立债务契约时的到期支付本息义务。直接付款备用信用证已经突破了备用信用证备而不用的传统担保性质。

(7) 融资备用信用证(Financial Standby L/C),用于担保付款义务,包括对借款的偿还义务的任何证明性文件。外商投资企业用以抵押人民币贷款的备用信用证就属于融资保证备用信用证。

(8) 商业备用信用证(Commercial Standby L/C),用于担保委托人对货物或服务的付款义务,但前提是不能以其他方式付款。类似跟单信用证。

（七）备用信用证项下的单据和证明文件

备用信用证项下的单据包括以下几种。

（1）索偿书。即书面的付款要求。

（2）违约或其他索款事由的声明。只需说明：备用信用证中描述的付款事由已经发生，应该付款。

（3）可流通的票据。

（4）法律或司法文件。备用信用证中有时要求提示政府开立的文件、法院命令、裁决书或类似的文件，只要表面上是由政府机构、法院等开立的，有名称、日期及被签署。

（5）其他单据。如商业发票、运输单据、保险单据等。

（6）开立单独承诺的要求。起到保函作用。

备用信用证会导致以下问题发生：备用信用证成为"热钱"流入的方式，成为"洗钱"的工具，成为突破"外汇管制"的手段。

（八）银行保函与备用信用证的异同

1. 银行保函与备用信用证的相同之处

（1）两者均属银行信用。

（2）两者的主要作用相同，都是银行根据委托人的请求向受益人做出的书面付款保证承诺，而起到担保的作用。

（3）银行保函与备用信用证均独立于交易合同，不受合同条款的约束。

（4）两者的付款责任相同，依据银行保函与备用信用证的具体条款，其付款责任可能是第一性的，也可能是第二性的。而不像跟单信用证一定是承担第一性的付款责任。

（5）两者都是单据（文件）业务，银行处理的是两者所规定的单据，而不是单据（文件）所涉及的货物、服务或其他行为。

2. 银行保函与备用信用证的不同之处

（1）两者适用的国际惯例和国际公约不同。

（2）银行保函有从属性保函和独立性保函之分，备用信用证并不存在从属性之说。当银行保函是从属性银行保函时，两者与交易合约的关系不同。作为担保作用的备用信用证只能是独立性担保，而银行保函分为独立性银行保函和从属性银行保函两种。

（3）备用信用证可以规定向指定银行交单议付、偿付、付款、保兑、承兑等，银行保函没有指定银行，完全由自己履行偿付、赔偿责任。

（4）两者的到期地点不同。

（5）两者的基本当事人及其称谓不完全相同。

（6）开立方式不同，备用信用证由开证行通过通知行转告受益人，银行保函的开立可以采取直开和转开两种方式。

（7）生效条件不同，按照英美法，银行提供独立保函必须要有对价才能生效，担保合同中要有对价条款，否则就不能生效。但备用信用证则不需要有对价即可生效。

（8）兑付方式不同，备用信用证可以在即期付款、延期付款、承兑、议付4种方式中规定一种作为兑付方式，而银行独立保函的兑付方式只能是付款。

（9）融资作用不同，备用信用证适用于各种用途的融资，银行可以没有委托人而自行开立备用信用证,供受益人在需要时以备用信用证作为抵押取得所需款项(押汇)。而银行独立保函除了借款保函的目的是以银行信用帮助申请人取得借款外，不具有融资功能,而且不能在没有申请人(委托人)的情况下由银行自行开立。

(10) 单据要求不同,备用信用证一般要求受益人在索赔时提交即期汇票和证明申请人违约的书面文件。银行独立保函则不要求受益人提交汇票,但对于表明申请人违约的证明单据的要求比备用信用证下提交的单据要严格一些。例如,受益人除了提交证明申请人违约的文件外,还需提交证明自己履约的文件,否则,担保行有权拒付。

第四节　支付方式的选用

国际货物货款的支付方式有多种,不同的支付方式涉及不同的信用,支付的时间和地点各不相同,对买卖双方的利益和风险也有明显的区别。因此,在国际货物买卖合同中订好支付条款对买卖双方来说是个非常重要的问题。现就常用的支付条款分别举例,并对各种支付方式的综合运用做简单介绍。

一、支付条款的基本内容

1. 支付金额

由于实际业务中可能发生支付金额与合同总金额不一致的情况,因此有必要在支付条款中将支付金额予以明确规定。具体的规定方法主要有以下三种。

(1) 按全部发票金额支付。

(2) 货款按发票金额结算,其余费用等另行结算。

(3) 规定约数。即在金额前加一"约"字,按惯例,一般理解为允许上下 10% 的浮动。

2. 支付期限

支付的期限可以分为预付、到付、按规定时间支付等,应在合同中予以明确。

3. 支付方式

支付方式分为单一和组合方式。

二、合同中的支付条款

支付条款是在国际贸易合同中,规定交易货物货款交付的条款。

(一) 合同中的汇付条款

使用汇付方式,应在买卖合同中明确规定汇付时间、具体汇付方式和金额等。例如:

(1) 买方应不晚于 2020 年 5 月 5 日将全部货款用电汇方式预付给卖方。

The buyer shall pay the total value to the seller in advanced by T/T not less than May 5th，2020.

(2) 买方应不迟于 10 月 15 日将 100% 的货款由票汇预付至卖方。

The buyer shall pay 100% of the sales proceeds in advanced by demand draft to reach the seller not later than October 15th.

（3）买方同意在本合同签字之日起，1个月内将本合同总金额30％的预付款，以电汇的形式交给卖方。

30% of the total contract value as advance payment shall be remitted by buyer to the seller through telegraphic transfer within one month after signing this contract.

（二）合同中的托收条款

使用托收方式，应在买卖合同中明确规定交单条件、买方付款和/或承兑责任以及付款期限等。

1. 即期付款交单

买方应凭卖方开具的即期跟单汇票于见票时立即付款，付款后交单。

Upon first presentation the buyers shall pay against documents draft drawn by the sellers at sight. The shipping documents are to be delivered against payment only.

2. 远期付款交单（见票后××天）

买方对卖方开具的见票后××天付款的跟单汇票，于提示时即予承兑，并于汇票到期日即于付款，付款后交单。

The buyers shall duly accept the documentary draft drawn by the sellers at × × days sight upon first presentation and make payment on its maturity. The shipping documents are to be delivered against payment only.

3. 远期付款交单（提单日后××天/出票后××天）

买方应凭卖方开具的跟单汇票，于提单日（出票）后××天付款，付款后交单。

The buyers shall pay against documentary draft drawn by the sellers at × × days after date of B/L(draft). The shipping documents are to be delivered against payment only.

4. 承兑交单

买方对买方开具的见票后××天付款的跟单汇票，于提示时应即予承兑，并于汇票到期日即予汇款，承兑后交单。

The buyers shall duly accept the documentary draft drawn by the sellers at × × days sight upon first presentation and make payment on its maturity. The shipping documents are to be delivered against acceptance.

三、合同中的信用证条款

凭信用证支付时，进出口合同中的支付条款主要包括以下五个方面的内容。

1. 开证日期

进出口合同一般规定为"在合同规定的装运期前××天开证"或"在合同订立后××天内开证"。

2. 信用证的种类

进出口合同一般都规定为"不可撤销即期信用证"。信用证种类繁多，在出口业务中，一般只接受不可撤销的信用证。其他类别则应视每笔交易的不同情况灵活加以选择。如成交金额较大，或对开证行的资信表示怀疑或由于其他特殊原因，可考虑要求买方开立保兑信用证。对交货时间较长且分批交货的合同,可考虑使用循环信用证,可省去买方分批开证的手续和费用,便于卖方安排出口。

3. 信用证的金额

信用证的金额一般都规定为发票金额的100%,若预计可能发生一些额外的费用如港口拥挤费、超保险费等,可要求买方在信用证中规定,超过的有关费用凭受益人提交的有关费用收据,在信用证金额外支付给受益人。

4. 付款的日期

付款的日期关系到买卖双方收付货款的时间。实际业务中,卖方希望收到货款越快越好,这样一方面能加速资金的周转,另一方面减少汇率波动的风险,而买方则希望远期付款,这样便于资金的融通。因此,在合同中必须确定付款日期。

5. 信用证的有效期及到期地点

有效期一般应较装运期限推迟15天,以便装运后有充分的时间制作单证。到期地点应订为出口人所在地。以下是部分信用证支付条款示例。

(1) 即期信用证支付条款

买方应通过为卖方所接受的银行于装运月份前××天开立并送达卖方不可撤销即期信用证,有效期至装运月份后第15天在中国议付。

The buyer shall open through a bank acceptable to the sellers an irrevocable sight letter of credit to reach the sellers ×× days before the month of shipment, valid for negotiation in China until the 15th days after the month of shipment.

(2) 远期信用证支付条款

买方应通过为卖方所接受的银行于转运月份前××天开立并送达卖方不可撤销见票后30天付款的信用证,有效期至装运月份后15天在天津议付。

The buyer shall open through a bank acceptable to the sellers an irrevocable letter of credit at 30 days sight to reach the sellers ×× days before the month of shipment, valid for negotiation in Tianjin until the 15th days after the month of shipment.

(3) 循环信用证条款

买方应通过卖方可接受的银行于第一批转运月份前××天开立并送达卖方不可撤销的即期循环信用证,该证在××年期间,每月自动可供金额××(金额),并保持有效期至××年1月15日在北京议付。

The buyer shall open through a bank acceptable to the sellers an irrevocable revolving letter of credit at sight to reach the sellers ×× days before the month of first shipment. The credit shall be automatically available during the period ×× for ×× (value)per month, and remain validity for negotiation in Beijing until January, 15th, ××.

四、主要支付方式比较

在国际贸易中,汇付、托收和跟单信用证是三种最常用的支付方式。这三种支付方式在安全因素、资金占用、费用负担、手续繁简等方面的比较,如表7-1所示。

表 7-1　支付方式比较表

结　算　方　式		手续	银行收费	买卖双方的资金占用	买方风险	卖方风险
汇付	预付货款	简单	最小	不平衡	最大	最小
	赊账交易	简单	最小	不平衡	最小	最大
托收	付款交单	稍繁	稍大	不平衡	较小	较大
	承兑交单	较繁	稍大	不平衡	极小	极大
跟单信用证		最繁	最大	较平衡	较大	较小

五、各种支付方式的结合

在国际贸易中，一笔交易通常只选择一种支付方式，但在特定的贸易条件下，为促成交易或为加速资金周转或安全地收、付汇，也可以将不同的支付方式结合起来使用。常见的结合方式如下。

（一）信用证和汇付结合

这种方式是指部分货款用信用证方式支付，部分货款用汇付方式结算。这种支付方式一般用在成交数量大、交货数量机动幅度也比较大的商品上。通常有以下两种情况。

（1）部分货款先开信用证，余数用汇付支付。例如，对于铁矿石等初级产品的交易，双方约定，信用证规定凭装运单据先付发票金额的若干比例，余数待货到目的地后根据检验的结果，按实际确切金额用汇付方式支付。

（2）先汇付部分货款，余数发货时开立信用证。具体做法是，进口商在货物发运前先汇付一部分定金，其余部分由进口商开立信用证支付，这种情况在成套设备的交易中较为常见。

（二）信用证与托收相结合

这种支付方式是指部分货款用信用证方式支付，部分货款用托收方式支付。一般做法是，信用证规定出口人开立两张汇票，属于信用证部分凭光票付款，而全套货运单据附在托收部分汇票项下，按即期或远期付款交单方式托收。但是，信用证内必须注明"在发票金额全部付清后方可交单"的条款，以确保安全。例如，"买方应通过为卖方所接受的银行于装运月份前30天开出不可撤销的即期信用证，规定50%的发票金额采用即期光票支付，其余50%发票金额即期付款交单。100%的发票金额的全套装运单据随附托收项下，于买方付清发票的全部金额后交单。若买方不付清全部发票金额则货运单据须由开证行掌握，凭卖方指示处理。"

（三）托收与汇付相结合

指部分货款用汇付支付，余数用托收方式结算。具体做法是进口商在货物发运前使用汇付方式预付一定的定金，或支付一定比例的货款。在货物发运后，出口商在办理托收时，将已预付款扣除。例如，"凭电汇（或信汇）汇给卖方总金额×××的预付货款（或定金）装运，汇款时列明合同号×××，其余部分货款以托收方式即期付款，付款后交单。"

（四）汇付与保函相结合

在采用汇付方式时，无论是预付货款还是货到付款，都可以用保函来防止不交货或不付款。具体做法是,如是预付货款,则由出口商提供银行保函,保证如出口商未能按期交货,银行负责赔偿进口商的损失;如为货到付款,则由进口商提供银行保函,保证如出口商按合同交货后,进口商未能按期付款,由银行负责偿还。

(五)托收与保函相结合

在采用托收方式时,为使出口商收取货款有保障,由进口商申请开出保证托收付款的保函,由开立保函的银行担保,一旦出口商按期履行交货义务向进口商提交单据,而进口商未在收到单据后的规定时间内付款,出口商有权向开立保函的银行索取出口货款。

(六)汇付、托收和信用证三者相结合

这种支付方式一般用在大型成套设备项目和交通工具等金额大、交货期长的交易中。这种交易一般按工程进度和交货进度分期付款或延期付款,采用汇付、托付和信用证相结合的方式。

1. 分期付款

分期付款(Progression Payment)是买卖双方在合同中规定,在产品投产前,买方可采用汇付方式预付部分定金,其余货款按不同进度分期支付,买方开立不可撤销信用证,即期付款。全部货款在货物交付完毕时付清或基本付清。但是,最后一笔货款一般是在交货或卖方承担质量保证期满时付清。货物所有权则在付清最后一笔货款时转移。分期付款实际上是一种即期交易。按分期付款成交,买方在预付定金时,通常要求卖方通过银行出具保函或备用信用证,以确保买方预付金的安全。

2. 延期付款

延期付款(Deferred Payment)是买卖双方在合同中规定,买方在预付一部分定金后,其余大部分货款按工程进度和交货进度分期支付,但大部分货款是在卖方交货后若干年内分期摊付。延期付款的那部分货款可采用远期信用证方式支付。所以,延期付款实际上是卖方向买方提供的商业信贷,它带有赊销赊购的性质,因此买方应承担延期付款的利息。

分期付款与延期付款两者虽有相似之处,但又有区别,表现在以下三方面。

(1)货款清偿的时间不同。分期付款的货款在交货时付清或基本付清;而延期付款,其货款是在交货后相当长的时间内分期摊付。

(2)货物所有权转移时间不同。采用分期付款时,只要付清最后一笔货款,货物所有权即行转移;而采用延期付款,货物所有权一般在交货时转移,因此,物权转移在先,货款付清在后。

(3)有关利息负担不同。分期付款属即期交易,因而不存在利息负担问题;而延期付款由于买方利用了卖方的资金,所以买方须向卖方支付利息。因此,货价一般稍高。

 **基础训练**

一、单项选择题

1. 付款人主动通过银行或其他途径将款项汇交收款人的支付方式是(   )。

    A. 即期付款交单   B. 汇付   C. 托收   D. 信用证支付

2. 信用证支付中的第一付款人是(   )。

    A. 通知行   B. 开证行   C. 议付行   D. 付款行

3. 具有双重保证的信用证指的是（　　）。

　　A. 可转让信用证　　　B. 可撤销信用证　　　C. 保兑信用证　　　　D. 对开信用证

4. 在信用证结算方式下，汇票的收款人通常的抬头方式是（　　）。

　　A. 限制性抬头　　　　B. 指示性抬头　　　　C. 持票人抬头　　　　D. 来人抬头

5. 汇票有远期和即期之分，在托收业务中，（　　）。

　　A. 只使用远期汇票

　　B. 只使用即期汇票

　　C. 有时使用远期汇票，有时使用即期汇票

6. 采用信用证支付方式时，汇票的付款人应按信用证的规定填写，如来证没有具体规定付款人名称，则理解为付款人是（　　）。

　　A. 收款人　　　　　　B. 开证行　　　　　　C. 受益人　　　　　　D. 付款行

7. 出口业务中，采用托收的支付方式时，汇票的付款人应填写（　　）。

　　A. 本国出口人　　　　B. 外国出口人　　　　C. 本国进口人　　　　D. 国外进口人

8. 汇票受款人一栏内写明"Pay to the order of ..."则该汇票（　　）。

　　A. 不可流通转让　　　　　　　　　　B. 可以经背书转让

　　C. 无须背书，即可流通转让　　　　　D. 由出票人决定是否可以转让

二、多项选择题

1. 因下列情况开证有权拒付票款的是（　　）。

　　A. 单据内容与信用证条款不符　　　　B. 实际货物未装运

　　C. 单据与货物有出入　　　　　　　　D. 单据与单据互相之间不符

　　E. 单据内容与合同条款不符

2. 国际贸易中汇票的种类有（　　）。

　　A. 商业汇票和银行汇票　　　　　　　B. 即期汇票和远期汇票

　　C. 光票和跟单汇票　　　　　　　　　D. 商业承兑汇票和银行承兑汇票

3. 规定远期汇票的方法有（　　）。

　　A. 自出票之日起　　　　　　　　　　B. 自签发提单之日起

　　C. 自见票承兑之日起　　　　　　　　D. 规定在某月某日付款

4. 一张汇票的基本当事人有（　　）。

　　A. 出票人　　　　　　B. 受票人　　　　　　C. 受款人　　　　　　D. 背书人

　　E. 持票人

5. 汇票遭到拒付是指（　　）。

　　A. 持票人提示汇票要求承兑时，遭到拒绝承兑

　　B. 持票人提示汇票要求付款时，遭到拒绝付款

　　C. 付款人逃避不见汇票

　　D. 付款人死亡或破产

　　E. 汇票出票人在出票时加注"不受追索"字样

三、简答题

1. 什么是信用证？信用证的特点是什么？

2. 常见的付款方式有哪几种？

3. 试述信用证的基本内容。

4. 什么是信托收据？

5. 什么是托收？采用托收方式有何利弊？

四、案例分析题

1. 某年广交会，我国某进出口 A 公司与埃及 H 公司建立了业务关系，H 公司向 A 公司订购了 3 万美元的货物，双方同意以信用证方式结算。初次合作较为愉快，A 公司及时地收取了货款。之后，H 公司继续向 A 公司订购货物，金额为 26 万美元。这次 H 公司提出了 D/A 60 天的付款方式。A 公司急于开拓市场，同意了付款要求。货物发出后，A 公司及时议付单据，H 公司承兑汇票并提取了货物。但是在汇票到期之日，H 公司以货物质量有问题、与当地市场需求不符、货物仍未售出等为由，拒绝付款。A 公司开始追讨，为了把损失降到最低点，A 公司提出退单、退货的要求。最终，H 公司承认，他们早已销售了 A 公司的货物，并把货款用到了其他生意上。由于经营不善，H 公司亏损严重，已近倒闭，无力偿还 A 公司的欠款。经进一步调查，A 公司发现这家公司还有一些库存商品可以变卖。最终 A 公司追回了 4 万美金货款。请分析该案例给我们什么启示。

2. 国外贸易公司从我国进出口公司购买小麦 500 吨，合同规定，1 月 30 日前开出 L/C，2 月 5 日前装船。1 月 28 日，买方开来 L/C，有效期至 2 月 10 日。后由于卖方不能按期装船，故电请买方将装船期延至 2 月 17 日并将 L/C 有效期延至 2 月 20 日。买方回电表示同意，但未通知开证行。2 月 17 日，货物装船后卖方到银行议付时遭到拒绝。试问：

(1) 银行是否有权拒绝付款？为什么？

(2) 作为卖方，应当如何处理此事？

五、实训题

我国的 A 公司出口机电设备给英国的 B 公司。由于货款金额大，B 公司在申请开证时，银行要求其支付较高的押金。B 公司的流动资金比较紧张，觉得支付该数量的押金比较困难。B 公司转而与 A 公司商量采用托收的结算方法，但 A 公司基于收汇安全的考虑，认为全额托收不可接受。请分析在这种情况下，怎样可以结合不同的结算方式，既能使 B 公司少付押金，又能保证 A 公司的收汇安全？

第八章

检验、索赔、不可抗力和仲裁

学习目的与要求

1. 了解商品检验、索赔、不可抗力和仲裁的基本知识。
2. 掌握合同中检验、索赔、不可抗力和仲裁条款的主要内容和订立方法。
3. 能合乎规范、熟练地订立包括检验、索赔、不可抗力和仲裁条款。
4. 结合检验、索赔、不可抗力和仲裁的知识技能,分析解决进出口业务实际问题。

引导案例

关于商品检验的案例

日本公司 A 出售一批电视机给香港公司 B,B 又把这批电视机转口给泰国公司 C。在日本货物到达香港时,B 公司发现货物的质量有问题,但 B 仍将原货转船直接运往泰国,泰国公司 C 收到货物后,经检验发现货物有严重缺陷,要求退货。于是香港公司 B 又转向日本公司 A 提出索赔,但遭到 A 拒绝。试问:A 有无权利拒绝?为什么?

资料来源:根据人人文库网(renrendoc.com)资料整理改编。

分析:A 公司有权利拒绝索赔要求。泰国商检机构出具的检验证书无效。B 已将货物转卖给了泰国 C 公司,意味着对货物的部分接受,部分接受视同整体接受,B 公司已经丧失了对货物的检验权,所以已无权再向 A 提出索赔请求,所以 A 有权利拒绝。

第一节　商品检验

进出口商品的检验,简称商检,指在国际货物买卖过程中,由国家建立或认可的商品检验检疫机构对进出口商品的品质、数量(重量)、包装、卫生状况等进行法定检验和公证鉴定以及对装运条件和装运技术等进行的鉴定和监督管理工作。

一、商品检验的内容和范围

(一) 商品检验的内容

商品检验的内容包括对商品的质量、数量(重量)、包装、残损、卫生、安全性能以及货物装运技术条件等方面的检验和鉴定。

1. 品质检验

品质检验也称质量检验,是指运用各种检验手段,包括感官检验、化学检验、仪器分析、物理测试、微生物学检验等,对进出口商品的品质、规格、等级等进行检验,确定其是否符合外贸合同(包括成交样品)、标准等规定。品质检验的范围很大,大体上包括外观质量检验与内在质量检验两个方面。

2. 数量(重量)检验

数量(重量)检验是指使用合同规定的计量单位和计量方法,对商品的数量(重量)进行鉴定。

3. 包装检验

包装检验是根据外贸合同、标准和其他有关规定,对进出口商品的外包装和内包装标志进行检验。包装检验首先核对外包装上的商品包装标志(标记、号码等)是否与进出口贸易合同相符。对进口商品的包装检验,主要检验外包装是否完好无损,包装材料、包装方式和衬垫物等是否符合合同规定。对出口商品的包装检验,除包装材料和包装方式必须符合外贸合同、标准规定外,还应检验商品内外包装是否牢固、完整、干燥、清洁,是否适合于长途运输,是否能够保护商品的质量、数量等。

商检机构对进出口商品的包装检验,一般采用抽样或当场检验方式,或与衡量器计重的方式结合进行。

4. 残损检验

残损检验主要是对受损货物的残损部分予以鉴定,分析致残原因以及残损对商品使用价值的影响,估计损失程度,并出具证明,作为向有关方面索赔的依据。商品的残损主要是指商品的残破、短缺、生锈、发霉、虫蛀、油浸、变质、受潮、水渍、腐败等情况。商检机构对商品残损检验的依据主要包括发票、装箱单、保险单、重量单、提单、商务记录以及外轮理货报告等有效单证或资料。

5. 卫生检验

卫生检验主要是对进出口食品的检验,看其是否符合人类食用卫生条件,以保障人民健康和维护国家信誉。进口的食品、食品添加剂、食品容器、包装材料和食品用工具及设备,必须符合国家卫生标准和卫生管理办法的规定。进口上述所列产品,由国家食品卫生监督检验机构进行卫生监督检验。进口单位在申报检验时,应当提供输出国(地区)所使用的农药、添加剂、熏蒸剂等有关资料和检验报告。海关依据国家卫生监督检验机构的卫生检验证书决定是否放行。

6. 安全性能检查

安全性能检查是根据国家规定和外贸合同、标准以及进口国(地区)的法令要求,对进出口商品有关安全性能方面的项目进行的检验,如易燃、易爆、易触电、易受毒害、易受伤害等,以保证生产使用和生命财产的安全。上述几种检验是国际贸易中比较常见的,除上述内容外,进出口商品检验还包括船舶检验、监视装卸、签封样品、签发产地证书和价值证书等内容。

(二)商品检验的范围

商品检验包括法定检验和公证鉴定。

1. 法定检验

法定检验是指根据国家法律、法规的规定,对规定的进出口商品和检验事项实行的强制性检验。法定检验的目的是保证进出口商品、动植物及其运输设备的安全、卫生符合国家有关法律法规规定和国际上的有关规定；防止次劣商品、有害商品、动植物以及危害人类和环境的病虫害和传染病源输入或输出，保障生产建设安全和人类健康，维护国家的权益。

我国实施法定检验的范围如下。

(1)《出入境检验检疫机构实施检验检疫的进出境商品目录》规定的商品。

(2)《中华人民共和国食品安全法》规定的商品。

(3)《中华人民共和国进出境动植物检疫法》规定的商品。

(4) 对出口危险货物包装容器的性能鉴定和使用鉴定。

(5) 根据《中华人民共和国进出口商品检验法》规定，对装运出口易腐烂变质食品、冷冻品的船舶和集装箱等运输工具的适载检验。

(6) 凡其他法律、行政法规规定的须经商检机构实施检验的进出口商品或检验项目。

(7) 对外贸易合同规定由商检机构实施检验的进出口商品。

2. 公证鉴定

公证鉴定是指商检机构根据对外贸易关系人的申请，或受国外检验机构的委托，办理的鉴定业务，并出具相应的公正鉴定证书。其业务范围非常广泛，主要包括进出口商品的质量、数量(重量)和包装鉴定；货载衡量、车辆、船舶、集装箱等装运技术的检验以及产地证明、价值证明等。

二、商品检验的作用

在国际贸易中，买卖双方分处两国，难以当面交接和验收货物，同时，货物经过长途运输难免发生残损、短缺等情况，这些问题可能涉及运输、保险、装卸等部门的责任。为了避免发生争议或是在发生争议后能分清责任归属，就需要一个有资格的、与买卖双方当事人无利害关系的检验机构来作为第三方，对成交货物的品质、数量、重量和包装以及运载工具等，进行检验检疫、鉴定和证明，并且出具相应的检验检疫证书。无论是一个国家(地区)的法律，还是有关国际公约，都承认和规定买方有权利对自己所买的货物进行检验。这反映了商品检验在国际贸易中的重要地位和作用。结合我国进出口业务来看，商品检验的作用主要体现在以下几个方面。

(1) 商品检验体现为国家对进出口商品实施品质管制，并通过管制，在进出口商品的生产、销售和采购等方面发挥积极的监督作用。

(2) 通过检验和监督，确定出口商品的品质、数量、包装等内容是否与买卖合同规定相符，制止伪劣商品出口，贯彻重合同守信用的要求，提高产品的信誉、企业形象和国家声誉。

(3) 通过商品检验，严把进口商品质量关，防止伪劣商品入境，保护国内用货部门的合法权利，维护国家利益。

(4) 通过有资格的商检机构出具证明，作为买卖双方交接货物、支付货物和处理索赔的依据。

三、检验机构和检验程序

（一）检验机构

在国际货物买卖中，交易双方除了自行对货物进行必要的检验外，还必须由某个机构进行检验,经检验合格后方可出境或入境。这种根据客户的委托或有关法律的规定对进出境商品进行检验、鉴定和管理的机构就是商品检验机构。

1. 国际上的检验机构

国际上的检验机构种类繁多,有官方的和非官方的,也有综合性的和专业性的。它们的名称也很多,其中有的称为公证鉴定人,有的称为宣誓衡量人或实验室等,统称为商检机构或公证行。检验机构类型如下。

(1) 官方检验机构

由主权国家或地方政府投资,按国家有关法律、法令对出入境商品实施法定检验、检疫和监督管理的机构。如美国的美国食品药品监督管理局(FDA)、美国动植物检疫署以及日本的通商省检验所等。

(2) 半官方检验机构

有一定权威、由国家政府授权、代表政府行使某项商品检验鉴定或某一方面检验管理工作的机构。如我国的中国进出口商品检验总公司、美国保险人实验室(UL)等。

(3) 非官方检验机构

指非政府的民间商品检验机构,由私人创办、具有专业检验、鉴定技术能力的公正行或检验公司。比较著名的有瑞士日内瓦通用公证行(SGS)、英国的劳埃氏公证行、日本海外货物检验株式公社(OMIC)、法国船级社(BV)、我国香港天祥公证化验行和上海化工研究院检测中心等。

2. 我国的商检机构

在我国,海关总署主管全国进出口商品检验工作,海关总署设在省、自治区、直辖市以及进出口商品的口岸、集散地的出入境检验检疫机构及其分支机构(以下简称出入境检验检疫机构),管理所负责地区的进出口商品检验工作。

1980年成立的中国进出口商品检验总公司(CCIC)及其分公司,是接受国家委托从事进出口商品检验的法人机构。

我国商检机构在一些国家或地区设立了独资或合资的检验机构,与不少国际和地区的检验机构建立了委托代理业务关系或达成了长期或短期的合作协议。同时,经国家商检局审核同意,外国的商检机构可以在中国境内建立检验鉴定机构,在一定范围内可以接受委托办理进出口商品检验、鉴定业务。

根据我国《进出口商品检验法》规定,国家商检部门的基本任务有以下三项。

(1) 法定检验

法定检验的出口商品未经检验或者经检验不合格的,不准出口。法定检验的进口商品未经检验的,不准销售,不准使用。

(2) 公证鉴定

商检机构应对外贸易关系人或者外国检验机构的委托,可以以公证人的身份,办理规定范围内的进出口商品的检验鉴定业务,并出具相应证明,作为当事人办理有关事务的有效凭证。

鉴定业务的范围主要包括鉴定各种进出口商品的质量、数量、重量、包装、标记、海损、商品残缺、装载技术条件、货载衡量、产地证明,对船舶、车辆、飞机、集装箱运载工具的适载鉴定,抽取并签封各类样品以及签发价值证书等。

(3) 监督管理

商检机构根据便利对外贸易的需要,可以按照国家规定对列入目录的出口商品进行出厂前的质量监督管理和检验。

商检机构对《商检法》规定必须经商检机构检验的进出口商品以外的进出口商品,根据国家规定实施抽查检验。

国家商检部门和商检机构依法对其他检验机构的进出口商品检验鉴定业务活动进行监督,可以对其检验的商品进行抽查检验。

3. 检验机构的选定

检验机构的选定一般与检验的时间和地点相联系。在出口国的商品产地或装运港检验时,一般由出口国检验机构检验;在目的港或买方营业地检验时,一般由进口国检验机构检验。

(二)检验程序

各国的进出口商品检验工作都是按照一定程序进行的,以我国为例,进出口商品检验通常包括以下几个步骤。

1. 申请检验

申请对出口商品进行检验,出口商一般应在货物发运前 7～10 天(鲜活商品为 3～7 天),如果商检机构不在出口商所在地,则要在货物发运前 10～15 天,填写《出境货物报检单》,写明申请检验或鉴定的内容,并提供合同、商业发票、装箱单、提(运)单、厂检证明等相关文件。出口商品检验一般应当在商品的生产地检验,海关总署可以根据便利对外贸易和进出口商品检验工作的需要,指定在其他地点检验。

申请对进口商品进行检验,进口商应于通关放行后 20 日内,向出入境检验检疫机构申请检验。填写《进境货物报检单》,说明申请检验或鉴定的内容,并提交合同、商业发票、货运单据、品质证书、装箱单等资料。如果已经发现货物残损、缺少等现象,还要附上理货公司与班轮大副共同签署的货物残损报告单及其他相关证明材料。法定检验的进口商品应当在收货人报检时申报的目的地检验。

2. 实施检验

海关根据有关工作规范、企业信用类别、产品风险等级,判别是否需要实施现场检验及是否需要对产品实施抽样检测。商检机构一般采取随机抽样的方法,在整批商品中抽取一定数量的有代表性的样品,按国家规定或合同规定的技术标准,对样品的有关特性进行检查、试验、测量或计量。进出口商品的检验包括商检自检与共同检验两种方式。商检自检是指商检机构在受理了进出口商品的检验申请后,自行派出检验技术人员对商品进行抽样、检验,出具检验证书。共同检验则是指商检机构在受理了进出口商品的检验申请后,与有关单位商定,由双方各派人员共同检验,并出具检验证书;或商检机构与有关单位就检验内容进行分工,各承担某一部分的检查项目,最后共同出具检验证书。

3. 签发证书

出口商品通过检验后,商检机构可按合同、信用证或进口方的要求,签发检验证书;若合同、信用证、进口方未要求正式的商检证书,商检机构只需签发"商检放行单"或在"出口货物报关单"上加盖放行章即可。进口商品通过检验后,商检机构可根据需要签发"检验情况通知单"或相关检验证书;但若是收、用货单位验收进口商品时发现问题,向商检机构申请复检,而复检不合格时,商检机构必须签发正式的检验证书,作为进口方对外索赔的依据。

（三）检验证书

1. 检验证书的种类

在国际商品买卖业务中,卖方提供何种检验证书,要根据商品的种类、性质、有关法律和贸易惯例以及政府的涉外经济贸易政策而定。为了明确责任,在检验条款内,应该规定清楚所需证书的种类。

常见的检验证书主要有以下几种。

（1）品质检验证书

品质检验证书是证明进出口商品品质、规格、等级的书面文件。

（2）重量（质量）检验证书

重量（质量）检验证书是证明进出口商品的重量或数量的书面文件。

（3）兽医检验证书

兽医检验证书是证明动物产品在出口前经过兽医检验,符合检疫要求的书面文件。如冻畜肉、皮张、毛类等商品,经检验后,出具此证。

（4）卫生检验证书

出口食用动物产品,如肠衣、罐头食品、乳制品等商品,经检验后,使用此种证书。

（5）消毒检验证书

消毒检验证书证明出口动物产品经过消毒,如猪鬃、马尾、羽毛等产品一般需要此种证书。

（6）熏蒸检验证书

熏蒸检验证书证明各种出口粮谷、油料、豆类等商品以及包装用木材与植物性填充物等已经经过熏蒸灭虫。

（7）产地检验证书

证明出口产品的产地时,使用此种证书。通常包括一般产地证、普惠制产地证、野生动物产地证等。

（8）价值检验证书

需要证明产品价值时,使用此种证书。通常证明发货人发票所载的商品价值正确、属实。

（9）验残检验证书

验残检验证书证明进出口商品残损情况、固定残损程度、估算残损贬值程度、判定残损原因的书面文件,是索赔的重要依据。

（10）船舱检验证书

船舱检验证书一般是用于证明承运出口商品的船舱清洁、牢固、冷藏能效及其他装运条件可以保护承载商品的质量和数量完整以及安全的证书。

（11）货载衡量检验证书

用于证明进出口商品的重量、体积吨位的证书。

除上述检验证书外,还有证明其他检验、鉴定工作的检验证明。

2. 检验证书的作用

检验证书是强有力的法律性文件,它的具体作用主要体现在以下几个方面。

（1）检验证书是证明买卖双方是否履行合同义务的依据

在国际货物买卖中,交付与合同规定相符的货物是卖方的基本义务之一。因此,合同或信用证中通常都规定,卖方交货时必须提交规定的检验证书,以证明所交货物的品质、数量（重量）、包装及卫生指标等方面符合合同的规定。商检机构作为独立的第三方，利用先进设备和技术手段进行检验检疫后所出具的检验证书是判定双方履约程度的依据。

（2）检验证书是海关验收放行、计收关税的重要依据

在国际经济活动中，各国国家政府为了维护本国的政治经济利益，对某些进出口商品的品质、数量（重量）、包装及卫生方面制定了严格的法律。在有关货物进出口时，必须由当事人提交商检机构出具的符合规定的检验检疫证书和有关证明手续，海关才准许其进出口。另外，商检机构出具的重量、数量证书具有公正、准确的特点，因此成为海关征收关税时的重要依据。

（3）检验证书是处理合同纠纷、办理索赔的事实依据

在国际贸易中，进口商在进口商品时一般都在合同中规定货到目的地后，经出入境检验检疫机构检验检疫，发现品质或数量（重量）等与合同不符时，凭检验检疫证书向卖方提出退货或索赔。属于保险、运输方面责任的，则根据责任归属向有关方面索赔。因此，商检机构出具的商品检验检疫证书是处理合同纠纷、办理索赔的事实依据。

（4）检验证书是买卖双方结算货款的重要依据

商检机构出具的品质证书、重量或数量证书是买卖双方最终结算货款的重要依据，以检验证书中确定的品质、数量和重量为基础核算，这是买卖双方都能接受的合理公正的结算方式。

四、合同中检验条款的主要内容

国际货物买卖合同中的检验条款主要包括检验的时间和地点、检验的方法和标准、复验等内容。

（一）检验时间和地点

1. 检验时间和地点的规定方法

商品检验在何时何地进行，各国法律没有统一规定。而货物的检验权又直接关系到买卖双方在货物交接过程中的权利和义务，因此买卖双方通常在合同中就买方如何行使检验权，包括检验的时间和地点，做出明确的规定，以明确双方的责任。在国际货物买卖合同中，有关检验时间和地点的规定方法，通常有以下几种。

（1）出口国检验

出口国检验分为在产地检验和装运前或装运时检验。

① 产地检验。产地检验即在货物离开生产地点（如工厂、农场、矿山等）之前，由卖方或委托的商检人员，或买方人员或其委托的商检人员对货物进行检验或验收。货物进行检验或验收后，在运输途中的一切风险由买方负责。

② 装运前或装运时检验。装运前或装运时检验是指货物在装运港装运前或装运时，以双方约定的商检机构对货物进行检验后出具商检证明，作为决定商品品质和数量的最后依据。货物运抵目的港后，买方如再对货物进行复检，即使发现问题，也无权向卖方提出索赔。这种做法又称为"离岸品质、离岸重量"。

（2）进口国检验

进口国检验分为目的港（地）检验和买方营业地或最终用户所在地检验。

① 目的港（地）检验。目的港（地）检验是指在货物运抵目的港（地）的一定时间内，以双方约定的商检机构对货物进行检验，并出具商检证明，作为决定交付货物的品质和数量的最后依据。如检验证书证明货物与合同规定不符，属于卖方的责任，卖方应予负责。这种做法又称为

"到岸品质、到岸重量"。

② 在买方营业地或最终用户所在地检验。对于密封包装、精密复杂的商品,不宜在使用前拆包检验,或需要安装调试后才能检验的商品,在货物运抵买方营业地或最终用户所在地后的一定时间内,以双方约定的商检机构对货物进行检验并出具的商检证明作为决定商品品质和数量的最后依据。

（3）出口国检验,进口国复验

采用出口国检验,进口国复验这种做法,出口国装运港(地)商检机构在检验货物后出具的商检证书仅可作为卖方向银行议付货物的单据之一,而不作为最后的依据。货到目的港(地)后,由双方约定的商检机构在规定时间内复验,如发现货物的品质、数量与合同规定不符而属于卖方责任时,买方可根据复验机构出具的复验证明,向卖方提出索赔。如果只在出口国装运港检验货物的重量,而货物的品质是以目的港检验机构出具的品质证书为准,这种检验方式称为"离岸重量、到岸品质"。这种做法多应用于大宗商品交易,以调和买卖双方在检验问题上存在的分歧。

2. 检验时间和地点规定方法的选择

以上三种检验时间和地点的规定方法各有特点,前两种的特点是以当事人中的一方所提供的检验证书为准,第三种做法则对买卖双方来说都有好处,且比较公平合理。在实际业务中,应当根据具体情况,合理地选择检验时间和地点的规定方法。在选择时,除了应该考虑买卖双方当事人的意愿外,还应考虑贸易术语、商品及其包装的性质、行业惯例、国家法律等。

（1）贸易术语

检验时间和地点的规定一般应与合同所采用的贸易术语相适应,每一种贸易术语对于买卖双方货物的交接和风险责任的转移均有明确规定。而检验货物的时间一般应定在卖方交货、买方接货时。

（2）商品及其包装的性质

国际贸易货物种类繁多,性质及其包装各异,这也是选择检验时间和地点时应该考虑的重要因素之一。例如,对于成套设备、生产线等技术密集型产品,由于受目的港检验条件的限制,加之开箱会影响后段运输,所以检验应定在最终用户所在地为宜。

（3）各国的法律

目前,许多国家通过立法,对某些商品的检验时间和地点做出了规定。我国根据《商检法》的规定,当进口重要的商品或大型成套设备时,收货人应该根据对外贸易合同的约定,在出口国装运前进行预检验、监造或者监装,主管部门应该加强监督,商检机构根据需要,可以派出检验人员参加。

（二）检验的依据和方法

1. 检验依据

检验标准是商品检验机构对进出口商品实施检验的基本依据,根据标准不同,检验结果就会有差别,因此在买卖合同中应该就检验标准做出明确规定,防止出现争议。

（1）国际上检验标准的分类

在国际货物买卖中,商品检验标准可归纳为以下三类。

① 买卖双方自行约定的标准。最常见的是买卖合同和信用证中约定的标准。

② 贸易有关国家所制定的强制执行的法规标准。主要指商品生产国、出口国、进口国等所制定的标准。如货物原产地标准、安全法规标准、卫生法规标准、环保法规标准、动植物检疫法规标准等。

③ 国际权威性标准。主要指国际专业化组织标准、区域性标准化组织标准以及具有国际权威性的某些大国的权威性标准。

（2）我国的标准分类

根据《中华人民共和国标准化法》和《中华人民共和国标准化法实施条例》的规定，商品的标准分为五种：国家标准、行业标准、地方标准、团体标准和企业标准。对需要在全国范围内统一的技术要求，制定国家标准。国家标准由国务院标准化行政主管部门制定。国务院标准化行政主管部门统一管理全国标准化工作。国务院有关行政主管部门分工管理本部门、本行业的标准化工作。对没有国家标准又需要在国家某个行业范围内统一技术要求的，可以制定行业标准（含标准样品的制作）。行业标准由国务院有关行政主管部门制定，并报国务院标准化行政主管部门备案。在公布国家标准后，该项行业标准即行废止。没有国家标准和行业标准而又需要在省、自治区、直辖市范围内统一的工业产品的安全、卫生要求的，可以制定地方标准。地方标准由省、自治区、直辖市标准化行政主管部门制定，并报上级部门备案。在公布国家标准或者行政标准后，该项地方标准即行废止。

企业生产的产品没有国家标准和行业标准的，应该制定企业标准，作为组织生产的依据。企业标准由企业组织制定（农业企业标准的制定除外），并报当地政府标准化行政主管部门和有关主管部门备案。国家鼓励积极采用国际标准。

（3）标准选择的注意事项

① 对于既有我国标准又有国际标准或国外标准的商品，一般情况下应采用我国标准进行买卖。

② 在国际商品交易时应尽量采用国际上已被广泛采用的标准，或有助于扩大产品在国际市场销路的标准。

一般来说，进出口业务中商品的检验依据主要有成交样品、标样、合同、标准等。应当指出的是，在以信用证为支付方式的出口贸易中，除买卖合同是重要的检验依据外，信用证也是出口商品检验的重要依据之一。对于从事进出口贸易的企业来说，掌握国际标准和各国的国内标准，并使商品符合这些标准，已成为进入国际市场的基本条件之一。目前，国际标准化组织（ISO）的《质量管理与质量保证》系列国际标准已得到全世界的普遍重视。

此外，还有社会责任标准 SA 8000（Social Accountability 8000 International Standard），这是全球首个道德规范国际标准。其宗旨是确保供应商所供应的产品皆符合社会责任标准的要求。SA 8000 标准适用于世界各地、任何行业、不同规模的公司。其依据与 ISO 9000 质量管理体系及 ISO 14000 环境管理体系一样，皆为一套可被第三方认证机构审核的国际标准。另外还有国际羊毛局 IWS 等标准。有些国家还制定了国内法，对商品在生产过程中的环保措施提出了强制性的要求。

2. 检验方法

检验方法指对进出口商品的品质、数量（重量）、包装等进行检验的具体做法。有些商品有两种或两种以上的检验方法，采用不用的方法检验，往往会得出不同的结果，为了避免发生不必要的争执，在买卖合同中应该订明具体的检验方法。

（1）抽样检验的方法

目前广泛采用随机抽样进行检验的方法，即整批商品中的每一件商品都有同等被抽取的机会，抽样者按随机的原则、完全偶然的方法去抽取样品，比较客观，适用于各种商品的抽样。常用的抽样方法有三种：简单随机抽样法、分层抽样法、系统抽样法。

（2）商品质量检验的方法

商品质量检验的方法很多，通常分为感官检验、理化检验、生物学检验等。

例题 8-1

2020年10月,我国某公司从美国某公司进口一批美国东部黄松,计6 942 千板英尺(折合35 404 立方米),价值数百万美元,目的港上海。原合同规定:"按美国西部标准检验"。但是在开信用证前,美国提出另一个标准即美国东部标准也可作为验收标准。最后,我公司同意修改合同检验条款,将"按美国西部 SCRIBNER 标准检验"改为"按美国西部 SCRIBNER 标准或东部 BRERETON 标准检验",并开出了信用证。货物运抵上海港后,上海进出口商品检验局按我国进口美松通用的美国西部标准检验,检验结果共短少材积3 948 千板英尺,短少率达57%,价值100多万美元。

事后据分析,造成进口美松大量短少的主要原因是美国西部标准和美国东部标准计算材积的方法是完全不同的,两种标准计算材积之差达40%以上。美商正是钻了这个空子,使我方公司遭受了重大损失。

从本案可以得到什么启示?在今后的国际贸易中如何规避这样的风险与损失?

资料来源:根据豆丁网(docin.com)资料整理改编。

分析:导致我方公司遭受重大损失的主要原因就是我方有关人员对检验标准及其重要性不清楚。在对外商提出修改合同条款的原因不清楚的情况下同意修改,也说明我方人员在对外交往中缺乏警惕性和责任感。事实上,美国东部标准是按美松装船时所占船舱容积计算数量的,美国西部标准是按美松实际体积计算数量的,两者差距之大可想而知。外商要求修改合同的目的,就是要钻这个空子。所以,本案的教训是惨痛的,我们在国际贸易中对检验条款的订立一定要慎重,最好选择我方通用的、被广泛采用的标准,对外商提出的检验条款的更改一定要保持高度警惕。

(三)复验期、复验机构和复验地点

复验是指买方对到达的货物进行再次的检验。在国际贸易中,一般都承认买方的复验权,因此合同中对复验的期限、机构、地点以及复验方法、复验费用等应予以明确规定。在国际贸易实践中,买方对到达货物的复验不是强制性的,也不是买方接收货物的前提条件,而是买方自行决定的。如果复验,就应在合同中对复验的时间、地点和方法等规定清楚。

复验期限实际上就是索赔期限,超过复验期限,买方就失去索赔权。关于复验期限的确定,应视商品的性质和港口情况而定,期限越长,卖方承担的风险就越大;期限太短,买方往往无法行使索赔权利。复验期限通常为到货期30天至180天不等。对容易变质的商品,复验期限不宜太长;对五金矿产类商品,复验期限可稍微长一点;对机器设备并订有质量保证期限的,须在安装试车投产后方能看出问题,因此,复验期限可定为一年或一年以上。关于复验机构的确定,我方为出口人时,国外买方所选择的检验机构以我方事先认可为宜,以利于业务上的相互合作。关于复验地点,由于业务经营情况的不同而有所不同。一般来说,应在口岸或集中储存地点检验。对于需要结合安装调试检验的商品,如成套设备、机电仪器等,可以在收货地检验。集装箱运输的货物,可以在拆箱地点检验。至于复验费用的负担问题,也应在合同中做出明确规定,一般情况下,应由买方负担。

小贴士

进出口商品法定检验业务流程如图 8-1 所示。

进出口商品复验业务流程如图 8-2 所示。

进出口商品法定检验业务流程

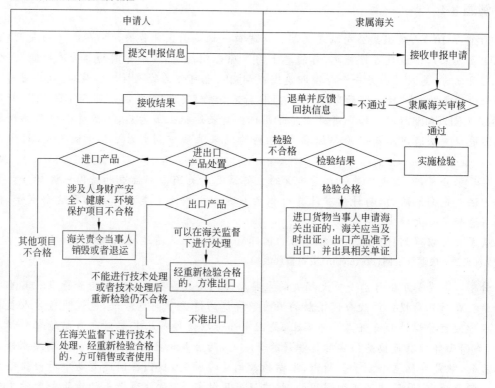

图 8-1　进出口商品法定检验业务流程

资料来源：中华人民共和国海关总署网站。

进出口商品复验业务流程

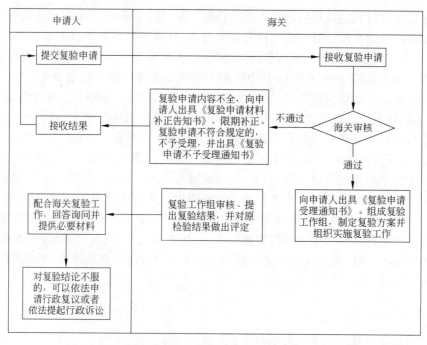

图 8-2　进出口商品复验业务流程

资料来源：中华人民共和国海关总署网站。

第二节 争议与索赔

一、争议的含义及其产生的原因

（一）争议的含义

争议又称争端、纠纷，是指国际贸易中，交易的一方认为对方未能部分或全部履行合同规定的责任与义务而引起的业务纠纷，又可解释为有关当事人双方对相互之间权利与义务的不同主张。

（二）产生争议的原因

在国际贸易中，导致索赔的原因往往是一方违约，给另一方带来损失，遭受损失的一方会向违约方提出赔偿要求。违约就必然会导致双方发生争议。归纳起来，产生争议的原因主要有以下两个方面。

（1）当事人违约。卖方违约主要表现在不按合同规定的交货期交货或不交货，或交货品质、数量等与合同规定不符，或提交的单据不符合合同规定。买方违约主要表现在使用信用证支付方式成交的条件下，不按期开证或不开证，或不按合同规定及时付款赎单，或在货到后没有充分的理由而拒收货物。

（2）当事人对合同的理解和解释不一致。缔约双方当事人在执行合同时，对合同中不甚明确具体的条款，双方各有不同的解释或理解，而国际贸易惯例又无统一的解释时，造成其中一方违约，引起纠纷。

二、违约责任

违约指买卖双方之中的任何一方违反合同义务的行为。国际货物买卖合同是确定买卖双方权利和义务的法律文件，一方违约，就应该承担相应的违约责任。不同法律对违约行为及违约责任有不同的解释。

1. 英国的法律规定

英国法律把违约分成违反要件和违反担保。当事人一方违反合同中带实质性的主要约定条件，受损害的一方除可要求损害赔偿外，还有权解除合同。如违反合同中的次要条件，称为违反担保，则受损害的一方不能解除合同，仍需履行合同规定的义务，但有权请求违约的一方给予损害赔偿。一般认为，与商品有关的品质、数量和交货期等条件属于要件，与商品不直接联系的为担保。英国法律也允许当事人不把另一方当事人的违约要件作为解除合同的理由。

2. 美国法律的规定

美国法律把违约分为重要违约和轻微违约。一方当事人违约，以致另一方当事人无法取得该项交易的主要利益，则是重大违约，受损害的一方有权解除合同，并要求损害赔偿。如果一方违约，并未影响对方在该项交易中取得主要利益，则为轻微违约，受损害的一方只能要求赔偿损失，不能要求解除合同。

3. 我国法律的规定

我国《民法典》中规定，当事人一方不履行合同义务或者履行合同义务不符合约定的，应当承担继续履行、采取补救措施或者赔偿损失等违约责任。因不可抗力致使不能实现合同目的；或在履行期限届满前，当事人一方明确表示或者以自己的行为表明不履行主要债务；或当事人一方迟延履行主要债务，经催告后在合理期限内仍未履行；或当事人一方迟延履行债务或者有其他违约行为致使不能实现合同目的，当事人可以解除合同。

4. 公约的规定

《联合国国际货物销售合同公约》把违约分为根本违约和非根本违约。一方当事人违约，以致实际上剥夺了另一方当事人根据合同规定有权期待得到的东西，即为根本违约，另一方当事人可以宣告合同无效，并要求赔偿损失。如果违约给对方造成的损害没有达到根本违约的程度，即为非根本违约，受损害的一方只能要求赔偿损失，无权要求解除合同。

三、索赔与理赔

索赔是指买卖合同的一方当事人因另一方当事人违约，致使其遭受损失而向另一方当事人提出损害赔偿或主张其他权利的行为。理赔是一方当事人对对方提出的索赔进行受理和处理的行为。因此，索赔和理赔是一个问题的两个方面。

（一）索赔依据

索赔依据是指受害方当事人在提出索赔时必须提供的、证明对方违约真相的书面材料，主要是各种检验证书，并且这些证书应由双方约定的出证机构出具。我国通常规定以国家出入境检验检疫部门为出证机构。如果证据不全、不清，或出证机构不符合合同要求，都可能遭到对方的拒绝。具体来讲，索赔依据包括法律依据和事实依据，两者缺一不可。

1. 法律依据

法律依据指的是合同和法律的规定。当事人在提出索赔时，无论是索赔时间、对违约事实的举证，还是要求赔偿的办法和金额，都必须符合合同及有关法律的规定。否则，即使违约事实确实存在，也可能功亏一篑。

2. 事实依据

事实依据指的是违约的事实、情节及其证据。在提出索赔时，当事人必须提出充分的事实证据，事实证据是提出赔偿要求的客观基础，例如，验残检验证书、海事报告、提单等。具体到每一笔交易中，应该提出哪些证据才能满足索赔要求，须由交易双方在合同中予以明确。例如，对于品质索赔，通常要求提供交易双方约定的或在合同中指定的商品检验检疫机构出具的检验证书作为法律依据。在事实依据中，除要提供证明违约事实存在的证据外，还要提供证明受害方遭受损失的程度和金额的证据和文件。对此，也可以在合同中具体加以规定。

（二）索赔期限

索赔期限是指受损害的一方有权向违约方提出索赔的期限，即索赔的有效期。按照国际惯例，受损害的一方只能在索赔期限内提出索赔，否则即丧失索赔权。索赔期限的规定方法有法定索赔期和约定索赔期两种。

1. 法定索赔期

法定索赔期是指如果在合同中未约定索赔期限,则依照法律规定的索赔期限。法定的索赔期限一般较长,根据《联合国国际货物销售合同公约》的规定,索赔期限为自买方实际收到货物之日起两年内。营业地处于公约缔约国的买卖双方,在合同中未约定索赔期限时,将以公约规定的两年内为索赔期限。

2. 约定索赔期

约定期限是指买卖双方在合同中明确规定的索赔期限,是买卖双方根据货物的性质、运输、检验等情况,通过磋商在合同中规定的。除一些性能特殊的商品(如机器设备等)外,一般索赔期限不宜过长,以免使卖方承担过重的责任,也不宜规定得太短,以免使买方无法行使索赔权。由于法定索赔期限只有在买卖合同中未约定索赔期限时才起作用,而且在法律上约定索赔期限的效力可以超过法定索赔期限,因此,在合同中合理地规定索赔期限是十分重要的。至于索赔期限的长短,可以根据买卖商品的性质、运输、检验的难易程度等情况而定。

(三)索赔金额

在对外贸易实践中,除个别情况外,通常在合同中只对赔偿金额做一般笼统的规定。因为违约的情况比较复杂,究竟在哪些业务环节上违约和违约的程度如何等,签约时难以预计,对于违约的索赔金额也就难以事先确定。如果将来发生违约行为,将根据货损、货差等实际情况来确定违约的金额和索赔的办法。如合同中有具体规定,则应按合同规定的金额提出索赔;如合同未做具体规定,则依据有关法律和国际惯例确定。确定损害赔偿金额的原则是,赔偿金额应与因违约而遭受的包括利润在内的损失金额相等;赔偿金额应与因违约方在订立合同时可预料到的合理损失为限;由于受损害的一方未采取合理措施,导致有可能减轻而未减轻的损失,应在赔偿金额中扣除。

(四)处理索赔和理赔过程中应注意的事项

1. 索赔时应注意的事项

(1)收集和整理索赔的依据

索赔的依据是指证对方违约的有力证据,也是自己提出要求索赔金额的依据。这里所指的索赔依据主要是指事实依据,即因对方未履约或未完全履约而使自己所遭受经济损失的事实、情节及书面说明。其中重要的索赔证据包括提单、商业发票、保险单、装箱单、商检证书及运输单据等。只有在充足的证据面前,对方才可能心服口服地进行理赔。

(2)切记在规定的时间内及时提出索赔

关于索赔期限合同中都有明确规定,如果错过了索赔有效期,将丧失索赔权。

(3)合理地确定所要索取的违约金

如果合同中事先规定了违约赔偿金额,则应按照合同中规定的数额确定;如果合同中未规定违约赔偿金额,应该根据实际所遭受损失的情况,结合与客户之间的业务往来情况合理确定金额。

(4)索赔方案的预定

在查明事实、备妥单据和确定索赔项目及索赔金额的基础上,预先制定索赔方案,以做到对于索赔事项心中有数,有条有理。

2. 进行理赔时应注意的事项

（1）单证和出证机构的合法性

要仔细地审核买方提出的单证和出证机构的合法性，提出索赔是否合理，证据与索赔要求是否一致，索赔是否是在有效的索赔期内提出等。

（2）分清责任归属

如果确实属于己方责任，应在合理确定对方损失后予以赔偿。对于不属于己方赔偿责任范围的，应根据事实说明。对对方所提出的无理的要求，应予以拒绝，必要时根据掌握的可靠资料予以揭露。

（3）合理确定损失和赔付办法

赔付办法可以采取赔付部分货物、退货、换货、补货或修理，或赔付一定金额，或给予价格折扣，或按照残次货物比例进行降价等。

（五）索赔的处理办法

索赔的处理方法主要有以下几种。

1. 损害赔偿

损害赔偿是处理索赔最常见的方法，由违约方赔偿由于违约给受损害的一方造成的损失。

2. 罚金

罚金是指在合同中规定，如果由于一方未履约或未完全履约，应向对方支付的一定金额的罚款。罚金的规定一般适用于卖方延期交货、买方延期付款或接货等情况，金额的多少视延误时间长短而定。例如，在合同中规定："如卖方不按期交货，每延长 10 天须向买方支付 0.5％的罚金，不足 10 天按比例计算，但罚金总额不得超过货物总金额的 5％"。

罚金的支付并不能解除卖方交货的义务。如卖方根本就不履行交货义务，仍要承担由此给买方造成的损失。

3. 解除合同

只有构成重大违约或根本违约时，受损害的一方才有权要求解除合同。

4. 其他补救措施

发生违约后，除了可以要求赔偿损失、支付罚金和解除合同外，还可以采取其他补救措施，如折扣价、换货、补交货物等。

第三节 不 可 抗 力

一、不可抗力的含义

不可抗力，是指签订合同后，不是当事人的过失，而是由于自然原因或者社会原因引起的人力所无法预见、无法抗拒、无法控制的自然灾害或者意外事故，以致不能履行合同或不能按期履行合同。遭受不可抗力的一方可以免除履行合同的责任或延期履行合同。

不可抗力既是国际货物买卖和国际经济合作中的一项合同条款，又是一项法律原则，因而在国际贸易公约和各国法律中对此都有明确的说明和解释。由于各国的法律制度不同，因而对不可抗力的解释也有所不同,叫法也不一致,如英美法律使用了"合同落空"的概念;在大陆法系国家的法律中使用了"情势变迁"或"契约失效"的概念。尽管不同法律对不可抗力的解释不完全相同,但基本精神原则大体相同,归纳起来有以下三点。

(1) 必须发生在合同签订以后。

(2) 不是因为合同当事人自身的过失或疏忽引起的。

(3) 发生及造成的后果是当事人无法预见、无法控制、无法避免、无法克服的。

二、合同中的不可抗力条款

不可抗力条款是一种免责条款,即免除由于不可抗力事件而违约的一方的违约责任。不可抗力条款的内容一般包括不可抗力事件的范围、不可抗力事件的后果、不可抗力事件发生后通知对方的期限、证明文件及出具证明的机构等。

1. 不可抗力事件的范围

买卖双方在交易磋商时,应取得一致意见,并在合同中明确规定不可抗力事件的范围。通常不可抗力事件有两种情况:一是自然原因所引起的,如火灾、水灾、旱灾、地震等;二是社会原因引起的,如战争、罢工、政府禁令等。其中,对自然力量引起的各种灾害事故,国际上的解释是比较统一的;对社会力量引起的灾害事故,各国解释不完全一致。

2. 不可抗力的后果

不可抗力引起的后果有两种:一种是解除合同,另一种是延期履行合同。究竟是解除合同,还是延期履行合同,要看不可抗力事件的具体情况,不可抗力事件对实际履行合同的影响程度以及不可抗力事件的原因、性质、规模等。解除合同一般解释为,如不可抗力事件的发生已使合同的履行成为不可能,即可解除合同。如不可抗力事件的发生只是暂时影响合同的履行,待不可抗力事件消失后一段时间,还可以履行合同,这种情况就可以不解除合同,而是待履约条件恢复后,再继续履行合同。

以上这些对不可抗力事件的处理后果都是发生在一般情况下或在合同条款中对不可抗力事件没有明确规定时。如果买卖双方在合同条款中已明确地做出了规定,就以合同条款为准。因此,在合同中,买卖双方应对不可抗力的后果做出具体规定。

3. 发生事故后通知对方的期限和方式

按照国际惯例,当发生不可抗力事件,影响合同履行时,当事人必须及时通知对方,对方在接到通知后,亦应及时答复,如果有异议,也应及时提出。尽管如此,买卖双方为明确责任,避免不必要的争议,一般在不可抗力条款中,应明确规定一方发生事故后通知对方的期限和方式。例如,"一方遭受不可抗力事故后,应以电传/传真通知对方,并应在15天以内以航空挂号信提供事件的详情及影响合同履行程度的证明文件"。

4. 证明文件及出具文件的机构

发生不可抗力事件,致使合同不能履行时,不能履行合同义务的一方当事人,除了应该通知对方外,在一般情况下,还应向对方提供必要的证明文件,作为发生不可抗力事件的证据。关于不可抗力证明的出具机构,在国外,一般为不可抗力事件发生地的政府、商会或合法的公证机构;在我国,一般为中国国际贸易促进委员会(中国贸促会)。

三、不可抗力条款的规定方法

进出口合同中的不可抗力条款,按对不可抗力事件范围规定的不同,主要分为概括式、列举式、综合式。概括式和列举式,一个范围过于笼统,另一个范围过于狭窄,而综合式将概括式和列举式合并在一起,在列举了双方认同的不可抗力事件的类型(如战争、水灾、地震、暴风雪等)的同时,再加上"以及双方当事人所同意的其他意外事件"的文句,以便发生合同未列明的意外事故时,双方当事人可以协商处理。

这种规定方法既明确又有一定的灵活性,是一种较好的规定办法。在我国进出口合同中,一般都采用这种规定方法。

1. 概括式

概括式即在合同中只做笼统规定,而不具体规定哪些事件属于不可抗力事件的范围。例如在合同中规定:"由于不可抗力的原因,致使卖方不能全部或部分装运或延期装运合同货物,卖方对于这种不能装运或延期装运本合同货物不负担责任。但卖方必须用电传/传真通知买方,并须在15天内,以航空挂号信件向买方提交由中国国际贸易促进委员会出具的证明此类事件的证明书"。

上述规定只笼统地指出"由于不可抗力的原因",至于不可抗力的具体内容和范围如何,未进一步说明,难以作为解决问题的依据,也容易被对方曲解利用;而且这种规定过于空泛,缺少确切的定义,一旦发生争议而诉诸司法机构,该机构仅能凭借当事人的意见进行解释,任意性较大,不利于问题解决,因此,应当尽量避免使用。

2. 列举式

列举式即在合同中明确规定哪些属于不可抗力事件。如规定:"由于战争、洪水、火灾、地震、暴风雪的原因,致使卖方不能全部或部分装运或延迟装运合同货物,卖方对于这种装运或延缓装运本合同货物不承担责任。但卖方必须用电传/传真通知买方,并须在15天内以航空挂号信件向买方提交由中国国际贸易促进委员会出具的证明此类事故的证明书"。

3. 综合式

综合式即在合同中规定:"由于战争、洪水、火灾、地震、暴风雪、雪灾或其他不可抗力的原因,致使卖方不能全部或部分装运或延迟装运合同货物,卖方可不承担责任。但卖方应立即通知买方,并在事件发生后××天内将事件发生地政府主管当局出具的事件证明书,以航空挂号信件的方式邮寄给买方作为证明,并取得买方认可。上述情况下,卖方仍有责任采取一切必要措施从速交货。如果事件持续超过××个星期,买方有权撤销合同"。

四、发生不可抗力事件后的处理方法

(1) 一方当事人遭受不可抗力事件以后,应先通知对方,并在15天内以航空挂号信向对方提供事故的详情及影响合同履行程度的证明文件。

(2) 另一方接到通知和证明文件后,无论同意与否都应及时答复。

(3) 出具证明文件。一方援引不可抗力条款要求免责,必须向对方提交一定机构出具的证明文件,作为发生不可抗力的证据。在国外,一般由当地的商会或合法的公证机构出具。我国由中国国际贸易促进委员会或其设在口岸的贸易促进委员会分会出具。

五、订立不可抗力条款应注意的问题

合理的不可抗力条款应做到在其被引用时不会产生新的争议,这就需要双方当事人在签订合同时,应充分考虑可能产生的不可抗力事件及其结果,并在不可抗力条款中予以说明。具体来讲,订立不可抗力条款时应注意以下五点。

(一)要注意不可抗力条款的措辞及其不同解释

例如,当不可抗力阻止了合同的履行或妨碍了合同的履行时,遭受了不可抗力的一方可免责。由于阻止和妨碍的含义是不一样的,妨碍一词比阻止一词解释起来要宽松很多。使用什么措辞,订约双方当事人应结合自己的意图加以斟酌。

(二)明确不可抗力事件的处理

对于不可抗力事件的处理,许多国家的法律以及国际公约都做了相应的规定。《联合国国际货物销售合同公约》规定,一方当事人享受的免责条款只对履约障碍存在期间有效,如果合同未经双方同意宣告无效,则合同关系继续存在,一方履行障碍消除,双方当事人仍须继续履行合同义务。《联合国国际货物销售合同公约》还规定,在不可抗力事件发生后,违约方必须及时通知另一方,并提供必要的证明文件,而且应该在通知中提出处理意见,如果因未及时通知而使另一方受到损害,则应负赔偿责任。不可抗力事件,关键是对不可抗力事件的认定,尽管在合同的不可抗力条款中做了一定的说明,但在具体问题上,双方仍会对不可抗力事件是否成立产生分歧。通常应在合同中注明下列事项。

1. 区分商业风险和不可抗力事件

商业风险往往也是无法预见和不可避免的,但是它与不可抗力事件的根本区别在于,一方当事人承担了风险损失后,有能力履行合同义务,典型情况是对"种类货"的处理,此类货物可以从市场中购得,因而卖方通常不能免除其交货责任。

2. 重视"特定标的物"的作用

对于包装后刷上唛头或通过运输单据等已将货物确定为某项合同的标的物,称为"特定标的物"。此类货物由于意外事件而灭失,卖方可以确认为不可抗力事件。如果货物并未特定化,则会造成免责的依据不足,例如,3万米棉布在储存中由于不可抗力事件损失了1万米,若棉布分别售于两个买主,而未对棉布作特定化处理,则卖方对两个买主都无法引用不可抗力条款免责。

(三)明确不可抗力发生后通知对方的责任

应明确规定发生不可抗力事件后通知对方的期限和方式,发生不可抗力时,遭受不可抗力的一方应及时通知另一方,使对方及时采取一些相应措施,例如查明不可抗力的事实真相,对履行合同义务的影响程度做出判断等。

(四)写明证明文件及出具文件的机构

不可抗力条款是一种免责条款,只有确实发生不可抗力时,当事人一方才可免责。因此,在发生不可抗力事件时,当事人一方一方面要查明事实真相,另一方面也要向合同的另一方提供有效的证明文件。遭受损失的一方自己要查明事实真相可能十分困难,这时,有关机构的证明就非常重要。

(五)正确援引不可抗力条款

交易一方援引不可抗力条款要求免责时,另一方当事人应按合同规定严格进行审查,一是确定其援引的内容是否属于不可抗力条款规定的范围;二是要审查对方提出的不可抗力事件处理后果是否恰当,本方能否接受。

例题 8-2

有一份合同,卖方 A 出售一批原材料给买方 B,合同规定 6 月交货。但 5 月 10 日 A 工厂失火,生产设备及仓库全部烧毁。到 7 月 1 日 B 未见来货,便向 A 查问,并催促交货。这时 A 才把失火的情况通知 B,并以不可抗力为理由,撤销合同。B 由于急需原料生产,于是立即从市场补进替代物。根据市场价格资料表明:5 月 15 日至 6 月 15 日的市价与合同价接近,此后市场价格逐步上涨,到了 7 月 1 日,市场价格比合同价格上涨 40%。

试问买方 B 在补进替代品后,能否要求 A 赔偿损失?为什么?此项损失又应包括哪些项目?

分析:B 可以要求 A 赔偿损失。因为卖方在不按时交货而导致买方合同目的无法达到时,买方有权宣告解除合同,并在此后一段合理时间内购买替代物。此项损失包括合同价格与替代物价格之间的差额以及购买替代物所引起的其他额外开支。

资料来源:根据国家商务部网站地方商务栏目资料整理改编。

例题 8-3

我国某进口企业按 FOB 条件向欧洲某厂商订购一批货物。当我方派船前往西欧指定港口接货时,正值埃及与以色列发生战争,埃及被迫关闭苏伊士运河。我方所派轮船只得绕道南非好望角航行,由于绕道而增加航程,致使船只延迟到达装货港口。欧洲厂商要求我方赔偿因接货船只迟到而造成的仓租和利息,我方拒绝了对方要求,因此引起争议。美方的索赔要求是否合理?我方是否有权拒绝对方要求?为什么?

资料来源:根据百度文库(baidu.com)资料整理改编。

分析:美方的索赔要求不合理,我方有权拒绝对方的要求。因为虽然 FOB 贸易术语我方有义务及时派船接货,但是我方所派船只遭遇到了战争,所以正常的航行路线不能通行,而不得不绕行,故而导致了我方不能及时到达装运港接货,也就是说,本案例中,我方所派船只延迟到达是因为受到了战争的影响,而战争属于社会原因导致的不可抗力,根据《联合国国际货物销售合同公约》的规定,受到不可抗力影响造成的违约,违约方可以不承担违约责任,故我方有权拒绝美方的索赔要求。

第四节　仲　裁

在国际贸易中,买卖双方在履约过程中有可能发生争议。由于买卖双方之间是一种平等互利的合作关系,所以一旦发生争议,首先应通过友好协商的方式来解决,以利于保护商业秘密和企业声誉。如果协商不成，当事人可按照合同约定或争议的具体情况采用调解、仲裁或诉讼方式解决争议。

调解是由双方当事人自愿将争议提交到选定的调解机构（法院、仲裁机构或专门的调解机构），由该机构按照调解程序进行调解。若调解成功，双方应签订和解协议，作为一种新的契约予以执行；若调解意见不为双方或其中一方接受，则该意见对当事人无约束力，也即调解失败。

国际贸易中的争议，如友好协商、调解都未取得成功而又不愿意诉诸法院解决，则可以采用仲裁办法。仲裁是指双方当事人达成书面协议，自愿将争议提交给双方同意的仲裁机构解决，仲裁机构做出的裁决是终局性的，对双方都有约束力。仲裁方式具有解决争议时间短、费用低、能为当事人保密、裁决有权威性、异国执行方便等优点。当一方当事人向法院起诉，控告合同的另一方时，一般要求法院判令另一方当事人以赔偿经济损失或支付违约金的方式承担违约责任，也有要求对方实际履行合同义务的。诉讼是当事人单方面的行为，只要法院受理，另一方就必须应诉。但诉讼方式的缺点在于立案时间长、费用高、处理问题比仲裁慢，并且异国法院的判决未必是公正的，各国司法程序不同，当事人在异国诉讼比较复杂。此外，诉讼处理争议，双方当事人关系紧张，有伤和气，也不利于今后贸易关系的继续发展。

综观上述几种解决争议的方式，在国际贸易实践中，仲裁是被广泛采用的一种方式。

一、仲裁的含义及特点

（一）仲裁的含义

仲裁，又称公断，是由第三方（仲裁人）根据交易双方达成的仲裁协议所做出的具有约束力的裁决，是解决争议的一种方式。国际经济贸易仲裁是指从事国际经济贸易的当事人双方，在发生争议之前或之后，达成书面协议，自愿将他们之间的争议交给双方同意的第三方（仲裁机构）做出裁决。

国际贸易仲裁历史悠久，早在古罗马时代，就有采用仲裁解决纠纷的做法。随着国际经济贸易的发展，特别是进入 21 世纪以后，国际贸易仲裁逐渐形成了一种国际法律制度，对解决国际贸易争议，促进国际经济贸易的发展起到了积极作用。目前，国际经济贸易中的大部分争议都是通过仲裁解决的。

（二）仲裁的特点

在国际贸易中，解决争议的方式很多，如协商解决、调解、司法诉讼等。仲裁之所以得到了广泛应用，是因为与其他方式相比，有其显著特点。

（1）仲裁机构受理案件以自愿为基础。受理争议的仲裁机构属于社会民间团体所设立的组织，不是国家政权机关，不具备强制管辖权，对争议案件的受理，以当事人自愿为基础。双方当事人通过仲裁解决争议时，必须签订仲裁协议。

（2）仲裁当事人选择余地大。提交仲裁的当事人可以自由选择仲裁地点、仲裁机构、仲裁员、仲裁程序法及仲裁所适用的实体法。

（3）仲裁裁决是终局性的，对当事人双方均具有约束力。

（4）仲裁手续简单，处理问题迅速。国际经济贸易仲裁机构是专门处理国际经济贸易争议的专业民间组织，手续和程序比法院的诉讼程序简单得多。

（5）仲裁有利于保护商业机密。各国仲裁法规一般都规定，仲裁既可以公开进行，也可以在当事人的要求下，不公开进行。这样做的目的在于防止商业机密和技术诀窍被泄露，维护当事人的合法权益。

（6）仲裁不会中断双方的贸易关系。提交仲裁出自双方自愿，当事人双方在仲裁庭的地位是彼此平等的，而不是法院上原告和被告的关系。这对于维护当事人的信誉以及保持正常的贸易往来是十分有利的。

二、仲裁协议的形式及作用

仲裁协议是双方当事人共同约定将可能发生或已经发生的争议提交仲裁机构解决的书面协议，是申请仲裁的必备文件。没有仲裁协议，一方申请仲裁时，仲裁机构不予受理。作为双方当事人的协议，仲裁协议必须建立在自愿、协商、平等互利的基础上。

（一）仲裁协议的形式

仲裁协议有以下两种形式。

（1）合同中的仲裁条款：是在争议发生之前，合同当事人双方在买卖合同或其他经济合同中订立的仲裁条款。

（2）提交仲裁的协议：是在争执发生之后订立的，合同当事人双方表示同意把已经发生的争议交付仲裁的协议。此种协议既可以是双方以正式书面文件形式订立的，也可以是通过往来函电达成的，如传真，应补正本书面协议。

以上两种形式的仲裁协议具有同等的法律作用和效力。

（二）仲裁协议的作用

按照我国和多数国家的仲裁法规定，仲裁协议的作用主要有以下三个方面。

（1）表明双方当事人在发生争议时自愿提交仲裁。仲裁协议约束双方当事人在协商解决不成时，只能以仲裁方式解决争议，不得向法院起诉。

（2）使仲裁机构取得管辖权。任何仲裁机构都无权受理没有仲裁协议的案件，这是仲裁的基本原则，仲裁协议规定由哪个仲裁机构仲裁，哪个仲裁机构就取得了对有关争议的管辖权。

（3）排除法院的管辖权。世界上除极少数国家外，一般国家的法律都规定法院不得受理争议双方有仲裁协议的争议案。

三、仲裁程序

仲裁程序主要包括仲裁申请、仲裁庭的组成、仲裁审核及做出裁决等。

1. 仲裁申请

仲裁申请是仲裁机构受理案件的首要手续。根据我国《中国国际经济与贸易委员会仲裁规则》的规定，我国仲裁机构受理争议案件的依据是双方当事人的仲裁协议和一方当事人的书面仲裁申请书。

仲裁机构收到仲裁申请书以及有关附件后，经过审核，认为申请人申请仲裁的手续完备，即予立案，应将仲裁通知、仲裁委员会仲裁规则和仲裁员名册各一份发送给双方当事人；申请人的仲裁申请书及其附件也应同时发送给被申请人。仲裁委员会仲裁院经审查认为申请仲裁的手续不完备的,可以要求申请人在一定的期限内予以完备。申请人未能在规定期限内完备申请仲裁手续的,视同申请人未提出仲裁申请;申请人的仲裁申请书及其附件,仲裁委员会仲裁院不予留存。

被申请人应在收到仲裁通知后一定时间内(我国《中国国际经济与贸易委员会仲裁规则》规定为 45 天),向仲裁机构提交答辩书及有关证明文件。被申请人如有反请求,应在收到仲裁通知后的一定时间内,以书面形式提交仲裁机构。被申请人应在反请求书中写明具体的反请求要求、反请求理由及所依据的事实和证据,并附具有关的证明文件。被申请人反请求时,也应按规定预交仲裁费用。被申请人未提交书面答辩的,均不影响仲裁程序的进行。仲裁委员会仲裁院认为被申请人提出反请求的手续已完备的,应向双方当事人发出反请求受理通知。申请人应在收到反请求受理通知后 30 天内针对被申请人的反请求提交答辩。

2. 组成仲裁庭

组成仲裁庭是以仲裁方式解决双方当事人的争议,是由双方当事人指定的仲裁员所组成的仲裁庭进行审理并做出裁决的。

仲裁员也称仲裁人,是由仲裁机构聘任的有资格审理案件的人。仲裁员通常由国际经济贸易、海事、科学技术和法律等方面的专家担任。各国对仲裁员的资格没有规定固定的标准,但一致认为:其一,最重要的标准是仲裁员应该公正办事;其二,仲裁员的能力要符合某些基本条件,如某些专业知识、技术能力和法律知识等;其三,仲裁员不应有精神病和身体上的某些缺陷,以保证顺利履行职责。鉴于仲裁为法律性质的工作,大部分仲裁员的职业是律师或者大学教师。根据各国实践,一般允许双方当事人在仲裁协议中规定仲裁员的人数和指定方法。如果仲裁协议中没有规定,那么按照有关国家的仲裁法规或仲裁机构的仲裁规则办理。

3. 审理案件

仲裁庭对案件的审理一般有开庭、调解、收集证据等内容。

（1）开庭

仲裁审理案件的方式一般有两种,即书面审理和开庭审理。我国《中国国际经济与贸易委员会仲裁规则》规定,仲裁庭应开庭审理案件,但双方当事人约定并经仲裁庭同意或仲裁庭认为不必开庭审理并征得双方当事人同意的,可以只依据书面文件进行审理。开庭审理首先应该确定开庭的日期和地点。开庭审理的案件,仲裁庭确定第一次开庭日期后,应不晚于开庭前 20 天将开庭日期通知双方当事人。当事人有正当理由的,可以请求延期开庭,但应于收到开庭通知后 5 天内提出书面延期申请;是否延期,由仲裁庭决定。当事人约定了开庭地点的,仲裁案件的开庭审理应当在约定的地点进行。除非当事人另有约定,由仲裁委员会仲裁院或其分会/仲裁中心仲裁院管理的案件应分别在北京或分会/仲裁中心所在地开庭审理;如仲裁庭认为有必要,经仲裁委员会仲裁院院长同意,也可以在其他地点开庭审理。

（2）调解

根据我国《中国国际经济与贸易委员会仲裁规则》的规定,仲裁委员会或仲裁庭可以对其受理的案件进行调解,这是我国涉外仲裁的一个突出特点。经仲裁庭调解达成和解协议,双方当事人应该签订书面和解协议,除非当事人另有约定,仲裁庭应该按照双方当事人达成的书面和解协议的内容做出裁决书结案。当事人也可以在仲裁庭之外自行达成和解协议,请求仲裁庭根据和解协议的内容做出裁决书或制作调解书。调解不成功的,仲裁庭应当继续进行仲裁程序并做出裁决。

（3）收集证据

仲裁庭在审理案件的过程中，为了进一步判断案情，当事人应对其申请、答辩、反诉讼请求所依据的事实提出证据。仲裁庭认为必要时，既可以自行调查事实和搜集证据，也可以就案件中的专门问题，向有关专家咨询或指定鉴定人进行鉴定。

（4）采取保全措施

保全措施是指仲裁程序中，对一方当事人的财产做出一种临时性的强制措施，以防止其在仲裁期间乘机变卖或转移，目的在于保护有关当事人的利益。它又称临时性保护措施。

4. 裁决

仲裁裁决是仲裁庭对争议案件审理后的结论。仲裁庭在审理案件的过程中，可以就任何问题做出中间裁决或部分裁决，案件审理终结后，仲裁庭做出终局裁决。因此，仲裁裁决相应地也就有以下三种。

（1）中间裁决。争议案件被审理到一定程度，对部分已审理清楚的争议做出暂时性裁决，以利于对案件的进一步审理。

（2）部分裁决。对部分争议审理清楚，先行做出部分终局性裁决。

（3）最终裁决。对整个争议案件审理完毕做出的结论。

仲裁庭应在组庭后 6 个月内做出裁决书。仲裁庭在裁决书中应写明仲裁请求、争议事实、裁决理由、裁决结果、仲裁费用的承担、裁决的日期和地点。仲裁庭有权在裁决书中确定当事人履行裁决的具体期限及逾期履行所应承担的责任。

关于仲裁裁决的效力，我国《中国国际经济与贸易委员会仲裁规则》明确规定，仲裁裁决是终局的，对双方当事人都有约束力。任何一方当事人均不得向法院起诉，也不得向其他机构提出变更仲裁裁决的请求。当事人对于仲裁裁决应该依照裁决书所规定的期限自定履行，裁决书未规定期限的，应立即履行。一方当事人不履行的，另一方当事人可以依据中国法律的规定，向中国法院申请执行，或根据有关国际公约或中国缔结或参加的国际条约的规定办理。

四、仲裁裁决的执行

国际经济贸易仲裁往往涉及不同国籍的当事人。在当事人一方所属国的仲裁机构裁决需要在当事人另一方所在国执行，或争议在双方当事人选择的第三国仲裁时，就产生对外国仲裁裁决的承认和执行问题。一般来讲，对于本国仲裁机构做出的裁决，申请在本国法院强制执行比较容易，而申请外国法院强制执行则比较困难。

在理论上，虽然世界上大多数国家一般都不允许当事人对仲裁裁决不服而上诉法院。即使向法院提起诉讼，法院一般也只审查程序而不审查实体，由于仲裁的采用是以双方当事人自愿为基础的，所以对于仲裁裁决，他们理应执行。因此，对仲裁裁决结果本身是不能上诉的。但在国际仲裁实践中，对外国仲裁机构做出的裁决的效力给予承认和申请外国法院强制执行是比较困难的。其原因是对外国仲裁机构做出的裁决的执行，不仅涉及本国当事人的利益，而且关系到本国国家的利益，涉及两国的利害关系。所以许多国家在执行外国仲裁机构做出的裁决时，在法律上规定了种种限制。

例题 8-4

甲方与乙方签订了出口某货物的合同一份，合同中的仲裁条款规定："凡因执行本合同发生的一切争议,双方同意提交仲裁,仲裁在被诉方国家进行。仲裁裁决是终局的,对双方都有约束力。"合同履行过程中,双方因品质问题发生争议,于是将争议提交甲国仲裁。经仲裁庭调查审理,认为乙方的举证不实,裁决乙方败诉。事后甲方因乙方不执行裁决向本国法院提出申请,要求法院强制执行,乙方不服。

乙方可否向本国法院提请上诉?为什么?

分析:乙方不可以向本国法院提请上诉,原因是合同中的仲裁条款排除了法院对有关争议案件的管辖权。仲裁协议订立后,双方当事人就争议案件只能以仲裁方式解决,不得向法院起诉。如果乙方向法院提请上诉,甲方可根据合同中的仲裁条款,请求法院不予受理。

资料来源:根据百度文库(baidu.com)案例资料整理改编。

五、合同中的仲裁条款

(一) 仲裁条款的内容

合同中的仲裁条款一般包括仲裁地点、仲裁机构、仲裁规则和仲裁裁决的效力、仲裁费用的负担等内容。

1. 仲裁地点

仲裁地点是仲裁条款的主要内容,是买卖双方磋商的一个焦点。因为选择在哪一个国家作为仲裁地点,就意味着选择该国的仲裁规则。如果在合同中没有特殊指定选出的仲裁规则,一般要使用仲裁地的仲裁规则。我国进出口合同中的仲裁地点,视贸易对象和具体情况,一般选择下述三种规定方式之一:①力争规定在我国仲裁;②规定在被诉国仲裁;③规定在双方认同的第三国仲裁。规定在第三国仲裁时,应该选择态度比较公正的国家,其中仲裁机构又具有一定的业务能力。

2. 仲裁机构

仲裁机构是依法对争议案件进行仲裁审理的专门机构。根据组织形式不同,可以分为临时机构和常设机构。常设机构有自己的组织章程、仲裁规则,而且有自己的办事机构和行政管理制度。临时仲裁机构是根据双方当事人的仲裁协议,由双方当事人约定仲裁员临时组成的仲裁庭,审理做出裁决后自动解散。

3. 仲裁规则

主要是规定仲裁的程序和做法,其中包括仲裁的申请、答辩、仲裁员的指定、案件的审理和仲裁裁决的效力以及仲裁费用的支付等。仲裁规则的作用主要是为当事人和仲裁员提供一套进行仲裁的行动标准,便于在仲裁过程中遵循,是仲裁方面的程序法。

4. 仲裁裁决的效力

仲裁裁决的效力指由仲裁机构做出的裁决对双方当事人是否有约束力,是否为终局,能否向法院起诉等。世界上大多数国家的法律都规定仲裁裁决是终局的,对当事人双方都有约束力,必须依照执行,任何一方都不得向法院起诉要求变更。

但是,为了明确起见,在合同中也应当明确仲裁裁决的效力。在我国进出口业务中,一般都在合同中规定仲裁裁决是终局的,对双方有约束力。

5. 仲裁费用的负担

仲裁费用一般都规定由败诉方承担,或者规定按仲裁裁决办理。

（二）仲裁条款的格式

中国国际经济贸易仲裁委员会提出了以下三类仲裁条款格式供选择使用。

（1）规定在我国仲裁的条款。凡因本合同引起的或与本合同有关的任何争议,均应提交中国国际经济贸易仲裁委员会,按该会的仲裁规则进行仲裁,仲裁裁决是终局的,对双方都有约束力。

（2）规定在被诉国仲裁的条款。凡因本合同或与本合同有关的任何争议,双方应通过友好协商解决;如协商不能解决,应提交仲裁。仲裁在被诉国进行,如在中国,由中国国际经济贸易仲裁委员会根据该会的仲裁规则进行仲裁,如在××（国家名称）,由××（仲裁机构名称）根据该机构的仲裁规则进行仲裁。仲裁裁决是终局的,对双方都有约束力。

（3）规定在第三国仲裁的条款。凡因本合同或与本合同有关的任何争议,双方应通过友好协商解决;如协商不能解决,应提交××（国家名称）××（仲裁机构名称）,根据该机构的仲裁规则进行仲裁。仲裁裁决是终局的,对双方都有约束力。

 **基础训练**

一、单项选择题

1.“离岸重量、到岸品质”是指（　　）。

    A. 装运港检验　　　　　　　　　　　B. 目的港检验

    C. 出口国检验、进口国复验　　　　　D. 装运港检验重量、目的港检验品质

2. 以仲裁方式解决贸易争议的必要条件是（　　）。

    A. 双方当事人订有仲裁协议　　　　　B. 双方当事人订有合同

    C. 双方当事人无法以协商解决　　　　D. 一方因诉讼无果而提出

3. 下列（　　）属于不可抗力事件。

    A. 战争和政府禁令　　　　　　　　　B. 世界市场价格上涨

    C. 生产制造过程中的过失　　　　　　D. 货币贬值

4. 仲裁裁决的结果为（　　）。

    A. 终局性的　　　　　　　　　　　　B. 非终局性的

    C. 仅供参考　　　　　　　　　　　　D. 可以向法院提起上诉

5. 在国际货物买卖中,较常采用的不可抗力事故范围的规定方法是（　　）。

    A. 概括式　　　　　B. 不规定　　　　　C. 列举式　　　　　D. 综合式

二、多项选择题

1. 商检证书的作用有（　　）。

    A. 是证明卖方所交货物符合合同规定的依据

    B. 是海关放行的依据

    C. 是卖方办理货款结算的依据

    D. 是办理索赔和理赔的依据

2. 国际贸易合同中商品检验时间与地点的规定方法主要有（　　）。

    A. 在出口国检验　　　　　　　　　　B. 在进口国检验

    C. 在出口国检验,进口国复检　　　　D. 把货物运到第三国检验

3. 不可抗力事故的构成条件是( )。

   A. 事故发生在合同订立以后

   B. 发生了合同当事人无法预见、无法预防、无法避免和无法控制的客观情况

   C. 事件的发生使合同不能履行或不能如期履行

   D. 遭遇意外事故的一方负全责

4. 我国 C 公司与日本 D 公司签订了一份销售合同,其中仲裁条款规定在被诉人所在国仲裁。在履约过程中发生争议,日方为申诉人,可以在( )进行仲裁。

   A. 北京   B. 深圳   C. 东京   D. 大阪

5. 在国际贸易中,解决争议的方法主要有( )。

   A. 友好协商   B. 调解   C. 仲裁   D. 诉讼

三、简答题

1. 国际货物贸易买卖合同中的检验条款包括哪些内容?

2. 在国际贸易中产生争议的原因都有哪些?

3. 什么是不可抗力事件? 国际贸易中如果发生不可抗力事件买卖双方应如何处理?

4. 仲裁的程序包括哪些? 合同中的仲裁条款包括哪些内容?

四、案例分析题

1. 某合同商品检验条款中规定以装船地商检报告为准。但在目的港交付货物时却发现品质与约定规格不符。买方经当地商检机构检验并凭其出具的检验证书向卖方索赔,卖方却以上述商检条款拒赔。请分析:卖方拒赔是否合理? 为什么?

2. 我某粮油食品进出口公司与美国田纳西州某公司签订进口美国小麦合同,数量为 100 万吨。麦收前田纳西州暴雨成灾,到 10 月卖方应交货时小麦价格上涨。美方未交货,并以合同中订有不可抗力条款,认为暴雨成灾属于该条款的范围,美方据此要求解除合同。请分析:美方公司能否主张这种权利? 为什么?

五、实训题

1. 登录海关总署、中国国际经济贸易仲裁委员会的网站,了解这些机构的组成和主要职能。

2. 了解和体验商检、仲裁及诉讼的实际运作情况,开阔视野,增进感性认识。

第九章

国际贸易单证制作

学习目的与要求

1. 掌握国际贸易单证的制作流程。
2. 掌握国际贸易单证制作的基本要求。
3. 熟悉国际贸易主要单证的填制方法。

引导案例

我国某外贸公司凭即期不可撤销信用证出口马达一批,合同规定装运期为 2020 年 8 月份。签约后,对方及时开来信用证,我方根据信用证的要求及时将货物装运出口。在制作单据时,制单员将商业发票上的商品名称以信用证的规定缮制为 MACHINERY AND MILLWORKS,MOTORS,而海运提单上仅填写了该商品的统称 MOTORS,随后该公司持单据去银行结算的过程中却遭到了付款行的拒绝,理由是单据上商品名称填写不一致。

请问:付款行可否以此为由拒付货款? 为什么?

资料来源:根据赏学吧(shangxueba.cn)资料整理编写。

分析:付款行不能以此为由拒付货款。

根据《跟单信用证统一惯例》(《UCP600》)第十四条审核单据的标准的规定:"单据中内容的描述不必与信用证、信用证对该项单据的描述以及国际标准银行实务完全一致,但不得与该项单据中的内容、其他规定的单据或信用证相冲突。除商业发票外,其他单据中的货物、服务或行为描述若须规定,可使用统称,但不得与信用证规定的描述相矛盾。"

本案中,制单员将商业发票上的商品名称及数量依照信用证的规定缮制,在海运提单上仅填写了商品的统称,虽然与信用证描述并不一致,但并没有与之冲突,其做法与《UCP600》的规定相符,银行不可以此为由拒付货款。

第一节　国际贸易单证概述

一、国际贸易单证的含义

国际贸易单证(Document)是指在进出口业务中使用的各种单据、文件和凭证,买卖双方凭借这些单证来处理货物的交付、运输、保险、商检、报关以及结汇等。狭义的单证指单据和信用证,广义的单证则指各种文件和凭证。

二、国际贸易单证的种类

根据不同的分类标准,国际贸易单证可分为不同的类别。

（一）根据单证的性质划分

1. 金融单证

金融单证主要是指用以取得款项的各种凭证,如汇票、本票、支票等。

2. 商业单证

商业单证是指在商品流通过程中反映货物信息的各类单证,包括发票、运输单据、货权凭证或其他类似单据以及任何非金融单据。

（二）根据单证所涉及的贸易双方划分

1. 出口单证

出口单证指的是出口国的企业或有关部门涉及的单证,如出口许可证、出口报关单、包装单据、出口货运单据、商业发票、保险单、汇票、检验检疫证、产地证等。

2. 进口单证

进口单证指的是进口国的企业或有关部门涉及的单证,如进口许可证、信用证、进口报关单、保险单等。

（三）根据单证的用途分类

1. 资金单证

资金单证主要指的是汇票、本票、支票等信用工具。

2. 商业单证

商业单证主要指出口商出具的单据,如商业发票、形式发票、装箱单、重量单等出口商签发的单据。

3. 货运单证

货运单证是各种运输单据的统称,除包括海运提单、海运单、空运单、铁路运单等外,还包括报关单、报检单以及托运单。

4. 官方单证

官方单证指的是官方出具的单据和证明,如海关发票、领事发票、原产地证明书、检验检疫证等。

5. 保险单证

保险单证是指投保单、保险单、预保单和保险证明等国际货物运输保险单据,由承保人签发的单据和证明。

6. 附属单证

国际贸易单证除了以上几种用途的单证之外,还包括装运通知、船舱证明、寄单证明、寄样证明、受益人证明等附属单证。

三、国际贸易单证的制作要求

（一）正确

正确是国际贸易单证制作的核心和前提。首先,在信用证支付方式下单据应满足四个一致：证同（合同）一致、单单一致、单证一致，单货一致。在托收支付方式下单据的缮制应以买卖合同为依据，与合同内容相符；其次，单证必须与有关国际贸易惯例、进出口国家法律、法规相符；第三，单证应与所代表的货物无出入。

（二）完整

单证的完整性包含两方面的要求，一是指成套单证的群体的完整性，即一笔进出口业务所涉及的全部单证，包括单证的种类和每一种单证的份数，都必须齐全，不可缺少。二是每一种单据本身的必要填写项目，必须填写完备、齐全。单证须同时满足这两方面的完整性要求。

（三）及时

及时指的是处理单证要在一定的时间内完成，要及时制单、及时审单、及时交单、及时收汇。例如，在信用证支付方式下，每一种单据的出单日期都不能超过信用证规定的有效期，同时，保险单的日期也不能晚于提单的签发日期，提单日期不得迟于规定的装运期限，出口商向银行议付交单应不晚于提单出单后的 21 天等。

（四）简洁

简洁指的是单证的内容在用词上应力求简明扼要、恰如其分，避免不必要的烦琐；另外，单证的外观质量也要做到整洁，制作单证的格式要规范，内容排列应行次整齐、字迹清晰、纸面要洁净、美观、大方。

综上所述，国际贸易单证的制作要同时满足正确、完整、及时、简洁等要求。

第二节　国际贸易主要单证的制作

一、商业发票

（一）商业发票的含义

商业发票（Commercial Invoice）是出口商签发给进口商的发货价目清单，在国际贸易实际工作中简称为发票。商业发票并无统一的格式，由各出口企业自行缮制，其主要内容通常包括合同号码、货物名称、数量、规格、单价、总值、包装等。商业发票是整套货运单据的中心，其他单据都是以商业发票为依据，它是卖方结汇所需的必要单据之一，也是买方凭以收货、付款以及报关纳税的依据。

（二）商业发票的主要内容及其缮制方法

商业发票由出口企业自行缮制，无统一格式，但基本栏目大致相同。商业发票的主要内容如下。

1. 出票人名称与地址

发票的出票人即为合同的出口方，如果采用信用证方式收汇，发票的出票人必须与信用证上的受益人（出口商）的名称一致。

2. 发票名称

发票名称必须用粗体标出"COMMERCIAL INVOICE"或"INVOICE"字样。

3. 发票号码（Invoice No.）

由出口商自行编制。

4. 发票日期（Date）

在所有结汇单据中，发票是签发日期最早的单据，可以早于信用证的开证日期，但不得迟于信用证的议付有效期。

5. 信用证号码（L/C No.）

根据信用证要求填写或空白该栏。非信用证支付方式下，此栏为空。

6. 合同号码（Contract No.）

合同号码应与信用证上列明的一致。

7. 起讫地点（From/To/Via …）

该栏应标明货物运输的实际起讫地点。如货物需要转运，则注明转运地。

8. 发票抬头（To/Sold to Messrs/For Account and Risk of Messrs）

商业发票的抬头，即收货人，如果采用信用证方式收汇的，发票的抬头通常应填写开证申请人（进口商）的名称和地址。当采用托收方式支付货款时，填写合同中买方的名称和地址。填写时名称和地址不应同行放置。

9. 唛头及件号（Mark & Nos./Shipping Marks）

该栏一般注明运输标志和集装箱号。唛头及件号应按信用证或合同规定填写，并与提单所载唛头一致。如果信用证中没有规定唛头，此栏应填"NO MARK"或者"N/M"。不管用哪种方法，此栏应与货物实际使用的相一致。

10. 品名和货物描述（Name and Commodity/Description of Goods）

该栏一般注明具体装运的货物名称、品质、规格及包装状况等内容。

11. 数量（Quantity）

发票必须注明货物的数量，并与其他单据相一致。数量为实际装运的数量。

12. 单价（Unit Price）

单价包括计价货币、单位金额、计价单位、贸易术语四个部分。如合同单价中包含佣金或折扣，发票上一般也会注明。

13. 总值（Amount/Total Price）

总值是经过计算后得出的货物的总价值，一般由大小写组成。发票的金额必须用与信用证相同的货币表示。发票的总值不能超过信用证规定的最高金额。

14. 特殊条款或声明文句

有时根据信用证和买方的要求，发票中会注明一些特殊事项，如进出口许可证号、货物原产地、净重和毛重、船名等。一般可将这些内容写在发票商品栏以下的空白处。

15. 出票人签署（Signature）

一般由出口商的法人代表签名，并注公司名称。需要注意的是，当信用证要求 manually signed invoice 时，该发票必须是手签。

（三）商业发票样单

SHANGHAI FOREIGN TRADE CORP.
SHANGHAI，CHINA
COMMERCIAL INVOICE

Tel：021-65745632

Fax：021-65745633

E-mail：SFTC@163.com

Invoice No：FC 0326663

Date：Mar.11，2019

S/C No.：FC 063

L/C No.：WY 2018

TO：PAN-CHEM COMPOUNDS SINGAPORE LTD.

　　I MARITIME SQUARE NO.08-05

　　WORLD TRADE CENTER

　　SINGAPORE

Shipped per _____ from ____SHANGHAI__ to ____SINGAPORE__ on or about _____

Mark & Nos.	Descriptions of Goods	Quantity	Unit Price	Amount
A.C.E SINGAPORE C/No.1-140	COTTON TEATOWELS 10'×10' 20'×20' 30'×30'	5000 DOZEN 6000 DOZEN 10000 DOZEN	CIF SINGAPORE USD 1.24 USD 2.35 USD 4.16	USD 6,200.00 USD 14,100.00 USD 41,600.00
				USD 61,900.00

PLEASE PAYMENT U.S. DOLLARS SIXTY ONE THOUSAND AND NINE HUNDRED ONLY.

WE HEREBY CERTIFY THAT ABOVE MENTIONED GOODS ARE OF CHINESE ORIGIN.

SHANGHAI FOREIGN TRADE CORP.

(Signature)

二、装箱单

（一）装箱单的含义

装箱单（Packing List）是记载商品包装情况的单据，也称包装单、码单，是发票的补充单据。它列明了信用证（或合同）中买卖双方约定的有关包装事宜的细节，便于国外买方在货物到达目的港时供海关检查和核对货物。装箱单主要载明货物装箱的详细情况，包括货物的名称、规格、数量等。

（二）装箱单的主要内容及其缮制方法

装箱单与商业发票一样，并无统一的格式，由各出口企业自行缮制。因缮制的出口公司不同,装箱单格式也不尽相同,但基本栏目内容相似。装箱单的主要内容如下。

1. 装箱单名称

装箱单的名称应按照信用证的规定书写。通常用"Packing List"表示,也有时用"Packing Specification"或"Detailed Packing List"。如果来证要求用中性包装(Neutral Packing List),则装箱单名称用"Packing List",但单内不出现卖方名称,不能签章。

2. 抬头

装箱单抬头内容要与发票一致。也有不列出抬头而注明"As per invoice"或"To whom it may concern"。

3. 唛头(Shipping Marks)

唛头的填制应与发票保持一致。有时注明实际唛头,有时也可以只注明"as per invoice No.×××"。

4. 品名和货物描述(Name and Commodity/Description of Goods)

内容与发票一致。品名如有总称,应先注明总称,然后逐项列明详细货名。

5. 装箱单箱号(Case No.)

装箱单箱号又称包装件号码。在单位包装货量或品种不固定的情况下,需注明每个包装件内的包装情况,因此包装件需要逐一编号。例如 Carton No.1-5,Carton No.6-10。有时信用证要求此处注明"CASENO.1-UP",UP 是指总箱数。

6. 数量(Quantity)

该栏应注明此箱内每件货物的包装件数。例如"bag10""drum20""bale50",合计栏同时注明合计件数。

7. 毛重(Gross Weight)

该栏注明每个包装件的毛重和此包装件内不同规格、品种、花色的货物各自的总毛重(Sub Total),最后在合计栏处注明总货量。信用证或合同未要求,不注亦可。如信用证规定为"Detailed Packing List",则此处应逐项列明。

8. 净重(Net Weight)

该栏注明每个包装件的净重和此包装件内不同规格、品种、花色货物各自的总净重(Sub Total),最后在合计栏处注明总货量。信用证或合同未要求,不注亦可。如信用证规定为"Detailed Packing List",则此处应逐项列明。

9. 箱外尺寸(Measurement)

该栏注明每个包装件的尺寸。

10. 合计栏(Total)

此栏注明数量、毛重、净重、箱外尺寸各栏的合计数。

11. 出票人签章(Signature)

装箱单的出票人签章应与发票相同,如信用证规定包装单中性包装,则在装箱单内不应出现买卖双方的名称,不能签章。

（三）装箱单样单

SHANGHAI FOREIGN TRADE CORP.
SHANGHAI，CHINA
PACKING LIST

Tel：021-65745632

Fax：021-65745633

E-mail：SFTC@163.com

Invoice No：FC 0326663

Date：Mar.11，2019

S/C No.：FC 063

L/C No.：WY 2018

TO：PAN-CHEM COMPOUNDS SINGAPORE LTD.

　　I MARITIME SQUARE NO.08-05

　　WORLD TRADE CENTER

　　SINGAPORE

MARKS & NoS.	GOODS DESCRIPTIONS & PARKING	QTY (DOZEN)	G.W. (kg)	N.W. (kg)	MEAS (m³)
A.C.E SINGAPORE C/No.1-140	COTTON TEATOWELS 10'×10' 20'×20' 30'×30' PACKED IN ONE CARTON OF 100 DOZS EACH	5000 6000 10000	125 150 250	100 120 200	1 1.2 2
TOTAL		21000	525	420	4.2

PACKED IN 140 CARTONS

TOTAL GROSS WEIGHT 525kgs

TOTAL NET WEIGHT 420kgs

WE HEREBY CERTIFY THAT THE ABOVE MENTIONED GOODS ARE OF CHINESE ORIGIN

SHANGHAI FOREIGN TRADE CORP.

（Signature）

三、提单

（一）提单的含义

提单（Bill of Lading，B/L）也称海运提单，是指用以证明海上货物运输合同和货物已经由承运人接收或者装船，承运人保证据以交付货物的单据。提单代表货物所有权，是最重要的结汇单证之一。

（二）提单的主要内容及其缮制方法

1. 提单号码（B/L No.）

提单号码由承运人或其代理人提供，该编号与装货单一致，需要注意的是，无编号的提单是无效的。

2. 托运人（Consignor/Shipper/Consigner）

托运人是与承运人签订运输合同的人。一般为出口商。

3. 收货人（Consignee）

在信用证支付条件下，该栏应严格按信用证规定填制收货人。收货人一栏的写法有记名式、指示式、不记名式三种方式。记名式收货人填写指定收货人的名称；指示式填写为"To Order"或"To Order of …"等；不记名式填写"To Bearer"。

4. 被通知人（Notify Party）

该栏应填写接受船方发出货到通知的人，一般是收货人的代理人。如果收货人采用指示式、不记名式，此栏一般为实际的提货人，通常为进口人。如果信用证有要求，则按照信用证的要求进行填写。

5. 前程运输（Pre-carriage by）

如果货物需要转运，在这一栏中填写第一程船的名称；如果货物不需要转运，则空白这一栏。

6. 收货地点（Place of Receipt）

如果货物需要转运，填写收货的港口名称或地点；如果货物不需要转运，则空白这一栏。

7. 船名及航次号（OCEAN Vessel/Voyage No.）

如果货物需要转运，填写第二程船的船名；如果货物不需要转运，则填写第一程船的船名。

8. 装货港（Port of Loading）

如果货物需要转运，填写装运港/中转港名称；如果货物不需要转运，则直接填写装运港名称。

9. 卸货港（Port of Discharge）

如果货物需要转运，填写目的港名称并在其后面加注 W/T，后面写中转港名称；如果货物不需要转运，则直接填写目的港名称。

10. 交货地点（Place of Delivery）

填写最终目的地名称。如果货物的目的地就是目的港，则空白这一栏。

11. 集装箱号（Container No.）

如果采用集装箱运输，填写所使用的集装箱号码以及封箱号。

12. 唛头（Marks & Nos.）

该栏填写货物运输标志。如信用证有规定，按照信用证的规定填写。如果没有唛头，用 N/M 表示，该栏不得空白。

13. 件数、包装种类及货物描述（Number and Kind of Packages，Description of Goods）

此栏填写预计装船出口的货物包件的件数，对于散装货，应注明"散装"（in bulk）字样。若货物有若干种，包装方式及包装材料不同，则列明每种货物的最大包装件数。货物如属托盘装运，该栏列明托盘的数量，同时用括号加注包装的件数，如 5 PALLETS（60 CARTONS）。货物名称一般为大类统称。

14. 毛重（Gross Weight）和体积（Measurement）

一般以吨作为重量单位，以立方米作为体积单位，小数点后保留三位。

15. 大写件数栏（Total Number of Cntainers）

填写大写包装件数，散装货物此栏为空。

16. 运费条款（Fright & Charges）

除信用证有特别要求外，几乎所有的海运提单都不填写运费的数额，只标明运费是否已付清或什么时候付清。

17. 正本提单份数（No of Original B（s）/L）

按照国际贸易惯例，海运提单的正本一般为一式三份。

18. 提单签发的时间地点（Place and Date of Issue）

表示货物实际装运的时间和地点或已经接受监管的时间和地点。

19. 签字（Signed for the Carrier）

海运提单必须经装载船只的船长签字才能生效。在没有规定非船长签字不可的情况下，船方代理可以代办。

（三）提单样单

Shipper SHANGHAI FOREIGN TRADE CORP.			**COSCO** B/L No.SP-01352014 中国远洋运输公司		
Consignee TO ORDER			CHINA OCEAN SHIPPING COMPANY Combined Transport BILL OF LADING		
Notify Party PAN-CHEM COMPOUNDS SINGAPORE LTD. I MARITIME SQUARE NO.08-05 WORLD TRADE CENTER SINGAPORE					
Pre-carriage by	Place of Receipt	Ocean Vessel Voy. No. MAYER 01H	Port of Loading SHANGHAI CHINA	Port of Discharge SINGAPORE	Place of Delivery
Container No.	Marks & Nos. A.C.E SINGAPORE C/No.1-140	Number and Kind of Packages Description of goods COTTON TEATOWELS ONE HUNDRED AND FORTY (140) CARTONS		Gross weight 525KGS	Measurement 4.2CBM
TOTAL ONE 20' CONTAINER CY TO CY FREIGHT PREPAID ON BOARD					
TOTAL NUMBER OF CONTAINERS (IN WORDS) SAY ONE HUNDRED AND FORTY CARTONS ONLY					

续表

FREIGHT & CHARGES PREPAID	Revenue Tons	Rate	Per	Prepaid	Collect
	Prepaid at	Payable at		Place and date of Issue SHANGHAI　Mar.21，2019	
Ex.Rate.	Total Prepaid	No. of Original B(s)/L THREE		Signed for or on behalf of the Master ×××	

四、保险单

（一）保险单的含义

保险单（Insurance Policy）是保险公司和投保人之间订立的保险合同，也是保险公司出具的承保证明，是被保险人凭以向保险公司索赔和保险公司进行理赔的依据。

（二）保险单的主要内容及其缮制方法

1. 发票号码（Invoice No.）

填写投保货物的商业发票号码。

2. 保险单号次（Insurance Policy No.）

填写保险公司编制的保险单号码。

3. 被保险人（Insured）

如果信用证中没有特殊规定，此栏通常填写信用证上的受益人。如果不是采用信用证结算，一般也都填写出口商的名称。

4. 保险货物项目（Description of Goods）

该栏填写的内容要与商业发票和提单相同。

5. 包装、单位、数量（Parking Unit Quantity）

填写最大包装的总件数。裸装货物填写货物本身件数，散装货物填写货物净重，有包装但以重量计价的应同时填写总件数和计价总重量。

6. 保险金额（Amount Insured）

保险金额一般是以发票的 CIF 价格为基数，按照发票金额加一成（即110%）填写。实践中可以按双方商定的比例计算而成，但中国人民保险公司不接受保额超过发票总值30%的加成。根据《UCP600》的规定，保险单据必须表明投保金额并且须以与信用证相同的货币表示。

7. 承保险别（Conditions）

按信用证或合同规定的险别填写，同时注明险别适用的文本及日期。

8. 标记及号码（Marks & Nos.）

此栏填写进出口货物的唛头，内容应与发票或提单一致。

9. 保费（Premium）和费率（Premium Rate）

此栏通常不填写具体数字而分别注明"As arranged"（按约定）。

10. 装载工具（Per Conveyance）

如果是海运，则在运输方式后加船名，最好同时填写航次号；如果是铁路运输，则在运输方式后最好填写车号。

11. 开航日期（Date of Commencement）

如果知道实际开船日，应填写开航日。通常填写提单日。

12. 起运港（地）和目的港（地）（From … to）

应按提单或其他运输单据填写，如需转船最好注明转运港名称。

13. 保险单份数（No of Policy）

当信用证没有特别说明保险单份数时，出口单位一般提交一套（包括一份正本和一份副本）完整的保险单。根据《UCP600》的规定，如果保险单据表明其以多份正本出具，所有正本均须提交。

14. 赔付地点（Claim Payable at）和货币（Currency）

赔付地点多为目的地。赔付货币多为与投保金额相同的货币。

15. 日期（Date）

也就是保险单签发的日期，该日期应不晚于提单的签发日期。

16. 投保地点（Insured At）

多为出口单位所在地或装运港（地）。

17. 签字（Signature）

由承保人或其代理人签字，并加盖保险公司法人签章或签字。

（三）保险单样单

PICC 中国人民保险公司
The People's Insurance Company of China

发票号码：FC 0326663	保险单号次：034517
Invoice No.：	Policy No.：

海 洋 货 物 运 输 保 险 单
CARGO TRANSPORTATION INSURANCE POLICY

被保险人：SHANGHAI FOREIGN TRADE CORP.

Insured：

中国人民保险公司（以下简称本公司）根据被保险人的要求，由被保险人向本公司缴付约定的保险费，按照本保险单承保险别和背面所载条款与下列特款承保下述货物运输保险，特立本保险单。

THIS POLICY OF INSURANCE WITNESSES THAT THE PEOPLE'S INSURANCE COMPANY OF CHINA (HEREINAFTER CALLED "THE COMPANY") AT THE REQUEST OF THE INSURED AND IN CONSIDERATION OF THE AGREED PREMIUM PAID TO THE COMPANY BY THE INSURED, UNDERTAKES TO INSURE THE UNDERMENTIONED GOODS IN TRANSPORTATION SUBJECT TO

THE CONDITIONS OF THIS OF THIS POLICY ASPER THE CLAUSES PRINTED OVERLEAF AND OTHER SPECIAL CLAUSES ATTACHED HEREON.

标记及号码 Marks & Nos.	保险货物项目 Description of Goods	包装　单位　数量 Parking　Unit　Quantity	保险金额 Amount Insured
A.C.E SINGAPORE C/No.1-140	COTTON TEATOWELS Total：140 CTNS	140 CTNS	USD 68090.00

承保险别：COVERING ALL RISKS
Conditions：
总保险金额：U.S. DOLLARS SIXTY EIGHT THOUSAND AND NINTY ONLY.
Total Amount Insured：

保费：　　　　　　　　　　装载运输工具：MAYER 01H　　启运日期：Mar.21，2019
Premium：AS ARRANGED　　Per Conveyance：　　　　　Date of Commencement：
起运港：SHANGHAI　　　　目的港：SINGAPORE
From：　　　　　　　　　　To：

所保货物，如发生保险单项下可能引起索赔的损失或损坏，应立即通知本公司下述代理人查勘。如有索赔，应向本公司提交保单正本(本保险单共有 2 份正本)及有关文件。如一份正本已用于索赔，其余正本自动失效。

IN THE EVENT OF LOSS OR DAMAGE WITCH MAY RESULT IN A CLAIM UNDER THIS POLICY, IMMEDIATE NOTICE MUST BE GIVEN TO THE COMPANY'S AGENT AS MENTIONED HEREUNDER. CLAIMS, IF ANY, ONE OF THE ORIGINAL POLICY WHICH HAS BEEN ISSUED IN 2 ORIGINAL(S) TOGETHER WITH THE RELEVANT DOCUMENTS SHALL BE SURRENDERED TO THE COMPANY. IF ONE OF THE ORIGINAL POLICY HAS BEEN ACCOMPLISHED, THE OTHERS TO BE VOID.

中国人民保险公司
The People's Insurance Company of China

赔款偿付地点：SINGAPORE
Claim payable at：
日期：　　　　　　在：
date：Mar.21，2019　　at：Shanghai

Authorized Signature

五、汇票

（一）汇票的含义

汇票(Bill of Exchange，Draft)是出票人签发的，委托付款人在见票时或者在指定日期无条件支付确定的金额给收款人或持票人的票据。在国际贸易实践中，结汇单证中使用的汇票，指用于托收和信用证收汇方式中，出口商向进口商或银行签发的，要求后者即期或在可以确定的将来某个时间，对出口商或其指定人或持票人支付一定金额的无条件的书面支付命令。

一般汇票都有两张正本。两张正本汇票具有同等的效力，但付款人付一不付二，付二不付一，先到先付，后到无效。

（二）汇票的主要内容及其缮制方法

1. 出票依据（Drawn under）

信用证方式下应填写开证行名称、信用证号码和开证日期；托收方式下，一般填写商品名称、数量、合同号码等。

2. 年息（with interest ＿＿% per annum）

填写合同或信用证规定的利息率。若合同或信用证没有规定，该项留空。

3. 号码（No.）

填写商业发票的号码。实际业务中一般留空不填。

4. 小写金额（Exchange for）

表示汇票上确切的金额数目。一般要求汇票金额使用货币缩写和阿拉伯数字表示的金额小写数字。例如，USD10,000.00。

5. 付款期限（Tenor）

（1）即期汇票：在 At 和 sight 中间的空上填写"------"或"******"，需要注意的是，此处不能留空。

（2）远期汇票：如果信用证规定开具远期汇票，应在"At"后面打印上期限。主要有以下三种填法。

① At ×× days after sight。

② At ×× days after date of Draft。

③ At ×× days after date of B/L。

6. 受款人（Payee）

受款人又称收款人，是汇票的抬头人，是出票人所指定的接受票款的当事人。

通常汇票的受款人处已印就"Pay to the order of ＿＿＿＿"。出票人一般在空处填××银行的名称（一般为出口地银行），具体应按信用证的规定填写；托收方式下填写托收行的名称。

7. 大写金额（the sum of）

填写用文字表示的汇票金额，并在文字金额后加上"ONLY"，以防涂改。需要注意的是，大写金额须与小写金额保持一致，否则票据无效。

例如，U.S. DOLLARS TEN THOUSAND ONLY。

8. 付款人（Drawee）

汇票的付款人即汇票的受票人，在汇票中表示为"此致……（to ...）"。此栏在信用证方式下应按信用证的规定填写开证行名称或开证行指定银行的名称；托收方式下则直接填写进口商名称。

9. 付款地点（at ...）

填写汇票金额的支付地，也是请求付款地或拒付证书作出地。

10. 出票人（Drawer）

出票人即签发汇票的人。在进出口贸易中，通常为出口商。此栏一般在汇票右下角的空白处填写出口商全称，并加盖公司经理印章。

需要注意的是，汇票的出票人应该是信用证指定的受益人，按照信用证的规定填写。如果证内的受益人不是出具汇票的公司,应修改信用证。

11. 出票日期(Dated)和出票地点(at ...)

出票日期一般由出票人留空,由银行填写议付日的日期;出票地点通常已引号,为议付地点。

(三) 汇票样单

样单 1

凭
Drawn under ___UNITED OVERSEAS BANK SINGAPORE___

信用证　　　　　　　　第　　　　　　　号

L/C　　　　　　　No. ___WY 2018___

日期　　　　　　　年　　　月　　　日

Dated ___DEC. 13，2018___

1

按　　　　息　　　　　　　　　付款

Payable with interest @ _____ % per annum

号码　　　　汇票金额　　　　　　　　　中国 上海　　年　　月　　日

No._____ Exchange for ___USD 61,900.00___ Shanghai China　26 _____

日后(本汇票之副本未付)付

见票

At ___******___ sight of this FIRST of Exchange (Second of exchange being unpaid)

pay to the order of ___BANK OF CHINA___ 或其指定人

金额

the sum of ___U.S. DOLLARS SIXTY ONE THOUSAND NINE HUNDRED ONLY___

此致

To ___UNITED OVERSEAS BANK SINGAPORE___ SHANGHAI FOREIGN TRADE CORP.

(Signature)

样单 2

凭
Drawn under ___UNITED OVERSEAS BANK SINGAPORE___

信用证　　　　　　　　第　　　　　　　号

L/C　　　　　　　No. ___WY 2018___

日期　　　　　　　年　　　月　　　日

Dated ___JAN. 13，2019___

2

按　　　　息　　　　　　　　　付款

Payable with interest @ _____ % per annum

号码　　　　汇票金额　　　　　　　　　中国 上海　　年　　月　　日

No._____ Exchange for ___USD 61,900.00___ Shanghai China　26 _____

日后(本汇票之正本未付)付

见票

At ___******___ sight of this SECOND of Exchange (First of exchange being unpaid)

pay to the order of ___BANK OF CHINA___ 或其指定人

金额

the sum of ___U.S. DOLLARS SIXTY ONE THOUSAND NINE HUNDRED ONLY___

此致

To ___UNITED OVERSEAS BANK SINGAPORE___ SHANGHAI FOREIGN TRADE CORP.

(Signature)

基础训练

一、单项选择题

1. 运输单据出单日期后（ ）天内必须提交银行议付，否则银行拒绝付款。

    A. 30　　　　　　　B. 20　　　　　　　C. 21　　　　　　　D. 15

2. 作为结汇单据中最重要的单据，能让有关当事人了解一笔交易的全貌，其他单据都是以其为缮制依据的单据是（ ）。

    A. 商业发票　　　　B. 形式发票　　　　C. 海运提单　　　　D. 保险单

3. 在托收项下，单据缮制通常以（ ）为依据。

    A. 信用证　　　　　B. 发票　　　　　　C. 合同　　　　　　D. 提单

4. 按照国际保险市场惯例，保险标的投保加成率一般是发票金额的（ ）。

    A. 10%　　　　　　B. 20%　　　　　　C. 5%　　　　　　D. 30%

5. 按照国际保险市场的一般习惯，保险金额是以发票的（ ）价格为基数，再加上适当的保险加成计算出来的。

    A. FOB　　　　　　B. CIF　　　　　　C. CFR　　　　　　D. FAS

6. 汇票是一种代替现金的支付工具，有两张正本，其效力是（ ）。

    A. 第一张有效，第二张无效　　　　　　B. 第二张有效，第一张无效

    C. 相同的，先到先付，后到无效　　　　D. 同等的，银行支付两次

7. 信用证要求提供厂商发票的目的是（ ）。

    A. 查验货物是否已经加工生产

    B. 核对货物数量是否与商业发票相符

    C. 检查是否有反倾销行为

    D. 确认货物数量是否符合要求

8. 包装单据一般不应显示货物的（ ）。

    A. 品名、总金额　　　　　　　　　　　B. 单价、总金额

    C. 包装件数、品名　　　　　　　　　　D. 品名、单价

9. 根据国际贸易惯例，海运提单的正本一般一式（ ）份。

    A. 一份　　　　　　B. 二份　　　　　　C. 三份　　　　　　D. 四份

10. 如 L/C 上未明确付款人，则制作汇票时，受票人应为（ ）。

    A. 开证申请人　　　B. 开证行　　　　　C. 议付行　　　　　D. 通知行

二、多项选择题

1. 商业发票是（ ）。

    A. 出口方向进口方开列的发货价目清单

    B. 买卖双方记账的依据，也是进出口报关交税的总说明

    C. 它是结汇单证中最重要的单据，能让有关当事人了解一笔交易的全貌

    D. 其他单据都是以发票为缮制依据

2. 汇票的抬头人，下列形式可以转让的是（ ）。

    A. PAY TO BEARER　　　　　　　　　B. PAY TO HOLDER

    C. PAY TO A CO., ONLY　　　　　　　D. PAY TO A CO. OR ORDER

3. 在信用证项下结汇时,可用于议付的单据有( )。

    A. 海运提单   B. 商业发票   C. 保险单   D. 汇票

4. 以下四种提单收货人的填制,( )需要发货人背书方可提货。

    A. to order   B. to order of shipper

    C. to order of applicant   D. to order of issuing bank

5. 在国际贸易实践中,出口商开出的汇票的出票依据栏一般应填写( )。

    A. CONTRACT NO. AND ITS DATE

    B. COMMERCIAL INVOICE NO. AND ITS DATE

    C. B/L NO. AND ITS DATE

    D. L/C NO. AND ITS DATE

三、简答题

1. 什么是单证?国际贸易单证制作的基本要求是什么?

2. 国际贸易单证根据用途划分可以划分为哪几类?

3. 请回答以下两种情况下汇票是否有效,并说明理由。

(1) 汇票上规定"如果甲公司交付的货物符合合同规定,即支付其金额 20 000 美元"。

(2) 汇票加注"按信用证号码 L/C 3456 开立"。

4. 包装单据的作用是什么?

四、案例分析题

1. 我国某外贸公司接到国外客户发来的订单上规定交货期为今年 5 月,不久后收到了客户开来的信用证,该信用证规定:"Shipment must be effected on or before June,2019"。于是我方在 6 月 10 日装船并顺利结汇。约过了一个月,客户却来函要求因迟装船的索赔。

分析:

(1) 我方为什么能顺利结汇?

(2) 客户的这种索赔有无道理?我公司是否必须赔偿?为什么?

2. A 与 B 两家食品进出口公司共同对外成交出口货物一批,双方约定各交货 50%,各自结汇,由 B 公司对外签订合同。事后,外商开来以 B 公司为受益人的跟单信用证,证中未注明"可转让"字样,但规定允许分批装运,B 公司收到 L/C 后,及时通知了 A 公司,两家按照 L/C 的规定各出口了 50% 的货物并以各自的名义制作有关的结汇单据。

分析:两家的做法是否妥当?他们能否顺利结汇?为什么?

五、实训题

请根据以下合同资料,缮制该批出口货物的商业发票和装箱单。

(1) 出口商公司名称:SHANGHAI JINHAI IMP&EXP CORP.LTD.

(2) 进口商公司名称:ANTAK DEVELOPMENT LTD.

(3) 支付方式:20% T/T BEFORE SHIPMENT AND 80% L/C AT 30 DAYS AFTER SIGHT

(4) 装运条款:FROM SHANGHAI TO SINGAPORE NOT LATER THAN SEP. 30,2019

(5) 价格条款:CIF SINGAPORE

(6) 货物描述:MEN'S COTTON WOVEN SHIRTS

货号/规格	装运数量及单位	总金额	毛重/净重（件）	尺码
1094L	700 DOZ	USD19180.00	33kgs/31kgs	68cm×46cm×45cm
286G	800 DOZ	USD31680.00	45kgs/43kgs	72cm×47cm×49cm
666	160 DOZ	USD5440.00	33kgs/31kgs	68cm×46cm×45cm

包装情况：一件一塑料袋装，6件一牛皮纸包，8打或10打一外箱。

尺码搭配：1094L　　M　　L　　XL
　　　　　　　　　　3　　3　　4＝10打/箱
　　　　　　286G　　M　　L　　XL
　　　　　　　　　　1.5　3　　3.5＝8打/箱
　　　　　　666　　　M　　L　　XL
　　　　　　　　　　1.5　3.5　3＝8打/箱

（7）唛头由卖方决定（要求使用标准化唛头）。

（8）L/C NO. 123456 DATED AUG. 18, 2019 ISSUED BY BANK OF CHINA SINGAPORE BRANCH.

ADVISING BANK：BANK OF CHINA,SHANGHAI.

（9）船名：HONGHE　V.188

B/L NO.：ABC123　　　　　　　　B/L DATE：2019年9月20日

（10）S/C NO.：00SHGM：3178B　　DATE：AUG. 2, 2019

（11）INVOICE NO.：7056I

（12）Insurance Policy No.：SA05354

（13）保险：按发票金额的110％依中国人民保险公司1981/1/1的海洋货物运输保险条款投保一切险和战争险，依照仓至仓条款。

第十章

国际贸易方式

学习目的与要求

1. 熟悉国际货物买卖活动中经常采用的经销、代理、寄售、拍卖、招标投标、易货、补偿贸易、期货交易、对外加工装配业务及电子商务等贸易方式的概念、特点及运作过程。

2. 根据自己的经营目的和所要交易的商品的特征,选择适当的贸易方式和交易对象,既要充分发挥各种贸易方式的优点,又要利用交易对方的优势实现自己的目标。

3. 掌握与对方订立的各类相关协议或签订的具体交易合同中的各项条款的方法,尽量规避自己在不同贸易方式下所面临的风险,争取最终获得最大的贸易利益。

引导案例

外贸代理纠纷案例

某境内工程公司(以下称为"最终用户"),欲向某境外设备制造公司(以下称为"外商")进口一批设备,遂委托某境内外贸公司(以下称为"外贸公司")代理进口事宜。最终用户与外商的上海代表处先就设备买卖合同中的标的、价款、技术服务等主要内容达成一致后,三方签订了设备购买合同,其中,外商为卖方,外贸公司为买方,该境内工程公司为最终用户。

随后,外贸公司又与最终用户签订了委托代理进口合同。外贸公司按期开立了信用证,在收到外商提交的信用证下的单据后,最终用户也如约向外贸公司支付了90%的货款并由外贸公司通过信用证转付给外商。设备到货后,最终用户与外商的上海代表处共同进行了验收,并签署了验收证明,此后,最终用户却以设备在验收后频频出现故障为由拒绝支付剩余10%的货款。外商多次讨要无果,遂以设备买卖合同中的买方外贸公司为被申请人提起仲裁。

仲裁庭的认定:外贸公司的观点是本单业务是由外商与最终用户先磋商达成后再委托外贸公司订立购买合同的,但外贸公司提供的用以证明磋商过程的报价单上没有能够反映传真往来过程的传真机号码和时间抬头,并且外商也否认该份文件的真实性,因而对该证据不予采信。而验收证明及函件又均无法充分证明外商在签订合同时即明知代理关系。因此,在没有其他证据的情况下,不能认定外商在签订合同时即明知外贸公司与最终用户之间的代理关系。

在双方对业务磋商过程都未能提交证据证明的情况下,双方签订的设备购买合同已足以只证明双方当事人之间存在买卖关系及各方的权利义务。因此,外贸公司作为合同买方在设备已验收合格的情况下应承担付款义务,裁定外贸公司败诉。

启示:为避免今后外贸代理业务中的风险,建议外贸公司在操作中注意如下几点。

(1) 要注意收集、保存证据。首先,在业务运作之始与最终用户商谈代理事宜时,外贸公司就应要求最终用户提供其与外商之间磋商买卖合同的往来信函、传真、电邮等;其次,在业务操作的整个进程中也应保持三方共同介入的状态,即任何两方之间的往来文件应抄送第三方,特别重要的是外贸公司应知悉外商与最终用户之间的履约进程,并且,务必将外贸公司与最终用户之间的文件往来,例如能表明外贸公司代理人身份的文件抄送外商。再次,如外商有向最终用户追讨货款文件也应予以收集和保存。

（2）严格按流程操作业务。具体而言,应先谈妥代理事宜并订立相关委托代理进口合同后再签订进口合同(外合同)。即便有特殊情况,也无论如何应使代理合同所示的签订日期早于外贸合同的签订日期。

（3）为避免风险,最为直接的是在外合同中即表明外贸公司的代理人身份。如在外合同中规定:"外贸公司受最终用户的委托,作为最终用户的代理人,以买方名义订立本合同。如有争议,本合同应直接约束外商和最终用户",或者"鉴于,最终用户为实际买方,而外贸公司仅为代理人,因而在最终用户未付款前,外贸公司有权拒绝外商相应的付款请求"等。

本案给我们的启示是,外贸公司在操作代理业务时不能想当然地认为外商在签订外合同时必定知晓外贸公司的代理人身份,是否知晓必须要有确定的具有充分证明力的书面证据加以证明。此外外贸公司不能认为只要收了代理费就万无一失了,一旦签署了相关的法律文件必须注意切实履行文件下所规定的相关义务。

像本案中,外贸公司既然以买方的身份签署了买卖合同就应知悉并履行买方的合同义务,如货物质量不合格,外贸公司应按照合同规定的时限提出质量异议,或至少敦促最终用户以合同规定的方式及时提起,而不应超脱地认为货物质量与自身无任何关系,否则只是白白地丧失对货物质量提出异议从而对抗卖方的付款请求的权利。

资料来源:佚名. 外贸代理案例［EB/OL］. https://wenku.baidu.com/view/da2808095beef8c75-fbfc77da26925c52cc59131.html, 2020-01-04［2021-05-08］.

第一节　经销与代理

一、经销

经销是国际贸易中一种常见的出口推销方式。出口商可以通过订立经销协议与国外客户建立一种长期稳定的购销关系,利用国外经销商的销售渠道来推销商品,巩固并不断扩大市场份额,以促进其产品出口。

（一）经销的概念与性质

经销(Distribution)是指出口商(即供货方)与进口商(即经销方)之间让"款、货两清"的买断形式完成的一种商品买卖活动。

按经销商权限的不同,经销方式可分为两种:一种是独家经销亦称包销,是指经销商在规定的期限和地域内,对指定的商品享有独家专营权。另一种是一般经销,亦称定销。在这种方式下,经销商不享有独家专营权,供货商可在同一时间、同一地区内委派几家商号来经销同类商品,如表10-1所示。

表 10-1　定销和包销的比较

比 较 项 目	定　　销	包　　销
当事人及其关系	供货商与定销商,售定性质的长期买卖关系	供货商与包销商,售定性质的长期买卖关系
经销商风险	定销商必须自垫资金购买供货商的货物,取得商品的所有权,自行销售,自担风险,自负盈亏	包销商必须自垫资金购买供货商的货物,取得商品的所有权,自行销售,自担风险,自负盈亏
专营权	定销商不享有专营权	包销商享有独家经营的权利
垄断	可防止出现垄断。供货商可在支付条件上给予定销商优惠待遇。在调动定销商的推销积极性方面一般效果较差	容易出现垄断。在调动包销商的推销积极性方面一般效果较好

(二)包销

1. 包销方式的优缺点

包销(Exclusive Sales)是指出口人通过协议把某一种商品或某一类商品在某一个地区和期限内的经营权单独给予某个客户或公司的贸易做法。包销同通常的单边逐笔出口不同。包销方式下,双方当事人通过协议建立起一种较为稳固的购销关系。

在包销方式下,因为国外包销商是用自己的名义买货,并自行负担盈亏和承担风险,他在其地区转售商品时,第三者和出口人不发生任何契约关系,同时包销商在包销地区内享有专营权,出口人负有不向该地区的客户直接售货的义务。因此,采用包销方式,通过专营权的给予,有利于调动包销商经营的积极性,有利于利用包销商的销售渠道达到巩固和扩大市场的目的,并可减少多头经营产生的自相竞争的弊病。但是,如果出口人不适当地运用包销方式,可能使出口商的经营活动受到不利的影响或者出现包而不销的情况。此外,包销商还可能利用其垄断地位,操纵价格和控制市场。

例题 10-1

我某公司与国外一公司订有包销某商品的包销协议,期限为一年。年末临近,因行情变化,包销商"包而未销",要求退货并索赔广告宣传费用。问:包销商有无权利提出此类要求?为什么?

资料来源:佚名. 国际贸易方式案例[EB/OL]. https://wenku.baidu.com/view/df76fa430a4e767-f5acfa1c7aa00b52acfc79cc0.html,2018-10-11[2021-05-08].

分析:包销商无权提出此类要求。因为包销方式下,供货人和包销商之间是买卖关系,包销商承担经营风险,现在货物未销售出去的风险应由包销商自己承担。

2. 采用包销方式时应注意的问题

(1) 选择包销商时,即要考虑其政治态度,又要注意资信情况、经营能力及其在该地区的商业地位。对大众商品采用包销方式时,为了慎重起见,可以有一个试行阶段。

(2) 适当规定包销商品范围、地区及包销数量或金额。确定商品范围的大小、地区的大小,要同客户的资信能力和自身的经营意图相适应。一般情况下,包销商品的范围不宜过大。包销数量或金额的大小,应参照我方资源的可能和市场的容纳量以及自身的经营意图来决定。

（3）在协议中应规定中止或索赔条款。为了防止包销商垄断市场或经营不力、"包而不销"或"包而少销"的情况出现,应在包销协议中规定中止条款或索赔条款。

（三）定销

一般经销（定销）,指经销商不享有独家经营权,出口商可在同一时间、地区内委派几家商号来经营同种商品。

有些商品不宜采用独家经营的包销方式,但也不适宜过于多头分散经营,在这种情况下,卖方可以在同一市场内,选定几家比较适当的客户,根据他们的经营能力,分别同他们签订一定数量的合同,如无特殊情况,卖方一般不再同其他客户成交。

二、代理

代理（Agency）是许多国家商人在从事进出口业务中习惯采用的一种贸易做法。在国际市场上存在着名目繁多的代理商。其中包括采购、销售、运输、保险、广告等多方面的代理商,本节介绍的只限销售代理。

按照国际上的一般解释,代理人（Agent）是作为委托人（Principal）的国外代表,他和委托人的关系是委托代理关系。国际贸易中的销售代理,是指委托人授权代理人代表他向第三者招揽生产、签订合同或办理与交易有关的各项事宜,由此而产生的权利与义务直接对委托人发生效力。代理同包销的性质不同,包销商同出口商之间的关系是买卖关系,在包销方式下,由包销商自筹资金、自担风险和自负盈亏。而销售代理商同出口商之间的关系,因不是买卖关系,故销售代理商不垫资金、不担风险和不负盈亏,他只获取佣金。

（一）代理的种类

在国际贸易中的代理业务是以委托人为一方,独立的代理人为另一方,在约定的时间和地区内,以委托人的名义与资金从事业务活动。国际货物买卖中的代理可以从不同角度分类,按委托人授权的大小可分为以下几类。

1. 总代理

总代理是委托人在指定地区的全权代表,他有权代表委托人从事一般商务活动和某些非商务性的事务。

2. 独家代理

独家代理是在指定地区和期限内单独代表委托人行事,从事代理协议中规定的有关业务的代理人。委托人在该地区内,不得委托其他代理人。在出口业务中采用独家代理的方式,委托人须给予代理人在特定地区和一定期限内代销指定商品的独家专营权。

例题 10-2

美国 A 公司与中国 B 公司签订了一份独家代理协议,指定 B 公司为 A 公司在中国的独家代理。不久,A 公司推出指定产品的改进产品,并指定中国 C 公司作该改进产品的独家代理。问:A 公司有无这种权利?

资料来源:佚名.国际贸易方式案例［EB/OL］. https://wenku.baidu.com/view/df76fa430a4e767-f5acfa1c7aa00b52acfc79cc0.html, 2018-10-11［2021-05-08］.

　　分析：A公司没有这种权利。因为我国B公司作为这种产品在中国的独家代理,对这种产品享有独家经营权,A公司在中国内,无权再委托其他代理人代理同类产品。该案中尽管A公司改进了该产品,但仍然属于同类产品,所以A公司无权指定中国C公司作为该改进产品的独家代理。

3. 一般代理

　　一般代理又称佣金代理,是指在同一地区和期限内委托人可同时委派几个代理人代表委托人行为,代理人不享有独家专营权。佣金代理完成授权范围内的事务后按协议规定的办法向委托人计收佣金。

　　三种代理形式的比较如表10-2所示。

表 10-2　三种代理方式的比较

比较项目	总 代 理	独 家 代 理	一 般 代 理
代理人权利	享有权利最大,类似于委托人在指定区域的全权代表。可以代表委托人进行商务活动和一些非商务活动。可以指派分代理	享有权利较大。可以代表委托人进行商务活动,不可以代表委托人从事非商务活动。不可以指派分代理	享有权利最小。只可代表委托人进行商务活动。不可指派分代理
专营权	代理人享受专营权。委托人不再直接向该地区销售,也不再在该地区指定任何其他代理人,该地区内其他中间商需要向总代理购买指定商品。即使委托人因特殊需要直接同该地区的个别客户进行了交易,一般也须向总代理支付佣会	代理人享受专营权。委托人不再直接向该地区销售,也不再在该地区指定任何其他代理人,该地区内其他中间商需要向独家代理购买指定商品。即使委托人因特殊需要直接同该地区的个别客户进行了交易,一般也须向独家代理支付佣金	代理人不享受专营权。委托人在同一地区内,可以通过授权同时指定多个一般代理。代理人在同一地区内,可以同时接受多个委托

　　代理按行业性质和职责分类,又可分为销售代理、购货代理、货运代理、保险代理、广告代理、投标代理、诉讼代理等多种类型,本节只介绍销售代理。

（二）代理的性质与特点

　　代理人在代理业务中,只是代表委托人行为。代理人与委托人通过代理协议建立的这种契约关系属于委托代理关系,而不同于经销中的买卖关系。

　　在出口业务中,销售代理与经销有相似之处,但从当事人之间的关系来看,两者却有根本的区别。前已述及经销商与供货人之间是买卖关系,经销商完全是为了自己的利益购进货物后转售,自筹资金,自负盈亏,自担风险。而在代理方式下,代理人作为委托人的代表,其行为不能超过授权范围。代理人一般不以自己的名义与第三者订立合同,只销售货物,收取佣金,并不承担履行合同的责任,履行合同义务的双方是委托人和当地客户。

第二节　寄售与展卖

一、寄售

　　寄售是一种委托代售的贸易模式,也是国际贸易中为开拓商品销路、扩大出口而采用的一种通常做法。它与先出售、后出运货物的一般贸易方式不同，而是先出运、后出售商品。

（一）寄售的概念与性质

寄售是指出口人先将准备销售的货物运往国外寄售地，委托当地代销人按照寄售协议规定的条件代为销售后，再由代销人同货主结算货款。

寄售是按双方签订的协议进行的，寄售人和代销人之间不是买卖关系，而是委托与受托关系，寄售协议属于行纪合同（又称信托合同）性质。寄售人的权利、义务与代理人主要的区别是，代理人在从事授权范围内的事务时，可以用委托人的名义，也可以用自己的名义，但寄售人只能用自己的名义处理行纪合同中规定的事务，而且寄售人同第三方从事的法律行为，不能直接对委托人发生效力。

（二）寄售的特点

寄售与正常的出口销售相比，具有以下特点。

（1）寄售人与代销人是委托代售关系。代销人只能根据寄售人的指示代为处置货物，在委托人授权范围内可以以自己的名义出售货物、收取货款并履行与买主订立的合同，但货物的所有权在寄售地售出之前仍属寄售人。

（2）寄售是由寄售人先将货物运至寄售地，然后寻找买主，因此，它是凭实物进行的现货交易。

（3）寄售方式下，代销人不承担任何风险和费用，货物售出前的一切风险和费用均由寄售人承担。

例题 10-3

A公司在国外物色了B公司作为其代售人，并签订了寄售协议。货物在运往寄售地销售的途中，遭遇洪水，使20%的货物被洪水冲走。因遇洪水后道路路基需要维修，货物存仓发生了8 000美元的仓储费，问：以上损失的费用应由哪一方承担？

资料来源：佚名. 国际贸易方式案例［EB/OL］. https://wenku. baidu. com/view/df76fa430a4e767-f5acfa1c7aa00b52acfc79cc0.html, 2018-10-11［2021-05-08］.

分析：以上费用应由寄售人A公司承担。因为寄售方式下，寄售人和代销人之间是委托与受托的关系，货物没有售出之前的所有权属于寄售人，有关的经营风险和费用也是由寄售人承担。

（三）寄售协议

寄售协议是寄售人和代销人之间就双方的权利、义务以及寄售业务中的有关问题签订的法律文件。寄售协议中一般应包括下列内容：协议性质、寄售地区、寄售商品名称、规格、数量、作价方法、佣金的支付、货款的收付，还有保险的责任、费用的负担及代销人的其他义务等。

（四）寄售方式的优缺点

1. 寄售的优点

（1）寄售货物出售前，寄售人拥有货物的所有权。因此，尽管货物已经运往寄售地，但对货物的销售处理和价格确定等大权，仍操在寄售人手中，有利于随行就市。

（2）寄售方式是凭实物买卖，货物与买主直接见面，有利于促进成交。

（3）代销人不负担风险与费用，一般由寄售人垫资，代销人不占用资金，可以调动其经营的积极性。

2. 寄售的缺点

寄售对于委托人来讲，也有明显的缺点。

（1）出口方承担的风险较大，费用较多，而且增加出口人的资金负担，不利于其资金周转。

（2）寄售货物的货款回收较为缓慢，一旦代销人不守协议，可能遭到货、款两空的危险。因此，若在我国出口业务中采用寄售方式，必须严格选择代销人和寄售地，订好寄售协议。

二、展卖

（一）展卖的含义及方式

展卖是利用展览会和博览会及其他交易会形式，对商品实行展销结合的一种贸易方式。

在国外举行的展卖业务按其买卖方式可分为以下两种：一是通过签约的方式将货物卖断给国外客户，由客户在国外举办展览会或博览会，货款在展卖后结算。二是由货主与国外客户合作，在展卖时货物所有权依旧属于货主，并由货主决定价格，货物的运输、保险、劳务及其他费用都由国外客户承担。展卖方式按其形式又可分为国际博览会（International Fair）和国际展览会（Inter-exhibition）。我国从 20 世纪 50 年代就开始举办广州中国出口商品交易会，以后又陆续开展了各种类型的交易会、展览会、小交台，并多次参加国外举办的博览会。随着改革开放的深入进行，展卖业务在我国也得到更为广泛的运用，极大地促进了我国对外经济贸易的发展。

（二）展卖业务应注意的问题

展卖是一种将产品宣传、推销和市场调研结合起来的贸易方式。它所带来的经济效益不能单纯地从一次展卖会的销售额来衡量，应注意下列问题。

1. 选择适当的展卖商品

展卖这种交易方式并不是对所有商品都普遍适用的，它主要适合于一些品种规格复杂，用户对造型、设计要求严格，而且性能发展变化较快的商品，如机械、电子、轻工、化工、工艺、玩具、纺织产品等。选择参展商品时，要注意先进性、新颖性与多样性，要能反映现代科技水平，代表时代潮流。

2. 选择好合作的客户

到国外参加展卖会之前，应选择合适的客户作为合作伙伴。选择的客户必须具有一定的经营能力，对当地市场十分熟悉，并有较为广泛的业务联系或销售系统。通过客户开展宣传组织工作，扩大影响，联系各界人士，这对展卖的成功具有重要作用。

3. 选择合适的展出地点

一般来说，应考虑选择一些交易比较集中、市场潜力较大、有发展前途的集散地进行展卖。同时还应考虑当地的各项设施，如展出场地、旅馆、通信、交通等基本设施所能提供的方便条件和这些服务的收费水平。

4. 选择适当的展卖时机

这对于一些销售季节性强的商品尤为重要。一般来说,应选择该商品的销售旺季进行展卖,每次展出的时间不宜过长,以免耗费过大,影响经济效益。

第三节 招标、投标与拍卖

一、招标、投标

招标、投标是一种传统的贸易方式。一些政府机构、市政部门和公用事业单位经常用招标方式采购物资、设备、勘探开发资源或招标工程项目,有些国家也用招标方式进口大宗商品。

招标是指招标人(买方)发出招标通知,说明拟采购的商品名称、规格、数量及其他条件,邀请投标人(卖方)在规定的时间、地点按照一定的程序进行投标的行为。投标是指投标人(卖方)应招标人的邀请,按照招标的要求和条件,在规定的时间内向招标人递价,争取中标的行为。

商品采购中的招标投标业务基本上包括以下四个步骤。

(一) 招标

国际招标主要有公开招标和非公开招标两种。

1. 公开招标

公开招标是指招标人在国内外报纸杂志上发布招标通告,邀请有关企业和组织参加投标。招标通知一般只简要地介绍招标机构、所采购物资的名称、数量、投标期限、索取招标文件的地点和方式等。

招标文件中往往要求对投标人进行资格预审,包括投标人的经验及过去完成类似的合同的成绩、财务状况、生产能力、经营作风等。审查合格后,由招标人向取得投标资格者寄送"标单",标单一般还要求投标人交纳投标保证金或银行保函,保证一旦中标,一定签约,否则招标人可没收该保证金。如未得标,则此保证金或保函如数退还投标人。

2. 非公开招标

作公开招标又称选择性招标。招标人不公开发布招标通告,只是根据以往的业务关系和情报资料,向少数客户发出招标通知。非公开招标多用于购买技术要求高的专业性设备或成套设备,应邀参加投标的企业通常是经验丰富、技术装备优良、在该行业中享有一定声誉的企业。

(二) 投标

在投标阶段,投标人收到标单后,应认真研究标单的全部内容和条件,在此基础上仔细订出自己争取中标的各项条件,包括价格、交货期限、品质规格、各技术指标等,做到量力而行。然后按要求填写投标文件,在规定期限内密封交寄招标人,同时按招标单规定提交投标保证金或保函(或备用 L/C)。

(三) 开标评标

开标有公开开标和不公开开标两种方式,招标人应在招标通告中对开标方式作出规定。公开开标是指招标人在规定的时间和地点当众启封投标书、宣读内容,投标人都可参加,监视开标。不公开开标则是由开标人自行开标和评标,选定中标人,投标人不参加。

（四）签约

招标人选定中标人之后,要向其发出中标通知书,约定双方签约的时间和地点。中标人签约时要提交履约保证金取代原投标保证金,用以担保中标人将遵照合同履行义务。

二、拍卖

拍卖是一种具有悠久历史的交易方式,在今天的国际贸易中仍被采用。通过拍卖成交的商品通常是品质难以标准化,或难以储存,或按传统习惯以拍卖出售的商品,如裘皮、茶叶、烟草、羊毛、木材、水果以及古玩和艺术品等。

（一）拍卖的概念

国际贸易中的拍卖是由经营拍卖业务的拍卖行接受货主的委托,在规定的时间和场所,按照一定的章程和规则,以公开叫价的方法,把货物卖给出价最高的买主的一种贸易方式。

（二）拍卖的特点

国际货物的拍卖方式具有以下特点。

1. 拍卖是在一定机构内有组织进行的

拍卖一般都是在拍卖中心,在拍卖行的统一组织下进行。拍卖行可以是由公司或协会组成的专业拍卖行,专门接受货主委托从事拍卖业务,也可以是大贸易公司内部设立的拍卖行,还可以是由货主临时组织的拍卖会。

2. 拍卖具有自己独特的法律和规章

拍卖不同于一般的进出口交易。这不仅体现在交易磋商的程序和方式上,也表现在合同的成立和履行等问题上。许多国家的买卖法中对拍卖业务有专门的非同一般的规定。除此之外,各个拍卖行又订立了自己的章程和规则,供拍卖时采用。这些都使得拍卖方式形成了自己的特色。

3. 拍卖是一种公开竞买的现货交易

拍卖采用事先看货、当场叫价、落槌成交的做法。拍卖开始前,买主可以查看货物,做到心中有数。拍卖开始后,买主当场出价、公开竞买,由拍卖主持人代表货主选择交易对象。成交后,买主即可付款提货。

例题 10-4

某公司在拍卖行经竞买获得一批精美瓷器,在商品拍卖时,拍卖条件中规定,"买方对货物的过目或不过目,卖方对商品的品质概不负责。"该公司在将这批瓷器通过公司所属商行销售时,发现有部分瓷器出现网纹,严重影响这部分商品的销售。该公司因此向拍卖行提出索赔,但遭到拍卖行的拒绝。问:拍卖行的拒绝是否有道理?为什么?

资料来源:佚名. 国际贸易方式案例[EB/OL]. https://wenku.baidu.com/view/df76fa430a4e767-f5acfa1c7aa00b52acfc79cc0.html, 2018-10-11 [2021-05-08].

分析:拍卖行的拒绝无道理。因为对于凭借一般查验手段不能发现的质量问题,拍卖行应允许买方提出索赔，而该案中瓷器出现网纹就属于这种情况。

（三）拍卖的出价方法

拍卖的出价方法有以下几种。

1. 增价拍卖

增价拍卖也称英式拍卖，这是最常用的一种拍卖方式。拍卖时，由拍卖人提出一批货物，宣布预定的最低价格，然后由竞买者相继叫价，竞相加价，有时规定每次加价的金额额度，直到拍卖人认为无人再出更高的价格时，用击槌动作表示竞买结束，将这批商品卖给最后出价最高的人。在拍卖人击槌前，竞买者可以撤销出价。如果竞买者的出价都低于拍卖人宣布的最低价格，或称价格极限，卖方有权撤回商品，拒绝出售。

2. 减价拍卖

减价拍卖又称荷兰式拍卖。这种方式先由拍卖人喊出最高价格，然后逐渐减低叫价，直到有某一竞买者认为已经低到可以接受的价格，表示买进为止。减价拍卖成交迅速，经常用于拍卖鲜活商品，如花卉、水果、蔬菜等。

以上两种方法都是在预定的时间和地点，按照先后批次，公开拍卖。

3. 密封递价拍卖

密封递价拍卖又称招标式拍卖。

采用这种方法时，先由拍卖人公布每批商品的具体情况和拍卖条件等，然后由各买方在规定时间内将自己的出价密封递交拍卖人，以供拍卖人进行审查比较，决定将该货物卖给哪一个竞买者。这种方法不是公开竞买，拍卖人有时要考虑除价格以外的其他因素。有些国家的政府或海关在处理库存物资或没收货物时往往采用这种拍卖方式。

第四节　期 货 交 易

期货交易是一种特殊的交易方式。早期的期货交易产生于11—14世纪的欧洲，在17世纪的日本得到了发展。现代期货市场起源于19世纪后期的美国。

一、期货交易的含义

期货交易是指在期货交易所内，按一定规章制度进行的期货合同的买卖。

现代期货交易是在期货交易所内进行的。目前期货交易所已经遍布世界各地，特别是在美国、英国、日本、新加坡等地的期货交易所在国际期货市场上占有非常重要的地位。其中交易量比较大的著名交易所有美国的芝加哥商品交易所、芝加哥商业交易所、纽约商品交易所、纽约商业交易所，英国的伦敦金属交易所，日本的东京工业品交易所、谷物交易所，中国香港的期货交易所以及新加坡的国际金融交易所等。

就商品期货交易而言，交易的品种基本上都是属于供求量较大、价格波动频繁的初级产品，如谷物、棉花、食糖、咖啡、可可、油料、活牲畜、木材、有色金属、原油以及贵金属、金、银等。

二、期货交易与现货交易的联系与区别

现货交易是传统的货物买卖方式，交易双方可以在任何时间和地点，通过签订货物买卖合

同达成交易。在进出口业务中,无论是即期交货,还是远期交货,进出口商之间达成的交易均属于现货交易的范畴。而期货交易是以现货交易为基础发展起来的。

在商品期货交易中,期货合同所代表的商品是现货交易市场中的部分商品,绝大多数的商品是不能以期货合同的方式进行交易的。在国际期货市场上交易的期货商品以农副产品、金属等初级产品为主。尽管两种市场的价格都要受到同一经济规律的制约,然而,期货交易与现货交易却存在着明显的区别,主要表现为以下几方面。

(一)从交易的标的物看

现货交易买卖的是实际货物,而期货交易买卖的是期货交易所制订的标准期货合同。

(二)从成交的时间和地点看

现货交易中交易双方可以在任何时间和任何地点来达成交易,而期货交易必须在期货交易所内,按交易所规定的开市时间进行交易。

(三)从成交的形式看

现货交易基本上是在封闭或半封闭的市场上私下达成的,交易双方在法律允许的范围内按"契约自主"的原则签订买卖合同,合同条款是根据交易双方的情况而订立的,其内容局外人是不知道的;而期货交易是在公开、多边的市场上,通过减价或竞价的分式达成的。

(四)从履约方式看

在现货交易中,无论是即期现货交易,还是远期现货交易,交易双方都要履行买卖合同所规定的义务,即卖方按合同规定交付实际货物,买方按规定支付货款;而在期货交易中,双方成交的是期货合同,卖方可以按期货合同的规定履行实际交货的义务,买方也可以按期货合同规定接受实际货物。但期货交易所规定,履行期货合同不一定要通过实际交割货物来进行,只要在期货合同到期前,即交易所规定的该合同最后交易日前,交易者做一笔方向相反、交割月份和数量相等的相同合同的期货交易,交易者就可解除他实际履行合同的义务。这也就是期货市场上所称的对冲或平仓。

值得注意的是,绝大多数期货交易并不涉及货物的实际交割。在美国,期货交易中实际货物交割的数量只占整个交易的很小比例,约5%以下。期货合同的履行,多数情况下,被买卖期货合同的差价的货币转移所代替。

(五)从交易双方的法律关系看

在现货交易中,买卖双方达成交易,就固定了双方的权利与义务,交易双方之间产生直接的货物买卖的法律关系,任何一方都不得擅自解除合同。而期货交易双方并不相互见面,合同履行也无须双方直接接触。清算所的替代功能使参加交易者通过有交易所会员资格的期货佣金商代买或代卖期货合同,实际货物的交割、交易的清算和结算一律由清算所对交易双方负责。交易达成后,期货交易双方并不建立直接的法律关系。

(六)从交易的目的看

在现货交易中,交易双方的目的是转移货物的所有权,从卖方讲,是出售货物,取得货款;

从买方讲,是取得一定经济价值的实际商品。而参加期货交易的人可以是任何企业或个人。不同的参加者进行期货交易的目的不同,有的是为了配合现货交易,利用期货交易转移价格变动的风险;有的是为了在期货市场上套取利润;有的是专门从事投机,目的是取得相应的投资利润。

三、期货市场

这是指按一定的规章制度买卖期货合同的有组织的市场。期货交易就是在期货市场上进行的交易行为。期货市场主要由期货交易所、期货佣金商和清算所等构成。

进出口商通常都是通过期货佣金商下单,由佣金商的指定场内经纪人在期货交易所执行,交易达成后,所有合约都要通过清算所统一清算结算。

(一)期货交易所

期货交易所是具体买卖期货合同的场所。期货交易所是在早期商品交易所的基础上演变而成的。早期商品交易所是进行特定商品买卖的场所,交易的内容为现货、路货或远期交货合同,涉及的主要是实际货物的买卖,因此,这种有组织的交易所被称为"商品交易所"。期货交易所本身不参加期货交易,运营资金主要靠创立之初的投资、会员费和收取的手续费。

(二)期货佣金商

期货佣金商又称经纪行或佣金行,是代表金融、商业机构或一般公众进行期货交易的公司或个人组织,其目的就是从代理交易中收取佣金。期货佣金商一般都是期货交易所的会员,有资格指令场内经纪人进行期货交易,或者本身就是期货交易所的会员。它是广大非会员参加期货交易的中介。它以最高的诚信向期货交易所、清算所和客户负责。期货佣金商往往是如下机构:主要经营证券业务的大证券投资公司、专营期货交易的期货公司以及从事实物交易的公司,如生产商、中间商和进出口商等。

(三)清算所

清算所是负责对期货交易所内买卖的期货合同进行统一交割、对冲和结算的独立机构。在期货交易的发展中,清算所的创立完善了期货交易制度,保障了期货交易能在期货交易所内顺利进行,因此成为期货市场运行机制的核心。清算所的创立使期货交易者在交易所内达成交易,却不建立通常货物买卖中转移货物所有权的直接的法律关系。一旦期货交易达成,交易双方分别与清算所发生关系。清算所既是所有期货合同的买方,也是所有期货合同的卖方。清算所要求每一位会员都必须在清算所开立一个保证金账户,对每一笔交易,会员都要按规定交纳一定数额的保证金。为防止出现违约,非会员也要向清算所会员交纳一定的保证金。保证金制度,也称押金制度,指清算所规定的达成期货交易的买方或卖方应交纳履约保证金的制度。清算所规定的保证金有两种:初始保证金和追加保证金。

初始保证金是指期货交易者在开始建立期货交易部位时,要交纳的保证金。对于所交纳初始保证金的金额,世界各地不同期货交易所有不同的规定,通常按交易金额的一定百分比计收,一般在 5%～10%。该笔保证金一旦交纳,即存入清算所的保证金账户。

追加保证金是指清算所规定的,在会员保证金账户金额短少时,为使保证金金额维持在初始保证金水平,而要求会员增加交纳的保证金。清算所为了防止出现负债情况,采取逐日盯市的原则,用每日的清算价格对会员的净交易部位核算盈亏。当发生亏损,保证金账户金额下降时,清算所便要求会员必须交纳追加保证金。

四、套期保值

套期保值又称海琴,是期货市场交易者将期货交易与现货交易结合起来进行的一种市场行为。其定义可概括为交易者在运用期货交易临时替代正常商业活动中,转移商品所有权的现货交易的做法。其目的是要通过期货交易转移现货交易的价格风险,并获得这两种交易相配合的最大利润。套期保值者在期货市场上的做法有两种:卖期保值和买期保值。

(一)卖期保值

卖期保值是指套期保值者根据现货交易情况,先在期货市场上卖出期货合同(或称建立空头交易部位),然后再以多头进行平仓的做法。通常生产商在预售商品时,或加工商在采购原料时,为了避免价格波动的风险,经常采取卖期保值的做法。

例题 10-5

某谷物公司在 9 月上旬以每蒲式耳 3.65 美元的价格收购一批小麦,共 10 万蒲式耳,并已存入仓库待售。该商估计一时找不到买主。为了防止在货物待售期间小麦价格下跌而蒙受损失,他遂在芝加哥商品交易所出售 20 个合同的小麦期货,价格为每蒲式耳 3.70 美元,交割月份为 12 月。其后,小麦价格果然下降。

在 10 月,他终于将 10 万蒲式耳的小麦售出,价格为 3.55 美元/蒲式耳。每蒲式耳损失 0.10 美元。但与此同时,芝加哥商品交易所的小麦价格也下降了,该谷物商又购进 20 个 12 月份的小麦期货合同,对空头交易部位进行平仓,价格降为 3.60 美元/蒲式耳。每蒲式耳盈利 0.10 美元。

分析:由于该商及时做了卖期保值,期货市场的盈利弥补了现货市场由于价格变动所带来的损失,套期保值起到了转移风险的作用。

(二)买期保值

与卖期保值恰好相反,买期保值是指套期保值者根据现货交易情况,先在期货市场上买入期货合同(或称建立多头交易部位),然后再以卖出期货合同进行平仓的做法。中间商在采购货源,为避免价格波动,固定价格成本时,经常采取买期保值的做法。

例题 10-6

某粮食公司与玉米加工商签订了一份销售合同,出售 5 万蒲式耳的玉米,12 月交货,价格为 2.45 美元/蒲式耳。该公司在合同签订时,手头并无现货。为了履行合同,该公司必须在 12 月交货前购入玉米现货。但又担心在临近交货期购入玉米的价格上涨,于是就选在期货市场上购入玉米期货合同,价格为 2.40 美元/蒲式耳。到 11 月底,该公司收购玉米现货的价格已经涨到了 2.58 美元/蒲式耳。与此同时,期货价格也上涨至 2.53 美元/蒲式耳。于是他就以出售玉米期货在期货市场上平仓。

分析:由于玉米价格上涨使粮食公司在现货交易中蒙受 0.13 美元/蒲式耳的损失,但由于适时地做了买期保值，在期货市场上盈利0.13美元/蒲式耳。期货市场的盈利弥补了现货市场价格波动所带来的损失。

（三）套期保值应注意的问题

前面介绍了套期保值的一般做法和原理，然而所举的例子却是理想化的套期保值。在实践中，影响现货市场和期货市场的因素较多，而且情况复杂，两个市场不可能达到百分之百的衔接，套期保值多数都不会达到上述理想化的结果。现根据实践结果，将套期保值应注意的问题介绍如下。

（1）套期保值虽然可以转移现货价格发生不利变动时的风险，但也排除了交易者从现货价格有利变化中取得额外盈利的机会。

从套期保值的做法中得知，卖期保值是为了防止现货价格下跌；买期保值是为了防止现货价格上升。但如果在卖期保值后，价格非但没有下跌，反而上流；买期保值后，价格没有上升反而下跌，那么套期保值的结果就会事与愿违。在套期保值后，如果价格发生对实物交易者有利的变化，交易者就不能再从实物交易中取得额外的盈利。因此，套期保值对实物交易者而言，是排除了对现货市场价格变动风险进行投机，目的是保障实物交易中的合理利润免遭损失，而丧失了不做套期保值可以取得更多现货盈利的机会。因此，从利润最大化的原则出发，现在有些人认为，对套期保值，应该有选择地进行，只有在预计实物市场价格发生不利变化时，才进入期货市场做套期保值。这种观点尽管有其合理的成分，但是必须建立在对今后一段时期内的价格走势做出正确判断的基础上，否则要冒更大的风险。但是，由于商品市场价格变化莫测，要对其走势做出准确的判断并非易事，所以，这种观点目前仍不能被普遍接受。一般商人仍习惯于在每笔实物交易之后，即做一笔套期保值的传统做法，以策安全。

（2）套期保值的效果往往取决于套期保值时和取消套期保值时实际货物和期货之间差价的变化，即基差的变化。

基差（Basis）是指在确定的时间内，某一具体的现货市场价格与期货交易所达成的期货价格之间的差额，其计算公式如下：

$$基差＝现货市场价格－期货市场价格$$

在现货市场的实物交易中，商人之间经常用基差来表示现货交易的价格，特别是在签订非固定价格合同时，用基差来表示实际现货价格与交易所期货价格的关系。如"2 cents under Dec"表示现货价格比期货价格低2个美分，如果12月期货价格是每蒲式耳3.69美元，那么实际货物价格是每蒲式耳3.67美元。如果现货价格比期货价格高2美分，则以"2 cents over Dec"来表示。套期保值的效果取决于基差的变化。从另一个角度讲，套期保值能够转移现货价格波动的风险，但最终无法转移基差变动的风险。然而，在实践中，基差的变化幅度要远远小于现货价格变动的幅度。交易者对基差的变比是可以预测的，而且也易于掌握。

（3）由于期货合同都规定了固定的数量，每份合同代表一定量的期货商品，如芝加哥商品交易所的小麦期货合同代表5 000蒲式耳的小麦；伦敦金属交易所的铜期货合同一张是25吨的铜。但是，在实物交易中，商品的数量是根据买卖双方的意愿达成的，不可能与期货合同的要求完全一致。这就使得在套期保值时，实物交易的数量与套期保值的数量不一致，从而会影响套期保值的效果。

第五节　加　工　贸　易

20 世纪 90 年代以来,我国的加工贸易有了迅速的发展,受到世人的广泛关注。近年来,加工贸易在我国对外经济贸易活动的舞台上扮演了十分重要的角色。我国海关统计中使用的加工贸易概念包括来料加工和进料加工两种方式。除此之外,20 世纪 90 年代末期我国企业在海外投资中开展的境外加工贸易方式,也应看作加工贸易的新形式。

一、来料加工

来料加工在我国又称对外加工装配业务。广义的来料加工包括来料加工和来件装配两个方面,是指由外商提供一定的原材料、零部件、元器件,由我方按对方的要求进行加工或装配,成品交由对方处置,我方按照约定收取工缴费作为报酬。

二、进料加工

进料加工一般是指从国外购进原料,加工生产出成品再销往国外。由于进口原料的目的是为了扶植出口,所以,进料加工又可称为"以进养出"。我国开展的以进养出业务,除了包括进口轻工、纺织、机械、电子行业的原材料、零部件、元器件,加工、制造或装配出成品再出口外,还包括从国外引进农、牧、渔业的优良品种,经过种植或繁育出成品再出口。

进料加工的具体做法,归纳起来,大致有以下三种。

(1) 先签订进口原料的合同,加工出成品后再寻找市场和买主。这种做法的好处是进料时可选择适当时机,低价时购进,而且一旦签订出口合同,就可以尽快安排生产,保证及时交货,交货期一般较短。但采取这种做法时,要随时了解国外市场动向,以保证所生产的产品能适销对路,否则产品无销路,就会造成库存积压。

(2) 先签订出口合同,再根据国外买方的订货要求从国外购道原料,加工生产,然后交货。这种做法包括来样进料加工,即由买方先提供样品,我方根据其样品的要求再从国外进口原料,加工生产。这种做法的优点是产品销路有保障,但要注意所需的原料来源必须落实,否则会影响成品质量或导致无法按时交货。

(3) 对口合同方式。即与对方签订进口原料合同的同时签订出口成品的合同,原料的提供者也就是成品的购买者。但两个合同相互独立,分别结算。这样原料来源和成品销路均有保证,但适用面较窄,不易成交。实际做法中,有时原料提供者与成品购买者也可以是不同的人。

进料加工与前面所讲到的来料加工有相似之处,即都是"两头在外"的加工贸易方式,但两者又有明显的不同:第一,来料加工在加工过程中均未发生所有权的转移,原料运进和成品运出属于同一笔交易,原料供应者即是成品接受者;而在进料加工中,原料进口和成品出口是两笔不同的交易,均发生了所有权的转移,原料供应者和成品购买者之间也没有必然的联系。第二,在来料加工中,我方不用考虑原料的来源和成品销路,不担风险,只收取工缴费,而在进料加工中,我方是赚取从原料到成品的附加价值,要自筹资金、自寻销路、自担风险、自负盈亏。

三、境外加工贸易

境外加工贸易是指我国企业在国外进行直接投资的同时,利用当地的劳动力开展加工装配业务,以带动和扩大国内设备、技术、原材料、零配件出口的一种国际经济合作方式。可见,境外加工贸易是在海外进行投资办厂的基础上进行来料加工或进料加工或就地取材的一种新做法。

第六节 跨境电子商务

一、电子商务的概念

从广义上讲,电子商务(Electronic Commerce,EC)可定义为,电子工具在商务活动中的应用;从狭义上讲,电子商务可定义为,在技术、经济高度发达的现代社会里,掌握信息技术和商务规则的人,系统化地运用电子工具,高效率、低成本地从事以商品交换为中心的各种活动的总称。

二、电子商务的分类

按参与电子商务交易涉及的对象分类,电子商务可以分为以下几种类型。

(一)企业与消费者之间的电子商务

企业与消费者之间的电子商务(Business to Customer,B2C)是消费者利用因特网直接参与经济活动的形式,类同于商业电子化的零售商务。目前,在因特网上有许许多多各种类型的虚拟商店和虚拟企业,提供各种与商品销售有关的服务。通过网上商店买卖的商品可以是实体化的,如书籍、鲜花、服装、食品、汽车、电视机等;也可以是数字化的,如新闻、音乐、电影、数据库、软件及各类基于知识的商品;还有提供的各类服务,如安排旅游、在线医疗诊断和远程教育等。

(二)企业与企业之间的电子商务

企业与企业之间的电子商务(Business to Business,B2B)方式是电子商务应用中最受企业重视的形式,企业可以使用因特网或其他网络对每笔交易寻找最佳合作伙伴,完成从定购到结算的全部交易行为,包括向供应商订货、签约、接受发票和使用电子资金转移、信用证、银行托收等方式进行付款以及在商贸过程中发生的其他事务如索赔、商品发送管理和运输跟踪等。

(三)企业与政府方面的电子商务

企业与政府方面的电子商务(Business to Government,B2G)活动覆盖企业与政府组织间的各项事务。例如,企业与政府之间进行的各种手续的报批,政府通过因特网发布采购清单、企业以电子化方式响应,政府在网上以电子交换方式来完成对企业和电子交易的征税等。

(四)消费者对政府的电子商务

消费者对政府的电子商务(Consumer to Government,C2G)即消费者与政府之间的电子商务,如社会保险、社会福利发放、个人报税、电子医疗等方面,均属于C2G模式。随着商业机构对消费者、商业机构对行政机构的电子商务的发展,政府将会对个人实施更为全面的电子方式服务。

三、跨境电子商务

跨境电子商务是指分属不同关境的交易主体,通过电子商务平台达成交易、进行电子支付结算,并通过跨境电商物流及异地仓储送达商品,从而完成交易的一种国际商业活动。

(一)跨境电子商务的分类

跨境电子商务分为出口跨境电子商务和进口跨境电子商务。进口跨境电商是将国外商品运送到国内市场进行交易,出口跨境电商是将国内商品运送到国外市场进行交易。

1. 进口跨境电商模式

(1)保税进口模式

保税进口模式,即跨境电商先从海外大批量采购商品,并运至国内的保税区备货暂存。当消费者在电商网站下单时,订单、支付单、物流单等数据将实时传送给海关等监管部门,以便完成申报、征税、查验等通关手续和环节。最后,这些跨境商品会直接从保税区的仓库发出,通过国内物流运达到消费者手中。

(2)直邮进口模式

直邮进口模式,即消费者在跨境电商的网站(平台)下单后,电商或申报企业通过跨境电子商务系统(涵盖备案、申报、征税、查验、放行等环节)进行申报,并向海关推送订单、支付、物流等消息,在系统完成信息对碰后,这些跨境商品会在海外的仓库完成打包,并以个人包裹的形式入境,入境时会在检验检疫、海关等部门完成通关、查验、征税等环节,直至完成清关,最后通过国内物流将跨境商品送到消费者手中。

(3)快件清关

快件清关,即消费者确认订单后,国外供应商通过国际快递将商品直接从境外邮寄至消费者手中,无海关单据。优点:灵活,有业务时才发货,不需要提前备货;缺点:与其他邮快件混在一起,物流通关效率较低,量大时成本会迅速上升;适用于业务量较少,偶尔有零星订单的阶段。

2. 出口跨境电商模式

(1)B2B 模式

分为信息服务平台和交易服务平台。对于信息服务平台来说,主要是通过第三方平台进行信息发布或者信息搜索完成交易撮合的服务,代表企业有阿里巴巴国际站、生意宝国际站、环球资源。而交易服务平台则构建能够实现供需双方之间网上交易和支付的平台商业模式,代表企业有敦煌网、大龙网等。

(2)B2C/C2C 模式

分为开放平台和自营平台。开放平台通过实现应用和平台系统化对接,并围绕平台自身建立生态圈,代表平台有 Amazon、Wish、速卖通、eBay 等大平台及 Lazada 等小规模平台。而自营平台则对经营的产品进行统一管理、产品展示、在线交易并通过物流将产品送达消费者,代表企业有环球易购、兰亭集序、DX 等。

B2B 模式下,企业运用电子商务以广告和信息发布为主,成交和通关流程基本在线下完成,本质上仍属传统贸易,已纳入海关一般贸易统计。B2C 模式下,我国企业直接面对国外消费者,以销售个人消费品为主,物流方面主要采用航空小包、邮寄、快递等方式,其报关主体是邮政或快递公司，目前大多未纳入海关登记。

总之，跨境电子商务作为推动经济一体化、贸易全球化的技术基础，具有非常重要的战略意义。跨境电子商务不仅冲破了国家间的障碍，使国际贸易走向无国界贸易，同时它也正在引起世界经济贸易的巨大变革。对企业来说，跨境电子商务构建的开放、多维、立体的多边经贸合作模式，极大地拓宽了进入国际市场的路径，大大促进了多边资源的优化配置与企业间的互利共赢；对于消费者来说，跨境电子商务使他们非常容易地获取其他国家的信息并买到物美价廉的商品。

（二）跨境电子商务的特征

1. 全球性（Global Forum）

网络是一个没有边界的媒介体，具有全球性和非中心化的特征。依附于网络发生的跨境电子商务也因此具有了全球性和非中心化的特性。跨境电子商务与传统的国际交易方式相比，其一个重要特点在于跨境电子商务是一种无边界交易，丧失了传统国际交易所具有的地理因素。互联网用户不需要考虑跨越国界就可以把产品尤其是高附加值产品和服务提交到市场。网络的全球性特征带来的积极影响是信息的最大程度的共享，消极影响是用户必须面临因文化、政治和法律的不同而产生的风险。任何人只要具备了一定的技术手段，在任何时候、任何地方都可以让信息进入网络，相互联系进行交易。

2. 无形性（Intangible）

网络的发展使数字化产品和服务的传输盛行。而数字化传输是通过不同类型的媒介，例如数据、声音和图像在全球化网络环境中集中而进行的，这些媒介在网络中是以计算机数据代码的形式出现的，因而是无形的。以 E-mail 信息的传输为例，这一信息首先要被服务器分解为数以百万计的数据包，然后按照 TCP/IP 协议通过不同的网络路径传输到一个目的地服务器并重新组织转发给接收人，整个过程都是在网络中瞬间完成的。

数字化产品和服务基于数字传输活动的特性也必然具有无形性，传统交易以实物交易为主，而在电子商务中，无形产品却可以替代实物成为交易的对象。以书籍为例，传统的纸质书籍，其排版、印刷、销售和购买被看作是产品的生产、销售。然而在电子商务交易中，消费者只要购买网上的数据权便可以使用书中的知识和信息。

3. 匿名性（Anonymous）

由于跨境电子商务具有非中心化和全球性的特性，因此很难识别电子商务用户的身份和其所处的地理位置。在线交易的消费者往往不显示自己的真实身份和自己的地理位置，重要的是这丝毫不影响交易的进行，网络的匿名性也允许消费者这样做。在虚拟社会里，隐匿身份的便利迅即导致自由与责任的不对称。人们在这里可以享受最大的自由，却只承担最小的责任，甚至逃避责任。

4. 即时性（Instantaneously）

对于网络而言，传输的速度和地理距离无关。传统交易模式，信息交流方式如信函、电报、传真等，在信息的发送与接收之间存在着长短不同的时间差。而电子商务中的信息交流，无论实际时空距离远近，一方发送信息与另一方接收信息几乎是同时的，就如同生活中面对面交谈。某些数字化产品（如音像制品、软件等）的交易，还可以即时清算，订货、付款、交货都可以在瞬间完成。

5. 无纸化（Paperless）

跨境电子商务主要采取无纸化操作的方式，意味着电子计算机通信记录取代了一系列的纸面交易文件。用户发送或接收电子信息，由于电子信息以比特的形式存在和传送，整个信息发送和接收过程实现了无纸化。

6. 快速演进（Rapidly Evolving）

基于互联网的电子商务活动处在瞬息万变的过程中，短短的几十年中电子交易经历了从EDI到电子商务零售业的兴起的过程，而数字化产品和服务更是花样出新，不断地改变着人类的生活。

四、中国跨境电子商务

2019年，我国跨境电商交易规模达10.5亿元。为促进我国跨境电商的快速发展，国家层面频频颁布鼓励政策，2020年1月，商务部、发改委、财政部等六部门共同发布《关于扩大跨境电商零售进口试点的通知》，《通知》共选取了50个城市（地区）和海南全岛纳入跨境电商零售进口试点范围，为未来跨境电商的发展创造了良好的机遇。

2019年1月1日起，我国调整跨境电商零售进口税收政策，提高享受税收优惠政策的商品限额上限，扩大清单范围。跨境电子商务零售进口商品的单次交易限值由人民币2 000元提高至5 000元，年度交易限值由人民币20 000元提高至26 000元。消费者个人商品不得在国内再次销售，已经购买的电商进口商品属于消费者个人使用的最终商品，不得进入国内市场再次销售；原则上不允许网购保税进口商品在海关特殊监管区域外开展"网购保税＋线下自提"模式。

2019年10月26日，国家税务总局发布《关于跨境电商综试区零售出口企业所得税核定征收有关问题公告》，出台跨境出口电商所得税核定征收办法，应税所得率统一按照4%确定，2020年1月1日起施行。

公告显示，符合核定征收的跨境电商企业需满足的条件如下。

（1）在综试区注册，并在注册地跨境电子商务线上综合服务平台登记出口货物日期、名称、计量单位、数量、单价、金额。

（2）出口货物通过综试区所在地海关办理电子商务出口申报手续的。

（3）出口货物未取得有效进货凭证，其增值税、消费税享受免税政策的。

（一）中国跨境电商行业市场现状

1. 中国跨境电商步入成熟期，疫情期间逆势增长

回顾全球跨境电商行业发展历程，跨境电商是从传统外贸发展到外贸电商，再进一步发展成为跨境电商的，跨境电商发展至今，也不过二三十年的时间，借助于互联网技术的快速提升，跨境电商呈现出爆发式增长。我国跨境电商在20年间从无到有、从弱到强，经历了从萌芽到成长、从扩张到成熟的四个阶段。当前，我国跨境电商产业正在加速外贸创新发展进程，已经成为我国外贸发展的新引擎。

由于新冠肺炎疫情在海外的肆虐导致海外市场需求下降，2020年外贸进出口低迷，至三季度实现由负转正。反观跨境电商，其进出口则一直保持逆势增长的态势，前三季度海关跨境电商监管平台进出口1 873.9亿元，已超2019年全年，大幅增长52.8%，为外贸进出口回稳做出突出贡献。

截至 2020 年年底，中国货物贸易进出口总值达到 32.16 万亿元，比 2019 年增长 1.9%。其中，2020 年中国跨境电商进出口 1.69 万亿元，增长了 31.1%。

2. 跨境电商东南亚市场快速崛起

尽管欧美仍是目前跨境电商最主要的市场，但东盟已经成为我国最大的贸易伙伴，接近四成的被调查企业已经进入东南亚，超过日韩和俄罗斯。此外，进入非洲、拉美、中东等市场的企业均不足 20%，未来将有极大拓展空间。2019 年，我国与"一带一路"倡议沿线国家的进出口总值达到 9.27 万亿元，增长 10.8%，高出外贸整体增速 7.4 个百分点。

3. 除入驻大型 B2C 平台外，独立站正在兴起

跨境电商企业在亚马逊、阿里巴巴国际站和速卖通的入驻率排列前三，Shopee、Lazada 两个面向东南亚市场的平台也成为中国跨境电商企业出海的重要选择。此外，入驻 Newegg 新蛋等海外国家本地平台的企业占比 14.4%，中国的跨境电商企业正在深度融入全球市场。

2013 年以后，跨境 B2C 市场的平台型电商可谓强势崛起，eBay、亚马逊、速卖通、wish 等第三方电商平台逐步成为主流。跨境电商已经进入立体化渠道布局阶段，25% 的企业已经开设独立站。新冠肺炎疫情进一步推动了这一趋势，另有 25% 的企业表示正在筹划建立独立站。独立站的兴起，一方面是因为第三方平台运营成本增加、头部效应越来越明显，且常出现罚款或封号等问题，让一部分中小卖家开始向独立站迁移。另一方面独立站建站工具开始普及，除了 Shopify、Big commerce 等海外的服务商大力开展中国业务，本土的独立站服务商也在崛起，这将独立站的门槛大大降低。由此大部分处于正常经营状态的卖家，在第三方平台的业务做到一定程度后，都希望开拓更好的渠道，实现多渠道运营。独立站似乎成了必需，也成了卖家向品牌化转型的一个重要手段。

4. 中国跨境电商商品以个人、家庭消费品为主

针对个人和家庭消费，经营家居家具、服装鞋帽、数码 3C 类目产品的商家占比均超过 40%，成为跨境电商的核心类目。

5. 政策助力中国跨境电商发展前景巨大

2020 年 6 月，海关总署发布《关于开展跨境电子商务企业对企业出口监管试点的公告》，增设"跨境电子商务企业对企业直接出口-9710""跨境电子商务出口海外仓-9810"代码。在疫情影响之下，发展跨境电商是做好"六稳"工作、落实"六保"任务的重要举措。2020 年上半年，利好政策连续出台，点明了国家对跨境电商的一贯支持态度。

（二）我国跨境电子商务与支付业务管理缺陷

虽然跨境电子商务及支付业务的迅猛发展给企业带来了巨大的利润空间，但是如果管理不当也可能给企业带来巨大的风险，当前我国跨境电子商务与支付业务的管理缺陷主要体现在以下方面。

1. 政策缺陷

（1）电子商务交易归属管理问题

从电子商务交易形式上分析，纯粹的电子交易在很大程度上属于服务贸易范畴，国际普遍认可归入 GATS 的规则中按服务贸易进行管理。对于只是通过电子商务方式完成定购、签约

等,但要通过传统的运输方式运送至购买人所在地的贸易,则归入货物贸易范畴,属于GATT的管理范畴。

此外,对于特殊的电子商务种类,既非明显的服务贸易也非明显的货物贸易,如通过电子商务手段提供电子类产品(如文化、软件、娱乐产品等),国际上对此类电子商务交易归属服务贸易或货物贸易仍存在较大分歧。因我国尚未出台《服务贸易外汇管理办法》及跨境电子商务外汇管理法规,对电子商务涉及的外汇交易归属管理范畴更难以把握。

(2)交易主体市场准入问题

跨境电子商务及支付业务能够突破时空限制,将商务辐射到世界的每个角落,使经济金融信息和资金链日益集中在数据平台。一旦交易主体缺乏足够的资金实力或出现违规经营、信用危机、系统故障、信息泄露等问题,便会引发客户外汇资金风险。因此,对跨境电子商务及支付业务参与主体进行市场准入规范管理极其重要与迫切。

(3)支付机构外汇管理与监管职责问题

首先,支付机构在跨境外汇收支管理中承担了部分外汇政策执行及管理职责,其与外汇指定银行类似,是外汇管理政策的执行者与监督者;其次,支付机构主要为电子商务交易主体提供货币资金支付清算服务,属于支付清算组织的一种,又不同于金融机构。如何对此类非金融机构所提供的跨境外汇收支服务进行管理与职能定位,急需外汇管理局在法规中加以明确,制度上规范操作。

2. 操作瓶颈

(1)交易真实性难以审核

电子商务的虚拟性,直接导致外汇监管部门对跨境电子商务交易的真实性、支付资金的合法性难以审核,为境内外异常资金通过跨境电子商务办理收支提供了途径。

(2)国际收支申报存在困难

一方面,通过电子支付平台,境内外电商的银行账户并不直接发生跨境资金流动,且支付平台完成实质交易资金清算常需要7~10天,因此由交易主体办理对外收付款申报的规定较难实施。另一方面,不同的交易方式下对国际收支申报主体也产生一定的影响。如代理购汇支付方式实际购汇人为交易主体,应由交易主体进行国际收支申报,但依前所述较难实施;线下统一购汇支付方式实际购汇人为支付机构,可以支付机构为主体进行国际收支申报,但此种申报方式难以体现每笔交易资金实质,增加外汇监管难度。

(3)外汇备付金账户管理缺失

随着跨境电子商务的发展,外汇备付金管理问题日益突显,而国内当前对外汇备付金管理仍未有明确规定,如外汇备付金是归属经常项目范畴还是资本项目范畴(按贸易信贷管理);外汇备付金账户开立、收支范围、收支数据报送;同一机构本外币备付金是否可以轧差结算等无统一管理标准,易使外汇备付金游离于外汇监管体系外。

(三)我国跨境电子商务及支付业务管理体系构建建议

1. 管理政策层面

(1)明确跨境电子商务交易的业务范围和开放顺序

建议结合我国外汇管理体制现状,我国跨境电子商务及支付遵循先经常性项目后资本性项目,先货物贸易后服务贸易再至虚拟交易,先出口后进口的顺序逐步推进。提供跨境支付服务的电子支付机构应遵循先开放境内机构,慎重开放境外机构的管理原则,限制货物贸易和服务贸易跨境外汇收支范围,暂时禁止经常转移项目和资本项目外汇通过电子支付渠道跨境流动,做好对支付机构的监督管理工作。

（2）建立跨境电子商务主体资格登记及支付机构结售汇市场准入制度

一方面,对从事跨境电子商务的境内主体（除个人外）要求其必须在外汇局办理相关信息登记后,方可进行跨境电子商务交易,建立跨境电子商务主体资格登记制度。另一方面,对支付机构的外汇业务经营资格、业务范围、外汇业务监督等方面参照外汇指定银行办理结售汇业务市场准入标准,建立跨境支付业务准入机制,对具备一定条件的支付机构,给予结售汇市场准入资格。外汇局可在一定范围内赋予支付机构部分代位监管职能,并建立银行与支付机构责任共担机制,形成多方监管、互为监督的监管格局。

（3）适时出台跨境电子商务及支付外汇管理办法

将跨境电子外汇业务纳入监管体系,在中国人民银行《非金融机构支付服务管理办法》的基础上,适时出台《跨境电子商务及电子支付外汇管理办法》,对跨境电子商务主体资格、真实性审核职责、外汇资金交易性质、外汇数据管理、外汇收支统计等方面做出统一明确的管理规定。

2. 业务操作层面

（1）将跨境电子商务及支付主体纳入外汇主体监管体系

结合当前国家外汇管理局监管理念,由行为监管向主体监管的转变,建议将跨境电子商务及支付交易主体纳入外汇主体监管范畴,充分利用现有主体监管结果实行分类管理。一是跨境电子商务中境内交易主体为法人机构时,外汇局应依据已公布的机构考核分类结果,有区别地开放跨境电子商务范畴。电子支付机构在为电商客户办理跨境收支业务时,应先查询机构所属类别,再提供相应跨境电子支付服务。二是境内交易主体为个人时,除执行个人年度购结汇限额管理规定外,支付机构还要健全客户认证机制,对属"关注名单"内的个人应拒绝办理跨境电子收支业务。三是将支付机构纳入外汇主体监管范畴,实行考核分类管理。

（2）有效统计与监测跨境电子商务外汇收支数据

建议要求开办电子商务贸易的境内机构无论是否通过第三方支付平台,均需开立经常项目外汇账户办理跨境外汇收支业务,对办理跨境电子商务的人民币、外汇收支数据需标注特殊标识,便于对跨境电子商务收支数据开展统计与监测。同时,在个人结售汇系统未向电子支付机构提供接口的情况下,同意支付机构采取先购结汇再补录结售汇信息的模式。外汇局要加强对跨境电子商务外汇收支数据的统计、监测、管理,定期进行现场检查,以达到现场与非现场检查相结合的管理目标,增强监管力度。

（3）明确规范国际收支统计申报主体和申报方式

一是境内交易主体为法人机构的方式下,国际收支统计申报主体应规定为法人机构,申报时间为发生跨境资金收付日,申报方式为由法人机构主动到外汇指定银行进行国际收支申报。二是境内交易主体为个人的方式下,建议申报主体为支付机构,由其将当日办理的个人项下跨境外汇收支数据汇总后到银行办理国际收支申报,并留存交易清单等相关资料备查。

（4）规范外汇备付金管理

明确规定电子支付机构通过外汇备付金专户存取外汇备付金。外汇局要规范外汇备付金专户外汇收支范围,将专户发生的外汇收支数据纳入外汇账户非现场监管体系进行监测。建议将外汇备付金按资本项下进行管理,收取外汇备付金的支付机构需定时向外汇局报送备付金收支情况,并将其纳入外汇指定银行外债指标范围。

基础训练

一、单项选择题

1. 包销协议从实质上说是一份（　　）。
  A. 买卖合同　　　　B. 代理合同　　　　C. 寄售合同　　　　D. 拍卖合同

2. 在寄售协议下,货物的所有权在寄售地出售前属于（　　）。
  A. 代理人　　　　　B. 寄售人　　　　　C. 代销人　　　　　D. 包销人

3. 拍卖的特点是（　　）。
  A. 卖主之间的竞争　　　　　　　　B. 买主之间的竞争
  C. 买主与卖主之间的竞争　　　　　D. 拍卖行与拍卖行之间的竞争

4. 投标人发出的标书是一项（　　）。
  A. 不可撤销的发盘　　　　　　　　B. 可撤销的发盘
  C. 可随时修改的发盘　　　　　　　D. 有条件的发盘

5. 来料加工和进料加工（　　）。
  A. 均是一笔交易　　　　　　　　　B. 均是两笔交易
  C. 前者是一笔交易,后者是两笔交易　D. 前者是两笔交易,后者是一笔交易

6. 有些国家的政府或海关在处理库存物资或没收货物时往往采用（　　）。
  A. 增价拍卖　　　　B. 减价拍卖　　　　C. 密封式递价拍卖　D. 一般拍卖

7. 某进出口公司 9 月份在现货市场上出售小麦一批,进货价为每吨 110 美元,12 月份交货。为了避免市场价格下跌的风险,该公司以相同的价格和数量在期货市场购进 12 月份交割的期货合同,这种做法被称为（　　）。
  A. 卖期保值　　　　B. 买期保值　　　　C. 多头　　　　　　D. 空头

8. A 公司在国外物色了 B 公司作为其代售人,并签订了寄售协议。货物在运往寄售地销售的途中,遭遇洪水,使 30% 的货物被洪水冲走。因遇洪水道路路基需要维修,货物存仓发生了 6 000 美元的仓储费,以上损失的费用是应由（　　）。
  A. A 公司承担　　　B. B 公司承担　　　C. 运输公司承担　　D. 保险公司承担

9. 寄售贸易中,寄售人与代销人之间是（　　）。
  A. 委托代销关系　　　　　　　　　B. 买卖关系
  C. 雇佣关系　　　　　　　　　　　D. 既是委托代销关系又是买卖关系

10. 下列有关独家代理的说法中,（　　）是正确的。
  A. 委托人在代理区域内,还可指定其他的一般代理人
  B. 独家代理只能用于商品买卖中,一般代理可用于其他业务
  C. 委托人要维护代理人的独家专营权,否则要承担赔偿责任
  D. 委托人直接与代理区域内的客户订立合同时,代理人不能享受佣金

二、多项选择题

1. 跨境电子商务的种类分为（　　）。
  A. B2B　　　　　　B. B2C　　　　　　C. 跨境进口　　　　D. 跨境出口
  E. C2C

2. 电子商务包括（　　）两个方面的内容。
  A. 电子方式　　　　B. 商贸活动　　　　C. 贸易组织形式　　D. 商贸组织方式

E. 政府机构

3. 在定销方式中,出口人对定销人在（　　）上给予一定的优惠,但不授予商品的专营权。

A. 商品品质　　　　B. 价格　　　　　　C. 支付条件　　　　D. 折扣

E. 商品品牌

4. 国际贸易中的销售代理,是指委托人授权代理人代表他向第三者（　　）或办理与交易有关的其他事宜,由此而产生的权利与义务直接对委托人发生效力。

A. 推销产品　　　　B. 招揽生意　　　　C. 承担责任　　　　D. 签订合同

E. 销售商品

5. 拍卖准备工作就绪后,在预定的时间和地点进行正式拍卖,买主之间相互竞价购买,称为"叫价",这是拍卖业务中的主要阶段。叫价方式有（　　）等多种。

A. 增价拍卖　　　　B. 减价拍卖　　　　C. 密封增价拍卖　　D. 密封递价拍卖

E. 集体拍卖

6. 期货交易是指买卖双方在期货交易所内按照一定的规章制度签订期货交易所制订的"标准期货合同",买卖期货合同进行预买预卖的一种贸易方式。它可以分为（　　）等种类。

A. 买空卖空　　　　B. 对冲交易　　　　C. 投机性交易　　　D. 套期保值交易

E. 远期交易

三、简答题

1. 独家经销与独家代理的区别主要表现在哪些方面?

2. 寄售与正常的出口销售相比,具有哪些特点?

3. 国际货物的拍卖具有什么特点?

4. 跨境进口电商的模式有哪些?

四、案例分析题

1. 我国某省实业有限公司拟向南亚某国出口一批轻工产品。由于该批货物在其仓库搁置很久,属于积压物资,因此双方当事人通过多次协商,决定以寄售方式在国外销售。货物经由我公司运到目的地后,由于同类商品在当地市场竞争激烈,虽经代销商多方努力,货物销售情况非常不理想,最后只得再装运运回国内。试分析该案的经验教训。

2. 福州 A 公司是一家专业生产运动鞋的企业。为拓展国际业务,扩大销售渠道,2002 年 3 月,A 公司与温州某轻工进出口 B 公司签订委托代理合同,委托 B 公司代其联系国外客户。美国 M 公司与 B 公司有长期的贸易往来,于是,B 公司向 M 公司介绍了 A 公司的生产销售业务情况。2002 年 6 月,M 公司派员在 B 公司人员的陪同下考察了 A 公司业务流程以及生产线等情况。

同年 8 月,M 公司通过 B 公司同意将一笔加工 7 万双运动鞋的订单下给 A 公司。但由于 A 公司不具有自营进出口经营权,因此,在签订的进出口合同中,买方为 M 公司,卖方为 B 公司。A 公司与 B 公司另行签订了代理协议。其后 M 公司将运动鞋的式样图纸通过特快专递直接寄给 A 公司。2003 年 3 月,由于 A 公司不能按期交货,双方发生纠纷,M 公司作为本案的申请人,按进出口合同中规定的仲裁条款,拟向中国国际贸易仲裁委员上海分会提出仲裁申请。但是在谁是被申请人的问题上,发生了争议。

分析:

（1）本案的被申请人是 A 公司还是 B 公司? 为什么?

（2）本案将如何处理？

3. 招标机构接受委托，以国际公开招标形式采购一批机电产品。招标文件要求投标人制作规格和价格两份投标文件，开标时，先开规格标，对符合条件者，再定期开价格标，确定中标者。共有 15 家企业投标。到了开标期先开规格标，经慎重筛选，初步选定 9 家，通知他们对规格标进行澄清，并要求将投标有效期延长两个月。

在这 9 家中，有 5 家送来澄清函并同意延长有效期。另 4 家提出若延长有效期，将提高报价 10％或更多；否则将撤销投标。招标机构拒绝了后 4 家的要求。到了价格标的开标日期，对仅有的 5 家开标后，却发现 5 家报价均过高，超过招标机构预订标底 30％以上。无奈，招标机构只得依法宣布此次招标作废，重新招标。试分析此次招标失败的原因以及应吸取的教训。

五、实训题

熟悉亚马逊、速卖通、eBay、Wish 等主流跨境电商平台，扮演新手卖家，选择一个跨境电商平台，了解平台上的各种规则和制度，避免之后出现违规现象。每个平台基本上都有卖家中心，到这些卖家中心进行学习，例如 eBay 大学、速卖通大学，了解新手开店的流程。

参 考 文 献

[1] 许彦斌. 进出口业务流程综合实训[M]. 北京：对外经济贸易大学出版社,2010.

[2] 于强,杨同明. 国际贸易术语解释通则(Incoterms 2010)深度解读与案例分析[M]. 北京：中国海关出版社,2011.

[3] 张涛. 绿色壁垒与贸易争端[M]. 北京：人民出版社,2012.

[4] 罗伯特·J. 凯伯. 国际贸易[M]. 英文版. 15 版. 北京：中国人民大学出版社,2017.

[5] 王亚星. 中国出口技术性贸易壁垒追踪报告 2013[M]. 北京：中国人民大学出版社,2013.

[6] 王文治. 国际贸易实务操作流程与实训指导[M]. 天津：南开大学出版社,2013.

[7] 崔丽芳,邓啸. 国际货代业务操作[M]. 北京：机械工业出版社,2013.

[8] 姚新超. 国际贸易运输与保险[M]. 3 版. 北京：对外经贸大学出版社,2013.

[9] 朱秋城. 跨境电商 3.0 时代——把握外贸转型时代风口[M]. 北京：中国海关出版社,2016.

[10] 周勋章,李芳,常军燕. 国际贸易案例综合分析[M]. 青岛：中国海洋大学出版社,2018.

[11] 韦克俭,唐万欢,陈倩,等. 国际贸易实务应用教程[M]. 北京：清华大学出版社,2018.

[12] 冯芬玲. 一带一路与中欧班列[M]. 北京：中国铁道出版社有限公司,2019.

[13] 李贺. 外贸单证实务：应用. 技能. 案例. 实训[M]. 上海：上海财经大学出版社,2020.

[14] 马祯. 疫情背景下我国进出口结算风险防范[J]. 对外经贸实务,2020(6)：66-68.

[15] 李佩玲. 国际贸易实务[M]. 北京：清华大学出版社,2020.

[16] 鞠萍,梁忠环. 从一则案例谈信用证下的审单标准[J]. 对外经贸实务,2021(3).

[17] 黎孝先,石玉川,王健. 国际贸易实务[M]. 北京：对外经济贸易大学出版社,2020.

[18] 衣朝霞. 对国际贸易中信用证不可能条款的思考[J]. 财富时代,2020(2)：57-58.

[19] 姜洋,等. 期货市场国际化[M]. 北京：中信出版集团,2021.

[20] 姚新超. 国际贸易惯例与规则实务[M]. 5 版. 北京：对外经贸大学出版社,2021.

[21] 广东省律师协会. 典型海事海商案例汇编[M]. 北京：法律出版社,2021.

[22] 温希波. 电子商务法——法律法规与案例分析[M]. 北京：人民邮电出版社,2021.

[23] 刘茂山. 国际保险学[M]. 北京：中国金融出版社,2021.

推荐网站：

[1] 对外贸易经营者备案登记系统,http://iecms.ec.com.cn/iecms/index.jsp.

[2] 中国商务部网站,http://www.mofcom.gov.cn/.

[3] 中国海关总署,http://www.customs.gov.cn/.

[4] 中国法院网,http://old.chinacourt.org/public/detail.php? id=121318.

[5] 中国圣才学习网,http://yingyu.100xuexi.com.

[6] 百度文库,http://wenku.baidu.com/view.

[7] 中国价值网,http://www.chinavalue.net/.

[8] 中国产业研究报告网,http://www.chinairr.org/report.

[9] 法律快车,http://www.lawtime.cn/default.php.

[10] 中华人民共和国保险法,http://www.china.com.cn.

[11] 福步外贸论坛,http://bbs.fobshanghai.com/.

[12] 中国进出口贸易网,http://www.cnie.cn/.

[13] 阿里巴巴国际站,https://supplier.alibaba.com/.

[14] 中国知网,http://www.cnki.net/.

[15] WTO 官方网站,http://www.wto.org/.

[16] 国际货币基金组织官方网站,http://www.imf.org/external/index.htm.